Hartmut Aufderstraße
Jutta Müller
Thomas Storz

# Delfin

**Arbeitsbuch, Teil 1**

Lektionen 1–10

Lehrwerk
für
Deutsch als Fremdsprache

**Hueber Verlag**

**BESTANDTEILE**

**Lehrbuch**
**einbändige Ausgabe**
inkl. 2 eingelegten CDs
mit Sprechübungen
256 Seiten
ISBN 978–3–19–001601–3

**Lehrbuch,**
**zweibändige Ausgabe**
mit eingelegten CDs
**Teil 1,** Lektionen 1–10
ISBN 978–3–19–091601–6
**Teil 2,** Lektionen 11–20
ISBN 978–3–19–101601–2

**Lehrbuch + Arbeitsbuch**
**dreibändige Ausgabe**
mit eingelegten CDs und
integriertem Arbeitsbuch

**Teil 1,** Lektionen 1–7
ISBN 978–3–19–401601–9
**Teil 2,** Lektionen 8–14
ISBN 978–3–19–411601–6
**Teil 3,** Lektionen 15–20
ISBN 978–3–19–421601–3

Alle Ausgaben sind inhaltsgleich und haben die gleiche Seitenzählung.

**Hörverstehen** Teil 1,
Lektionen 1–10
**4 CDs**
ISBN 978–3–19–041601–1

**Hörverstehen** Teil 2,
Lektionen 11–20
**4 CDs**
ISBN 978–3–19–071601–2

**Arbeitsbuch**
ISBN 978–3–19–011601–0

**Arbeitsbuch,** Lösungen
ISBN 978–3–19–191601–5

**Arbeitsbuch,**
zweibändige Ausgabe
**Teil 1,** Lektionen 1–10
ISBN 978–3–19–111601–9
**Teil 2,** Lektionen 11–20
ISBN 978–3–19–121601–6

**Lehrerhandbuch**
ISBN 978–3–19–021601–7

**CD-ROM**
ISBN 978–3–19–051601–8

9.  8.  7.          Die letzten Ziffern
2017  16  15  14  13      bezeichnen Zahl und Jahr des Druckes.
Alle Drucke dieser Auflage können, da unverändert,
nebeneinander benutzt werden.
1. Auflage
© 2002 Hueber Verlag, 85737 Ismaning, Deutschland
Umschlaggestaltung: Peer Koop, Hueber Verlag, Ismaning
Zeichnungen: Frauke Fährmann, Pöcking
Satz: Verlagsservice Dr. Helmut Neuberger & Karl Schaumann GmbH, Heimstetten
Druck und Bindung: Firmengruppe Appl, aprinta druck, Wemding
Printed in Germany
ISBN 978–3–19–111601–9

*Liebe Deutschlernerin, lieber Deutschlerner,*

was Sie sich im Lehrbuch angeeignet haben, können Sie mithilfe dieses Arbeitsbuches weiterüben und vertiefen. Im Folgenden finden Sie ein paar wichtige Informationen, damit Ihnen die Orientierung leicht fällt und Sie sich schnell in Ihrem Element fühlen:

### <u>zu LB Ü ...</u>

bezieht sich auf die Nummer einer Übung im Lehrbuch. Erst nach dieser Lehrbuch-Übung sollten Sie die entsprechende Übung im Arbeitsbuch lösen. Zu einer Lehrbuch-Übung können mehrere Arbeitsbuch-Übungen gehören.

**1**

ist die Nummer der Arbeitsbuch-Übung.

### *Lösungsbeispiel*

Die Lösungsbeispiele helfen Ihnen, Art und Anforderung einer Aufgabe auf den ersten Blick zu erkennen.

### (→ Lehrbuch S. ...)

Hier ist eine Übung genau auf den Inhalt eines Textes in Ihrem Lehrbuch bezogen. Diesen sollten Sie dann unbedingt zu Hilfe nehmen, um die Aufgabe sicher lösen zu können.

### Zusätzlicher Wortschatz

Hier wird Ihnen Wortschatz vorgestellt, der im Lehrbuch nicht vorkommt, aber im aktuellen Lernzusammenhang sinnvoll ist.

Hier können Sie Ihr Wörterbuch benutzen, um die Übung nach Ihren persönlichen Lernbedürfnissen zu erweitern.

### Wörter im Satz

Am Ende des Übungsteils einer jeden Lektion finden Sie Anregungen für Ihre persönliche Wortschatzarbeit. Die Auswahl wichtiger Wörter können Sie durch Satzbeispiele aus der behandelten Lektion ergänzen und auch durch andere vorgekommene Wörter erweitern.

### Grammatik

Dem Übungsteil jeder Lektion folgt eine detaillierte tabellarische Übersicht der neuen Grammatikinhalte. Diese Zusammenstellung können Sie auch benutzen, wenn Sie entsprechende Aufgaben bearbeiten.

verweist auf einen Paragrafen der systematischen Grammatik-Übersicht im Lehrbuch.

## Wortschatz

Am Schluss jeder Arbeitsbuch-Lektion sind die neuen Wörter der Lektion aufgelistet. Die wichtigsten Wörter sind **fett** gedruckt. Diese Wörter sollten Sie sich besonders gut einprägen. Zusätzlich lernen Sie hier auch Varianten kennen, die in Österreich oder in der Schweiz benutzt werden.

## Arbeitsbuch, Lösungen (Best.-Nr. 191601-6)

Hier finden Sie die Lösungen aller Aufgaben. So können Sie selbstständig Ihre Ergebnisse kontrollieren. Für Ihren Lernerfolg ist es überaus wichtig, zuerst die Aufgabe vollständig zu bearbeiten. Erst danach sollten Sie im Schlüssel nachschauen.

Ein vergnügliches und erfolgreiches Deutschlernen mit diesem Arbeitsbuch wünschen Ihnen
Ihre Autoren und der Hueber-Verlag

# Inhalt

**Lektion 1   7**
Grammatik   *19*
Wortschatz   *20*

**Lektion 2   22**
Grammatik   *37*
Wortschatz   *39*

**Lektion 3   42**
Grammatik   *57*
Wortschatz   *59*

**Lektion 4   61**
Grammatik   *75*
Wortschatz   *77*

**Lektion 5   79**
Grammatik   *93*
Wortschatz   *97*

**Lektion 6   100**
Grammatik   *121*
Wortschatz   *124*

**Lektion 7   126**
Grammatik   *142*
Wortschatz   *144*

**Lektion 8   146**
Grammatik   *164*
Wortschatz   *166*

**Lektion 9   169**
Grammatik   *189*
Wortschatz   *191*

**Lektion 10   194**
Grammatik   *215*
Wortschatz   *217*

# Lektion 1

## zu LB Ü 1  Was passt?

**1**

a) _____  b) _____  c) _____  d) _____  e) _____

> Guten Tag.                       Tschüs.                 Auf Wiedersehen. Gute Reise.
> Oh, Verzeihung.                    Danke für die Blumen.

## zu LB Ü 1  Ergänzen Sie.

**2**

```
              P
V             O
E             L
R             I           M       T
Z             Z       S   Ä       E
E       R     I       S   D   T   L
I   S J E  S     T    Ä   C   T   E
┌──┬──┬──┬──┬──┬──┬──┬──┬──┬──┬──┐
│  │  │  │  │  │  │  │  │  │  │  │
└──┴──┴──┴──┴──┴──┴──┴──┴──┴──┴──┘
U   F N  O  I  L  X  O  G  E  U  O
N   T G  R  N  U  I  T  E  N  R  N
G     E  T  M  E  L  E  R     I
         E  E     L  R        S
         R           I        T
                     N
```

## zu LB Ü 1  Ergänzen Sie.

**3**

a) eins  _____  drei   vier   _____  _____  sieben  _____  neun  _____

b) eins   drei   fünf   _____  _____

## zu LB Ü 2  Ergänzen Sie den Artikel.

**4**

*die* Polizistin  ___ Blume  ___ Telefon  ___ Saft  ___ Taxi  ___ Geldautomat

___ Junge  ___ Mädchen  ___ Tourist  ___ Reporter  ___ Hotel  ___ Sängerin

___ Baby  ___ Verkäuferin

## zu LB Ü 3 Ergänzen Sie.

**5**

_zwei_ _____

_____ _____

_____ _____

_____ _____

_____ _____

_____ _____

## zu LB Ü 3 Ergänzen Sie.

**6**

fünf – zwei = _drei___        zehn – sechs = _____        neun – acht = _____

zehn – drei = _____        eins + acht = _____        zwei + _____ = sieben

_____ + sechs = acht        vier + sechs = _____        drei + _____ = neun

*(fünf minus zwei gleich …; eins plus acht gleich …)*

## zu LB Ü 4 Ergänzen Sie: **Das ist … / Das sind …**

**7**

a) _Das ist eine Frau._   b) _Das sind Männer._   c) _Das_ _____   d) _____

e) _____   f) _____   g) _____   h) _____

i) _____   j) _____   k) _____   l) _____

**Ergänzen Sie: der, die, das, die / er, sie, es, sie.**

**8**

a) Der Mann lacht. _Er_ winkt.

b) ____ Frau weint. ____ ist verliebt.

c) ____ Mädchen kommt. ____ lacht.

d) ____ Touristen winken. ____ lachen.

e) ____ Reporter geht. ____ sagt: „Auf Wiedersehen."

f) ____ Sängerin lacht. ____ ist verliebt.

g) ____ Junge kommt. ____ sagt: „Guten Tag."

**Ergänzen Sie.**

**9**

a) Er _heißt_ (heißen) Jan.

b) Sie ist jung und _____ (heißen) Claudia.

c) Ich _____ (wohnen) in Wien.

d) Du _____ (arbeiten) in Frankfurt.

e) Die Touristen _____ (sein) verliebt.

f) Der Junge _____ (sein) glücklich.

g) Das Mädchen _____ (schreiben).

h) Die Touristen _____ (sagen): „Guten Tag."

i) Du _____ (leben) in Wien.

j) Die Touristen _____ (lachen).

k) Du _____ (träumen).

l) Das Baby _____ (sagen): „Mama".

**Ordnen Sie.**

**10**

Beispiel:   heißt – er – wie       _Wie heißt er?_

Jan – er – heißt       _Heißt er Jan?_

Jan – er – heißt       _Er heißt Jan._

a) wie – sie – heißt       _____ _____ _____ ?

Sara – sie – heißt       _____ _____ _____ ?

Sara - sie – heißt       _____ _____ _____ .

b) Jan – was – schickt       _____ _____ _____ ?

Jan – Blumen – schickt       _____ _____ _____ ?

Jan – Blumen – schickt       _____ _____ _____ .

c) was – Jan – spielt       _____ _____ _____ ?

Klavier – spielt – Jan       _____ _____ _____ ?

Klavier – spielt – Jan       _____ _____ _____ .

d) wo – er – lebt       _____ _____ _____ ?

er – in Wien – lebt       _____ _____ _____ ?

er – in Wien – lebt       _____ _____ _____ .

## zu LB Ü 5  Was passt zusammen?

**11**

| traurig | *weinen* |
| glücklich | I_____ |
| Frau | _____ |
| Mädchen | _____ |
| Klavier | _____ |
| Touristen | _____ |
| lieben | _____ |

| Mann | Junge |
| Bahnhof | verliebt sein |
| ~~weinen~~ | spielen |
| lachen | |

## zu LB Ü 5  Was passt nicht?

**12**

a) Vergangenheit – ~~Bahnhof~~ – Zukunft

b) Bahnhof – Klavier – Zug

c) Mann – Frau – Geldautomat

d) Verkäuferin – Mann – Junge

e) gehen – hören – kommen

f) reisen – winken – heißen

g) wohnen – leben – schreiben

## zu LB Ü 5  Ordnen Sie. Was passt?

**13**

| lacht | träumst | arbeiten | ist | schreibe | träume |
| lachen | winkst | bin | schreiben | winke | arbeitet |
| träumen | arbeite | winkt | sind | lachst | schreibt |

| *ich* | *du* | *er/sie/es* | *sie (Plural)* |
|-------|------|-------------|----------------|
| komme | kommst | kommt | kommen |
| | arbeitest | | |
| | | | winken |
| | | träumt | |
| | schreibst | | |
| lache | | | |
| | bist | | |

## zu LB Ü 6  Ergänzen Sie: **ein, eine / kein, keine** oder –.

**14**

| ■ *Vanessa*, ist das … | ▲ Nein, *Uwe*. Das ist … | Das ist … |
|---|---|---|
| _ein_ Polizeiauto? | _k___ Polizeiauto. | _e___ Krankenwagen. |
| _____ Verkäuferin? | _____ Verkäuferin. | _____ Touristin. |
| _____ Geldautomat? | _____ Geldautomat. | _____ Fahrkartenautomat. |
| _____ Junge? | _____ Junge. | _____ Mädchen. |
| _____ Taxi? | _____ Taxi. | _____ Polizeiauto. |

| ■ *Vanessa*, sind das … | ▲ Nein, *Uwe*. Das sind … | Das sind … |
|---|---|---|
| _____ Busse? | _____ Busse. | _____ Züge. |
| _____ Polizisten? | _____ Polizisten. | _____ Reporter. |

## zu LB Ü 7 Was passt? mein, meine / dein, deine?

**15**

a) Blume (ich)  _meine_ Blume

b) Auto (du)  _dein___ Auto

c) Autos (ich)  _____ Autos

d) Söhne (du)  _____ Söhne

e) Tochter (ich)  _____ Tochter

f) Baby (ich)  _____ Baby

g) Sohn (du)  _____ Sohn

h) Frau (du)  _____ Frau

i) Fahrkarten (ich)  _____ Fahrkarten

j) Kind (du)  _____ Kind

k) Kinder (ich)  _____ Kinder

l) Töchter (du)  _____ Töchter

## zu LB Ü 8 Ergänzen Sie: sein, seine / ihr, ihre.

**16**

a) die Koffer von Claudia =  _ihre_ Koffer

b) die Autos von Vanessa =  _____ Autos

c) das Taxi von Uwe =  _____ Taxi

d) das Kamel von Ralf =  _____ Kamel

e) die Flasche von Claus =  _____ Flasche

f) die Taschen von Veronika =  _____ Taschen

g) die Kinder von Jörg =  _____ Kinder

h) die Fahrkarte von Claudia =  _____ Fahrkarte

## zu LB Ü 9 Was passt nicht?

**17**

a) Zug – ~~Klavier~~ – Bus

b) Fahrkartenautomat – Kuss – Geldautomat

c) Kinder – Gepäck – Koffer

d) Polizeiauto – Radio – Krankenwagen

e) Tasche – Nummer – Koffer

f) Sohn – Tochter – Mann

## zu LB Ü 9 Ergänzen Sie: Ihr, Ihre / dein, deine.

**18**

a) Herr Noll, sind das _Ihre_ Kinder?

b) Claus, ist das _dein_ Sohn?

c) Frau Soprana, ist das _____ Fahrkarte?

d) Herr Noll, ist das _____ Auto?

e) Claudia, sind das _____ Kinder?

f) Sara, ist das _____ Fahrkarte?

g) Frau Noll, ist das _____ Hotel?

h) Herr Noll, ist das _____ Taxi?

i) Claus, ist das _____ Radio?

j) Frau Soprana, ist das _____ Zug?

## zu LB Ü 9 Ergänzen Sie: mein, meine / dein, deine / sein, seine / ihr, ihre / Ihr, Ihre.

**19**

a) ● Ist das _Ihr_ Auto, Herr Mohn?

　■ Nein, das ist nicht _mein_ Auto.

　　Das ist das Auto von Frau Noll.

　● Oh, das ist _ihr_ Auto.

b) ● Claus, sind das _deine_ Kinder?

　■ Nein, das sind nicht _____ Kinder.

　　Das sind die Kinder von Uwe.

　● Oh, das sind _____ Kinder.

c) ● Sind das _____ Koffer, Frau Noll?

　■ Nein, das sind nicht _____ Koffer.

　　Das sind die Koffer von Frau Soprana.

　● Oh, das sind _____ Koffer.

d) ● Du, ist das _____ Tasche?

　■ Nein, das ist nicht _____ Tasche.

　　Das ist die Tasche von Claudia.

　● Oh, das ist _____ Tasche.

e) ● Du, ist das _____ Ball?

　■ Nein, das ist nicht _____ Ball.

　　Das ist der Ball von Ralf.

　● Oh, das ist _____ Ball.

f) ● Ist das _____ Koffer, Herr Noll?

　■ Nein, das ist nicht _____ Koffer.

　　Das ist der Koffer von Veronika.

　● Oh, das ist _____ Koffer.

## zu LB Ü 11 Wie heißen die Wörter richtig?

**20**

| | | | |
|---|---|---|---|
| BESTABUCH | _Buchstabe_ | LEFONTE | _____ |
| SCHEFLA | _____ | GELDMATAUTO | _____ |
| ZEILIPO | _____ | GANVERHEITGEN | _____ |
| CHENMÄD | _____ | RINKÄUVERFE | _____ |
| RINGESÄN | _____ | WAKENKRANGEN | _____ |

## zu LB Ü 11 Ergänzen Sie: ei oder ie?

**21**

L___be Sara,

ich bin all___n, ich bin

verl___bt. Ich arb___te,

ich sp___le Klav___r,

ich w___ne, ich schr___be

Br___fe. Verz___hung –

ich l___be Dich!

Auf W___dersehen.

D___n Jan.

_____

_____

_____

_____

**22**

D___s M___dchen s___gt: „M___m___." Die S___ngerin l___cht.

Der M___nn s___gt: „Das ist Ihr Gep___ck."

zu LB Ü 11_Ergänzen Sie: **u** oder **ü**?

**23**

F___nf J___ngen wohnen in Frankf___rt. Tsch___s und danke f___r die Bl___men.

D___ bist j___ng ___nd gl___cklich.

zu LB Ü 11_Ergänzen Sie den Plural. – Umlaut oder kein Umlaut?

**24**

| Singular | Plural ohne Umlaut | Plural mit Umlaut |
|----------|--------------------|-----------------| 
| Ball | _____ | *Bälle*_____ |
| Buchstabe | *Buchstaben*____ | _____ |
| Fahrkarte | _____ | _____ |
| Mann | _____ | _____ |
| Saft | _____ | _____ |
| Satz | _____ | _____ |
| Tasche | _____ | _____ |
| Taxi | _____ | _____ |
| Unfall | _____ | _____ |
| Vater | _____ | _____ |
| Zahl | _____ | _____ |
| Blume | _____ | _____ |
| Junge | _____ | _____ |
| Kuss | _____ | _____ |
| Mutter | _____ | _____ |
| Nummer | _____ | _____ |
| Zug | _____ | _____ |
| Bahnhof | _____ | _____ |
| Gespräch | _____ | _____ |
| Koffer | _____ | _____ |
| Sohn | _____ | _____ |

# zu LB Ü 13 Schreiben Sie die Zahlen.

**25**

a) siebzehn _____       e) elf _____       i) achtundsiebzig _____

b) sechsundsiebzig _____       f) neunundneunzig _____       j) sechsundfünfzig _____

c) dreiunddreißig _____       g) einundzwanzig _____

d) siebenundvierzig _____       h) siebenundsechzig _____

# zu LB Ü 13 Notieren Sie die Telefonnummern

**26**

● Ist da nicht dreiunddreißig achtzig achtundfünfzig?       *33 80 58*

■ Nein, hier ist dreiunddreißig achtzehn achtundfünfzig.       _____

● Ist da nicht siebzehn siebenundsechzig siebenundsiebzig?       _____

■ Nein, hier ist siebzehn siebenundsiebzig siebenundsechzig.       _____

● Ist da nicht einundneunzig null zwei zweiundvierzig?       _____

■ Nein, hier ist neunundneunzig null zwei dreiundvierzig.       _____

● Ist da nicht zwölf sechzehn sechsundzwanzig zweiundsechzig?       _____

■ Nein, hier ist zwölf sechzehn zweiundsechzig sechsundzwanzig.       _____

● Ist da nicht null eins neunzehn dreiunddreißig dreiundzwanzig zweiunddreißig?       _____

■ Nein, hier ist null eins neunzig zweiunddreißig dreiunddreißig dreiundzwanzig.       _____

● Ist da nicht sechsundneunzig null zwei zwei fünfunddreißig?       _____

■ Nein, hier ist sechsundneunzig null zwei drei dreiundfünfzig.       _____

● Ist da nicht achtundsechzig einundvierzig dreiundachtzig null acht?       _____

■ Nein, hier ist dreizehn fünfundsiebzig neunundzwanzig siebenundvierzig.       _____

## zu LB Ü 13 Schreiben Sie die Zahlen.

**27**

€ 38,– _____

€ 66,– _____

€ 16,– _____

€ 41,– _____

€ 73,– _____

€ 17,– _____

Nur zur Verrechnung     (Bezogenes Kreditinstitut)

Zahlen Sie gegen diesen Scheck

**achtunddreißig**

Betrag in Buchstaben

noch Betrag in Buchstaben

an

EUR  38,–

oder Order

Ausstellungsort

Datum

Untersc...

O R D E R S C H E

## zu LB Ü 15 Ergänzen Sie.

**28**

| machst du      | kommen Sie   | bist du      | heißen Sie   |
|----------------|--------------|--------------|--------------|
| sind Sie       | heißt du     | machen Sie   | kommst du    |

a) Hallo Claus, wo _____?

b) Hallo, Frau Soprana, wo _____?

c) Ich heiße Nolte, und wie _____?

d) Ich heiße Ralf, und wie _____?

e) Herr Nolte, wann _____?

f) Und du Sara, wann _____?

g) Frau Noll, was _____?

h) Vanessa, was _____?

## zu LB Ü 15 Ordnen Sie die Telefongespräche.

**29**

Und wann kommst du?

Ich bin in Hamburg.

Nolte hier. Guten Tag.

Ich komme morgen.

Hallo Claus! Wo bist du denn?

Hallo Jürgen, hier ist Claus.

Ist da nicht 42 83 39?

Meyer. Ich heiße Meyer.

Nein, hier ist 43 82 39.

Wer ist da bitte?

Hallo. Hier Meyer.

Oh, Verzeihung.

a) ● _Nolte hier._ _____

■ _Hallo Jürgen,_ _____

● _____

■ _____

● _____

■ _____

b) ● _Hallo._ _____

■ _Wer_ _____?

● _____

■ _____

● _____

■ _____

**30**

| Samstag | Montag |
|---|---|
| Dienstag | _____ |
| Freitag | _____ |
| Donnerstag | _____ |
| Mittwoch | _____ |
| ~~Montag~~ | _____ |
| Sonntag | _____ |

## zu LB Ü 16 Wie viele Wörter erkennen Sie?

**31**

| U | V | A | T | E | R | B | A | L | T | W | E | J | U | N | G |
|---|---|---|---|---|---|---|---|---|---|---|---|---|---|---|---|
| X | E | R | K | A | P | U | T | T | A | X | I | U | C | H | E |
| K | R | A | N | K | E | N | W | A | G | E | N | N | L | E | P |
| U | Z | O | B | I | T | T | E | S | A | F | T | G | E | R | Ä |
| N | E | T | T | N | W | I | S | C | H | A | O | E | H | R | C |
| Z | I | E | L | D | E | S | C | H | Ö | N | L | I | R | L | K |
| U | H | U | N | D | T | A | T | E | R | A | L | L | E | I | N |
| G | U | T | P | U | T | E | Y | B | E | L | E | E | R | C | W |
| G | N | U | M | M | E | R | L | A | N | G | E | N | E | H | M |
| E | G | R | A | M | R | F | A | L | S | C | H | F | O | T | O |
| R | E | I | S | E | S | C | H | L | E | C | H | T | N | I | B |

## zu LB Ü 16 Was passt nicht?

**32**

| | |
|---|---|
| **Wetter**: | toll / prima / ~~sympathisch~~ / herrlich |
| **Leute**: | interessant / sympathisch / nett / kaputt |
| **Klavier**: | glücklich / schön /scheußlich / alt |
| **Koffer**: | freundlich / alt / kaputt / groß |
| **Zukunft**: | gut / fantastisch / alt / wunderbar |
| **Bahnhof**: | richtig / schön / herrlich / interessant |
| **Kind**: | allein / jung / glücklich / alt |
| **Kuss**: | angenehm / toll / falsch / gut |
| **Ball**: | groß / traurig / gut / schlecht |

zu LB Ü 16 **Wie schreibt man es richtig? Welche Wörter schreibt man groß?**

**33**

heuteistfreitagundichspieleklavier. _Heute ist Freitag_____

daswetteristnichtsogut. _____

woistherrmohn? _____

wosindsie,fraunolte? _____

wiealtistihrsohn,fraunolte? _____

wannkommstdu? _____

istdeinetochterglücklich? _____

zu LB Ü 16 **Schreiben Sie eine Postkarte.**

**34**

~~Deutschlandreise~~ ◆ Montag ◆ Berlin ◆ Stadt ◆ toll ◆ Wetter
schlecht ◆ Leute ◆ nett ◆ morgen ◆ Hamburg

Hallo ...

hier ist _____ auf Deutschland-

reise. Heute ist M_____ _____

und ich _____ ___ __ _____.

Die S_____ _____ _____.

Das W_____ __ _____, aber die

L_____ __ ____ _____.

Morgen _____ ____ ____ _____.

Viele Grüße

_____

_____

_____

_____

_____

# Wörter im Satz

| | **Ihre Muttersprache** | **Schreiben Sie einen Satz aus Delfin, Lehrbuch.** | |
|---|---|---|---|
| ____ Ball | _____ | *Der Ball von Uwe ist kaputt.* | (S. 13) |
| ____ Flasche | _____ | _____ | (S. 13) |
| ____ Frau | _____ | _____ | (S. 10) |
| ____ Herr | _____ | _____ | (S. 8) |
| ____ Koffer | _____ | _____ | (S. 13) |
| ____ Leute | _____ | _____ | (S. 17) |
| ____ Mensch | _____ | _____ | (S. 10) |
| ____ Mutter | _____ | _____ | (S. 13) |
| ____ Reise | _____ | _____ | (S. 8) |
| ____ Sohn | _____ | _____ | (S. 12) |
| ____ Tochter | _____ | _____ | (S. 12) |
| ____ Vater | _____ | _____ | (S. 15) |
| ____ Vergangenheit | _____ | _____ | (S. 11) |
| ____ Zug | _____ | _____ | (S. 10) |
| ____ Zukunft | _____ | _____ | (S. 11) |
| arbeiten | _____ | _____ | (S. 10) |
| gehen | _____ | _____ | (S. 10) |
| heißen | _____ | _____ | (S. 9) |
| hören | _____ | *Hörst du Musik?* | (S. 11) |
| leben | _____ | _____ | (S. 11) |
| lieben | _____ | _____ | (S. 11) |
| machen | _____ | _____ | (S. 11) |
| schicken | _____ | _____ | (S. 11) |
| schreiben | _____ | _____ | (S. 11) |
| spielen | _____ | _____ | (S. 11) |
| wohnen | _____ | _____ | (S. 11) |
| allein | _____ | _____ | (S. 11) |

| | | | |
|---|---|---|---|
| *glücklich* | _____ | _____ | (S. 10) |
| *heute* | _____ | _____ | (S. 17) |
| *hier* | _____ | _____ | (S. 12) |
| *morgen* | _____ | _____ | (S. 17) |
| *wunderbar* | _____ | _____ | (S. 17) |

# Grammatik

##  Artikel und Nomen

**36**

| | | |
|---|---|---|
| der Sohn | ein Sohn | kein Sohn |
| die Tochter | eine Tochter | keine Tochter |
| das Kind | ein Kind | kein Kind |
| die Kinder | Kinder | keine Kinder |

| *ich:* | *du:* | *er:* | *sie:* | *es:* | *sie:* | *Sie:* | |
|---|---|---|---|---|---|---|---|
| mein | dein | sein | ihr | sein | ihr | Ihr | Sohn |
| meine | deine | seine | ihre | seine | ihre | Ihre | Tochter |
| mein | dein | sein | ihr | sein | ihr | Ihr | Kind |
| meine | deine | seine | ihre | seine | ihre | Ihre | Kinder |

##  Pronomen und Verb

**37**

| | | kommen | warten | heißen | sein |
|---|---|---|---|---|---|
| | **ich** | komme | warte | heiße | bin |
| | **du** | kommst | wartest | heißt | bist |
| Der Mann: | **er** | | | | |
| Die Frau: | **sie** | kommt | wartet | heißt | ist |
| Das Kind: | **es** | | | | |
| Die Kinder: | **sie** | kommen | warten | heißen | sind |
| Frau Noll: | **Sie** | | | | |

## Satz und Frage

**38**

| | | | | |
|---|---|---|---|---|
| Das ist ein Koffer. | Ist das | ein Koffer? | Was | ist das? |
| Das ist Herr Nolte. | Ist das | Herr Nolte? | Wer | ist das? |
| Er heißt Nolte. | Heißt er | Nolte? | Wie | heißt er? |
| Er wohnt in Frankfurt. | Wohnt er | in Frankfurt? | Wo | wohnt er? |
| Er kommt morgen. | Kommt er | morgen? | Wann | kommt er? |

# Wortschatz

## Nomen

das Alphabet, Alphabete
das Auto, Autos
das Baby, Babys
der Bahnhof, Bahnhöfe
der Ball, Bälle
die Betonung, Betonungen
die Blume, Blumen
der Brief, Briefe
der Buchstabe,
    Buchstaben
der Bus, Busse
der Dienstag, Dienstage
der Donnerstag,
    Donnerstage
Europa
die Fahrkarte, Fahrkarten
der Fahrkartenautomat,
    Fahrkartenautomaten
die Flasche, Flaschen
das Foto, Fotos
die Frau, Frauen
der Freitag, Freitage
der Geldautomat,
    Geldautomaten
das Gepäck
das Gespräch, Gespräche
die Großmutter,
    Großmütter
der Großvater, Großväter
der Gruß, Grüße
der Herr, Herren
das Hotel, Hotels
der Hund, Hunde
die Information,
    Informationen
das Jahr, Jahre
der Junge, Jungen
das Kamel, Kamele
das Kind, Kinder
das Klavier, Klaviere
der Koffer, Koffer
der Krankenwagen,
    Krankenwagen

der Kuss, Küsse
der Lehrer, Lehrer
Leute (pl)
das Mädchen, Mädchen
die Mama, Mamas
der Mann, Männer
der Mensch, Menschen
der Mittwoch
der Montag, Montage
die Musik
die Mutter, Mütter
die Nummer, Nummern
der Ort, Orte
die Person, Personen
der Plural, Plurale
die Polizei
das Polizeiauto,
    Polizeiautos
die Polizistin,
    Polizistinnen
die Postkarte, Postkarten
das Radio, Radios
die Reise, Reisen
der Reporter, Reporter
der Saft, Säfte
der Samstag, Samstage
die Sängerin, Sängerinnen
der Satz, Sätze
der Singular, Singulare
der Sohn, Söhne
der Sonntag, Sonntage
die Stadt, Städte
der Tag, Tage
die Tasche, Taschen
das Taxi, Taxis
das Telefon, Telefone
der Text, Texte
Thailand
die Tochter, Töchter
der Tourist, Touristen
die Touristin, Touristinnen
der Unfall, Unfälle
der Vater, Väter
die Vergangenheit
der Verkäufer, Verkäufer
die Verkäuferin,
    Verkäuferinnen
die Verzeihung

das Wetter
die Zahl, Zahlen
der Zug, Züge
die Zukunft
der Zwilling, Zwillinge

## Verben

arbeiten
buchstabieren
ergänzen
gehen
heißen
hören
kommen
können
küssen
lachen
leben
lesen
lieben
machen
markieren
nach·sprechen
notieren
ordnen
passen
reisen
sagen
schicken
schreiben
sein
spielen
träumen
verwenden
warten
weinen
winken
wohnen
zusammen·passen

## Adjektive

allein
alt
angenehm
betont
falsch

fantastisch
folgend
**freundlich**
**glücklich**
**gut**
**herrlich**
**herzlich**
**interessant**
**jung**
**kaputt**
komplett
**nett**
**prima**
**richtig**
scheußlich
**schlecht**
**schön**
**sympathisch**
**toll**
**traurig**
verliebt
**viel**
**willkommen**
**wunderbar**

## Adverbien

**aber**
**bitte**
**da**
**denn**
**dort**
**heute**
**hier**
**los**
**mal**
**morgen**
**nicht**
**oder**
**so**

## Funktionswörter

**am**
**an**
**auf**
**bis**
**für**

**im**
**in**
**von**
**und**
**der**
**die**
**das**
**ein, eine**
**kein, keine**
**mein, meine**
**dein, deine**
**sein, seine**
**ihr, ihre**
**Ihr, Ihre**
**ich**
**du**
**er**
**sie**
**es**
**Sie**
**Wann? Wie? Wo? Wer?**
  **Was? Welche?**
eins  zwei  drei
  vier  fünf  sechs
  sieben  acht  neun
  zehn

## Ausdrücke

Guten Tag.
Auf Wiedersehen.
Hallo.
Tschüs.
Wie heißen Sie?
Ich heiße …
Wie geht's?
Verzeihung!
Bitte.
Danke.
Herzlich willkommen!
Gute Reise.
Viele Grüße
Lieber… / Liebe…
Los!
Halt!
Nein.
Ich liebe dich.
Sag mal, …

Was ist das denn?
Wie alt bist du?
Ich bin 24 Jahre alt.
nicht so gut
Aha!
Oh!
Pfui!

## Abkürzungen

Nr. = Nummer

# Lektion 2

## zu LB Ü 2 Ergänzen Sie.

**1**

a) Ich komme aus München.

   *Er kommt aus München.*

   *Wir kommen aus München.*

b) Ich heiße Schneider.

   *Er heißt Schneider.*

   *Wir* _____

c) Ich spiele Computer.

   *Er* _____

   *Wir* _____

d) Ich telefoniere.

   _____

   _____

e) Ich bin Lehrer.

   _____

   _____

f) Ich surfe gern.

   _____

   _____

g) Ich lebe in Wien.

   _____

   _____

h) Ich koche.

   _____

   _____

## zu LB Ü 2 Formen Sie die Fragen um.

**2**

Wie heißen *Sie*?     *Wie heißt du?*

Woher kommen *Sie*?     _____?

Was sind *Sie* von Beruf?     _____?

Was ist *Ihr* Hobby?     _____?

Wie alt sind *Ihre* Kinder?     _____?

## zu LB Ü 3 Ergänzen Sie.

**3**

a) ● Ich komme aus München.    ■ *Wir kommen auch aus München.*

b) ● Ich heiße Schneider.    ■ *Wir* _____ *auch Schneider.*

c) ● Ich spiele Tennis.    ■ _____ *auch Tennis.*

d) ● Ich telefoniere.    ■ _____ *auch.*

e) ● Ich bin Lehrer.    ■ _____ *auch* _____ .

f) ● Ich surfe gern.    ■ _____ *auch* _____ .

g) ● Ich lebe in Wien.    ■ _____ *auch* _____ .

h) ● Ich packe.    ■ _____ _____ .

**zu LB Ü 4** Ergänzen Sie: **mein, meine, unser, unsere, ist, sind.**

**4**

a) Das ist mein Schlafsack.  *Das ist unser Schlafsack.*

b) Das ist meine Luftmatratze.  *Das ist unsere* _____ .

c) Das sind meine Kinder.  *Das sind* _____ .

d) Das ist mein Zelt.  *Das* _____ .

e) Das _____ mein Hund.  _____ .

f) Das _____ meine Katze.  _____ .

g) Das _____ meine Schlafsäcke.  _____ .

h) Das _____ _____ Auto.  _____ .

i) Das _____ _____ Tasche.  _____ .

j) Das _____ _____ Luftmatratzen.  _____ .

k) Das _____ _____ Klavier.  _____ .

**zu LB Ü 4** Was passt zusammen?

**5**

a) Ist dein Schlafsack auch nass?  **6**  1. Sie heißt Sara.

b) Woher kommt ihr?  ■  2. Er heißt Jan.

c) Was sind Sie von Beruf?  ■  3. Nein, aber sie sind nass.

d) Wie heißt Ihr Sohn?  ■  4. Nein, erst drei Tage.

e) Wie heißt Ihre Tochter?  ■  5. Ich komme aus Wien.

f) Bist du schon lange hier?  ■  6. Nein, mein Schlafsack ist trocken.

g) Sind eure Luftmatratzen kaputt?  ■  7. Wir kommen aus München.

h) Woher kommst du?  ■  8. Ich bin Fotograf.

**zu LB Ü 4** Ergänzen Sie.

**6**

a) *Kommst* du aus Kopenhagen? (kommen)  g) *Kommt* ihr aus Wien? (kommen)

b) _____ ihr Kinder? (haben)  h) _____ du Probleme? (haben)

c) Wie _____ ihr? (heißen)  i) _____ du Sara? (heißen)

d) _____ du Mathematiklehrerin? (sein)  j) _____ ihr Zwillinge? (sein)

e) Warum _____ ihr denn? (packen)  k) _____ du? (packen)

f) Du _____ sehr gut Klavier. (spielen)  l) _____ ihr gern Computer? (spielen)

**zu LB Ü 4** Ergänzen Sie.

**7**

a) Ist das *euer* Zelt?  *Ja, das ist unser Zelt.*

b) Sind das *eure* Kinder?  *Ja, das sind* _____ .

c) Ist _____ _____ Luftmatratze?  *Ja,* _____ .

d) _____ _____ _____ Schlafsäcke?  *Ja,* _____ .

e) \_\_\_\_\_ \_\_\_\_\_ \_\_\_\_\_ Katze?  Ja, _____ .

f) \_\_\_\_\_ \_\_\_\_\_ \_\_\_\_\_ Sohn?  Ja, _____ .

g) \_\_\_\_\_ \_\_\_\_\_ \_\_\_\_\_ Tochter?  Ja, _____ .

h) \_\_\_\_\_ \_\_\_\_\_ \_\_\_\_\_ Computer?  Ja, _____ .

## zu LB Ü 4  Wie heißen die Wörter?

**8**

a) der TERPUCOM  *der Computer* _____

b) die ZEKAT  _____

c) die TRATZEMALUFT  _____

d) das BYHOB  _____

e) der SACKSCHLAF  _____

f) die RINLEHRESPORT  _____

g) die MIFALIE  _____

h) die TINÄRZ  _____

i) der TOGRAFFO  _____

## zu LB Ü 4  Was passt wo?

**9**

Hotel Vater Lehrer Gepäck Bahnhof Großmutter Fotograf Tochter Reporter Großvater Polizist Zelt Baby Koffer Fahrkarte Verkäufer Zug Schlafsack Auto Ärztin Mutter Tourist Kind Sohn Luftmatratze

**Reise:** *Hotel* _____, _____, _____, _____, _____, _____,

_____, _____, _____, _____, _____

**Familie:** *Vater* _____, _____, _____, _____, _____, _____,

_____, _____

**Beruf:** *Lehrer* _____, _____, _____, _____, _____, _____

## zu LB Ü 4  Ergänzen Sie: wie, was, woher.

**10**

a) *Wie* alt ist Ihr Sohn?  e) _____ sind Sie von Beruf?

b) _____ ist dein Hobby?  f) _____ kommt ihr?

c) _____ lange seid ihr schon hier?  g) _____ alt bist du?

d) _____ kommen Sie?  h) _____ macht ihr hier?

**11**

a) du / Lehrer / bist / ?      *Bist du Lehrer?*

b) Zelt / ist / sein / kaputt / .      *Sein Zelt ist kaputt.*

c) eure / nass / sind / Luftmatratzen / ?      *Sind* _____

d) Schlafsack / mein / kaputt / ist / . _____

e) alt / Kinder / wie / deine / sind / ? _____

f) Hund / heißt / dein / wie / ? _____

g) Kinder / gern / surfen / unsere / . _____

h) Beruf / was / von / bist / du / ? _____

i) lange / hier / Sie / schon / sind / ? _____

j) ist / meine / Fotografin / Frau / . _____

k) vier / Tochter / ist / unsere / . _____

l) trocken / Schlafsack / dein / ist / ? _____

## zu LB Ü 6  Richtig r oder falsch f? (→ Lehrbuch S. 20)

**12**

a) **Werner Sundermann ...**
- 1. kommt aus Radebeul bei Dresden.
- 2. hat zwei Kinder.
- 3. ist Möbeltischler.
- 4. trinkt gern Bier.
- 5. kann blind 18 Sorten Mineralwasser erkennen.
- 6. trainiert fleißig.
- 7. kann in drei Minuten 30 Autos zeichnen.

b) **Nguyen Tien-Huu ...**
- 1. wohnt in Berlin.
- 2. ist ledig.
- 3. ist Sänger.
- 4. studiert Kunst in Berlin.
- 5. zeichnet Autos.
- 6. kann blind 18 Sorten Luftballons erkennen.
- 7. kann in zwei Minuten sechs Gesichter zeichnen.

c) **Natascha Schmitt ...**
- 1. lebt in Hamburg.
- 2. ist verheiratet.
- 3. ist Krankenschwester in Berlin.
- 4. arbeitet in Hamburg.
- 5. liebt Autos.
- 6. kann in 27 Sekunden ein Rad wechseln.
- 7. kann in 27 Sekunden zwei Reifenpannen erkennen.

d) **Max Claus ...**
- 1. wohnt in Wuppertal.
- 2. ist geschieden.
- 3. ist Friseur von Beruf.
- 4. liebt Mineralwasser.
- 5. schneidet Haare.
- 6. kann 18 Touristen in drei Minuten rasieren.
- 7. kann sehr schnell Luftballons rasieren.

**13**

a) ● Woher **kommst** du?

■ Ich _____ aus Hamburg.

● Wie _____ dein Name?

■ Ich heiße Volker.

● _____ du Mathematik?

■ Nein, ich _____ Kunst.

b) ● Woher _____ Sie?

■ Wir _____ aus München.

● _____ Sie Kinder?

■ Ja, wir _____ zwei.

● Wie alt _____ sie?

■ Neun und elf.

c) ● Woher _____ er?

■ Er _____ aus Dresden.

● _____ er Sport?

■ Nein, Mathematik.

● Wie alt _____ er?

■ Er _____ 22.

d) ● Woher _____ ihr?

■ Wir _____ aus Berlin.

● _____ ihr Tennis?

■ Ja, natürlich.

● Wie alt _____ ihr?

■ Wir _____ 20.

kommen

studieren

haben

sein

spielen

**14**

a) Werner Sundermann   erkennt        18 Sorten Mineralwasser.

Werner Sundermann **kann**_____    18 Sorten Mineralwasser **erkennen**_____.

b) Nguyen Tien-Huu      zeichnet        Touristen.

Nguyen Tien-Huu      **kann**_____    Touristen _____.

c) Natascha Schmitt      wechselt        ein Rad.

Natascha Schmitt      _____        ein Rad _____.

d) Natascha Schmitt      wechselt        in 27 Sekunden ein Rad.

Natascha Schmitt      _____        in 27 Sekunden ein Rad _____.

e) Max Claus            rasiert          in drei Minuten 30 Luftballons.

Max Claus            _____        in drei Minuten 30 Luftballons _____.

**15**

a) Nguyen Tien-Huu kann in zwei Minuten sechs Gesichter zeichnen.
Die Zeichnungen sind trotzdem gut.

**Trotzdem sind** _____.

b) Die Studentin kann in vierzig Sekunden zwei Polizisten zeichnen.

**In vierzig Sekunden** _____.

c) Natascha Schmitt kann in siebenundzwanzig Sekunden ein Rad wechseln.
Eine Reifenpanne ist natürlich kein Problem.

*Natürlich* _____.

d) Herr Jensen kann in fünfundfünfzig Minuten ein Rad wechseln.

*In fünfundfünfzig Minuten* _____.

e) Max Claus kann sehr gut Luftballons rasieren.
Er rasiert normalerweise Bärte.

*Normalerweise* _____.

f) Frau Claus kann fünf Bärte in zehn Minuten rasieren.

*In zehn Minuten* _____.

g) Werner Sundermann kann blind achtzehn Sorten Mineralwasser erkennen.
Er schafft vielleicht bald 25 Sorten.

*Vielleicht      bald* _____.

h) Frau Sundermann kann blind fünfzehn Sorten Cola erkennen.

*Blind* _____.

i) Die Sportreporterin kann natürlich gut fotografieren.

*Natürlich* _____.


## zu LB Ü 6  Was passt?

**16**

a) Lehrerin, Lehrer, Verkäufer, Verkäuferin **sein** _____

b) Mathematik, Sport, Kunst _____

c) Mineralwasser, Saft, Wein, Bier _____

d) Bärte, Touristen, Luftballons _____

e) Kinder, Touristen, Gesichter _____

f) Computer, Tennis, Ball, Klavier _____

g) in Hamburg, in Salzburg, in Österreich _____

| |
|---|
| sein |
| studieren |
| zeichnen |
| trinken |
| wohnen |
| rasieren |
| spielen |

## zu LB Ü 7  Was passt nicht?

**17**

a) **tauchen:** tief – lange – ~~freundlich~~

b) **reiten:** schnell – gut – tief

c) **schwimmen:** gern – hoch – schnell

d) **rechnen:** fleißig – falsch – sympathisch

e) **springen:** schnell – hoch – alt

f) **warten:** lange – allein – schnell

g) **küssen:** verliebt – allein – lange

h) **schreiben:** gut – wunderbar – kaputt

i) **arbeiten:** gut – gern – ledig

## zu LB Ü 7 Ergänzen Sie: **können**.

**18**

a) ● Kannst du gut tauchen?

   ■ Ja, aber ich _____ nicht so gut schwimmen.

b) ● _____ ihr gut schwimmen?

   ■ Nein, aber wir _____ lange tauchen.

c) ● Unser Hund _____ gut schwimmen.

   ■ Und unsere Hunde _____ auch prima schwimmen.

## zu LB Ü 7 Ergänzen Sie.

**19**

| | leben | lieben | studieren | telefonieren | reisen | heißen | platzen |
|---|---|---|---|---|---|---|---|
| ich | | | | | | | |
| du | | | studierst | | | heißt | platzt |
| er/sie/es | | liebt | | | reist | | |
| wir | leben | | | | | | |
| ihr | | liebt | | telefoniert | | | |
| sie / Sie | leben | | | | | | |

| | arbeiten | warten | schneiden | zeichnen | wechseln | | können | sein |
|---|---|---|---|---|---|---|---|---|
| ich | | warte | | | wechsle | | | |
| du | arbeitest | | | zeichnest | | | | |
| er/sie/es | arbeitet | | schneidet | | | | kann | |
| wir | | | | | | | | sind |
| ihr | | wartet | | | wechselt | | | |
| sie / Sie | | | | | | | | |

## zu LB Ü 9 Schreiben Sie die Zahlen.

**20**

a) dreihunderteinundzwanzig _____

b) hundertsiebenundsiebzig _____

c) siebenhundertsiebzehn _____

d) hundertelf _____

e) neunhundertachtundsechzig _____

f) sechshundertneunundachtzig _____

g) fünfhundertsechsundneunzig _____

h) vierhunderteinundsiebzig _____

i) zweihundertzweiundfünfzig _____

j) achthundertfünfundzwanzig _____

## zu LB Ü 10 Wie viel wiegt das?

**21**

a) tausendzweihundertfünfundzwanzig Gramm = _1225_ Gramm

b) viertausendsechshundertachtundsiebzig Gramm = _____ Gramm

c) zweitausendfünfhundertvier Gramm = _____ Gramm

d) achthundertachtundachtzig Gramm = _____ Gramm

| e) dreitausenddreihundertdreizehn Gramm | = _____ Gramm |
| f) fünftausendvierundzwanzig Gramm | = _____ Gramm |
| g) fünfhundertfünfundfünfzig Gramm | = _____ Gramm |
| h) achttausendachthundertachtzehn Gramm | = _____ Gramm |

## zu LB Ü 10 Schreiben Sie die Zahlen

**22**

€ 583,–   _____

€ 725,–   _____

€ 815,–   _____

€ 275,–   _____

€ 696,–   _____

€ 969,–   _____

€ 1.532,–   _____

€ 3.125,–   _____

## zu LB Ü 10 Was passt wo?

**23**

| **Pfund / Kilo** | **Flasche** | |
|---|---|---|
| *Tomate* _____ | _____ | Karotte |
| _____ | _____ | Kartoffel |
| _____ | _____ | Saft |
| _____ | _____ | ~~Tomate~~ |
| _____ | | Pilz |
| _____ | | Bier |
| | | Zwiebel |
| | | Wasser |
| | | Apfel |
| | | Wein |

## zu LB Ü 12 Ergänzen Sie: **haben** oder **sein**.

**24**

a) Ich **habe** heute Geburtstag.

b) Ich _____ Krankenschwester von Beruf.

c) _____ du verheiratet?

d) _____ du Geld?

e) Familie Schneider _____ zwei Kinder.

f) Werner _____ 37 Jahre alt.

g) Wir **sind** aus Hamburg.

h) Wir _____ Zwillinge.

i) _____ ihr schon lange hier?

j) _____ ihr eine Reifenpanne?

k) _____ Sie auch aus Hamburg?

l) _____ Sie Probleme?

## zu LB Ü 12 Ergänzen Sie.

**25**

a) *Jan-Peter* hat Geburtstag.

b) Er ist *fünf Jahre* alt.

c) Herr Geißler wohnt *in Oldenburg*.

d) Frau Beier kommt *aus Bremen*.

e) Der Komponist heißt *Schubert*.

f) *Herr Beckmann* studiert in Wilhelmshaven.

g) Die Tomaten wiegen *zwei Kilo*.

h) *Morgen* kommt Jochen.

i) Normalerweise schneidet *Max* Haare.

**Wer** hat Geburtstag?

**Wie** alt ist er?

_____ wohnt Herr Geißler?

_____ kommt Frau Beier?

_____ heißt der Komponist?

_____ studiert in Wilhelmshaven?

_____ _____ wiegen die Tomaten?

_____ kommt Jochen?

_____ schneidet normalerweise Haare?

## zu LB Ü 13 Ergänzen Sie.

**26**

a) Die Eltern **von** Lisa sind nicht da.

b) Lisa bestellt eine Pizza _____ Bello.

c) Familie Jensen kommt _____ Kopenhagen.

d) Familie Schneider ist _____ München.

e) Volker studiert _____ Berlin.

f) Er zeichnet sechs Gesichter _____ zwei Minuten.

g) Natascha Schmitt ist Krankenschwester _____ Beruf.

h) Sie arbeitet _____ Hamburg.

i) Werner Sundermann kommt aus Radebeul _____ Dresden.

j) Er trinkt gern Mineralwasser _____ Kohlensäure.

(aus – bei – ~~von~~)

(in – für – aus)

(aus – mit – in)

(mit – aus – für)

(in – aus – von)

(von – in – mit)

(bei – aus – von)

(in – aus – für)

(mit – von – bei)

(in – mit – für)

**Ergänzen Sie die Verben.**

**27**

a) Er _____ sechs Gesichter in zwei Minuten.

b) Die Katze _____ sehr hoch.

c) Wir _____ nicht gut singen.

d) Sie _____ ein Rad in 27 Sekunden.

e) _____ Sie gern Saft?

f) Ich _____ blind sechzehn Sorten Mineralwasser.

g) Ich _____ gern Haare und Bärte.

h) Der Apfel _____ 180 Gramm.

i) _____ du viel Geld?

j) Sie _____ drei Cola und zwei Mineralwasser.

k) Meine Frau _____ Lisa.

| | |
|---|---|
| verdienst | schneide |
| springt | trinken |
| zeichnet | können |
| wiegt | wechselt |
| bestellt | heißt |
| erkenne | |

**zu LB Ü 15 Schreiben Sie die Sätze anders.**

**28**

a) Er möchte dort eine Reportage machen.

_**Dort möchte er eine Reportage machen.**_

b) Sie trinkt normalerweise nur Wasser.

_**Normalerweise**_ _____.

c) Die Schlafsäcke sind bald trocken.

_**Bald**_ _____.

d) Sein Sohn spielt immer Computer.

_**Immer**_ _____.

e) Sie sind vierzehn Tage hier.

_**Vierzehn Tage**_ _____.

f) Sie kommt vielleicht aus Italien.

_**Vielleicht**_ _____.

g) Das Zelt ist natürlich sauber.

_**Natürlich**_ _____.

h) Er zeichnet Touristen in Berlin.

_**In Berlin**_ _____.

i) Pro Zeichnung braucht er etwa 30 Sekunden.

_**Etwa 30 Sekunden**_ _____.

a) Was kann man essen?

■ Geld     ■ Land
✗ Apfel     ■ Pilz
■ Kartoffel     ■ Zelt
■ Karotte     ■ Tomate
■ Bart     ■ Pizza

b) Was kann man trinken?

■ Zwiebel     ■ Zeichnung
■ Saft     ■ Bier
■ Japan     ■ Gesicht
■ Urlaub     ■ Wasser
■ Wein     ■ Sprache

c) Was sind Personen?

■ Friseur     ■ Österreicher
■ Kranken-     ■ Freundin
  schwester     ■ Sekunde
■ Rad     ■ Eltern
■ Luftballon

## zu LB Ü 17 Was passt zusammen?

**30**

a) Wie geht's?    ■     1. Nein, er ist Reporter
b) Guten Abend, Volker!    ■     2. Nein, ich studiere hier.
c) Guten Morgen, Herr Winter!    ■     3. Nein, ich komme aus Spanien.
d) Das ist Herr Bloch.    ■     4. Danke gut.
e) Arbeiten Sie hier?    ■     5. Guten Morgen, Frau Humbold.
f) Kommen Sie aus Italien?    ■     6. Ja, ich studiere Sport.
g) Ist Herr Bloch Fotograf?    ■     7. Freut mich, Herr Bloch.
h) Studierst du Sport?    ■     8. Guten Abend, Heike!

## zu LB Ü 17 Ergänzen Sie **möchten**.

**31**

a) Ich /studieren:     *Ich möchte studieren.*

b) Er / arbeiten:     *Er* _____.

c) Wir/ packen:     _____.

d) Er / Ball spielen:     _____.

e) Ich / Bärte rasieren:     _____.

f) Wir / Wasser trinken:     _____.

g) Ich / Touristen zeichnen:     _____.

h) Er / ein Rad wechseln:     _____.

## zu LB Ü 17 Formen Sie die Sätze um.

**32**

a) Ich studiere in Deutschland.
b) Du spielst Klavier.
c) Er zeichnet in sechs Minuten
   zwei Gesichter

d) Wir sind heute glücklich.
e) Ihr springt hoch.
f) Sie verdienen Geld.

| möchten | können |
|---|---|
| a) *Ich möchte in Deutschland studieren.* | *Ich kann in Deutschland studieren.* |
| b) *Du* _____ . | *Du* _____ . |
| c) _____ . | _____ . |
| d) _____ . | _____ . |
| e) _____ . | _____ . |
| f) _____ . | _____ . |

## zu LB Ü 17 Wie heißen die Länder? Ergänzen Sie.

**33**

di ◆ ta ◆ eu ◆ ri ◆ ei ◆ na ◆ ha ◆ en ◆ li ◆ ~~ss~~ ◆ pa

Ru**ss**land
Südaf___ka
Ja___n
Austra___en
In___en
D___tschland
Frankr___ch
Großbri___nnien
Spani___
Ka___da
G___na

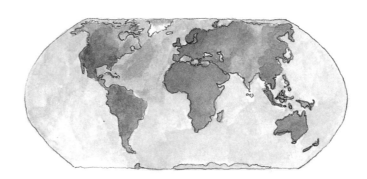

## zu LB Ü 18 Ergänzen Sie.

**34**

| Land | Mann | Frau | kommen aus | Staatsangehörigkeit |
|---|---|---|---|---|
| **Japan** | Japaner | Japanerin | Japan | japanisch |
| **Italien** | | Italienerin | | |
| **Spanien** | Spanier | | | |
| **Argentinien** | | Argentinierin | | |
| **Griechenland** | Grieche | Griechin | Griechenland | griechisch |
| **Polen** | Pole | | Polen | |
| **Frankreich** | Franzose | Französin | | französisch |
| **China** | Chinese | | | |
| **Sudan** | Sudanese | | dem Sudan | |
| **Iran** | | Iranerin | dem | iranisch |
| **Schweiz** | Schweizer | | der | |
| **Türkei** | Türke | | der | türkisch |
| **Niederlande** | | Niederländerin | den Niederlanden | niederländisch |
| **USA** | Amerikaner | | den | |

## zu LB Ü 18 Ergänzen Sie die Tabelle.

**35**

Sein Name ist Jensen. Sören ist sein Vorname. Er kommt aus Dänemark. In Kopenhagen ist er geboren, aber er wohnt und arbeitet in Flensburg. Er ist 25 Jahre alt und Informatiker von Beruf. Herr Jensen ist ledig. Seine Hobbys sind Surfen und Segeln.

Martina Oehri kommt aus der Schweiz. Sie ist in Luzern geboren und lebt in Zürich. Sie ist verheiratet und hat ein Kind. Frau Oehri ist 30 Jahre alt und von Beruf ist sie Sportlehrerin. Sie schwimmt und sie taucht gern.

|  | *Herr Jensen* | *Frau Oehri* |
|---|---|---|
| **Vorname** |  |  |
| **Beruf** |  |  |
| **Staatsangehörigkeit** | dänisch | schweizerisch |
| **Wohnort** |  |  |
| **Geburtsort** |  |  |
| **Alter** |  |  |
| **Familienstand** |  |  |
| **Kinder** |  |  |
| **Hobbys** |  |  |

## zu LB Ü 19 Ergänzen Sie die Texte.

**36**

|  | *Frau Bloch* | *Herr Smetana* |
|---|---|---|
| **Vorname** | Salima | Jaroslav |
| **Beruf** | Studentin | Arzt |
| **Staatsangehörigkeit** | deutsch | tschechisch |
| **Wohnort** | München | Prag |
| **Geburtsort** | Tunis | Pilsen |
| **Alter** | 22 | 45 |
| **Familienstand** | verheiratet | geschieden |
| **Kinder** | – | 2 |
| **Hobbys** | Segeln, Reiten | Reisen, Fotografieren |

Salima Bloch ist in *Tunis* geboren, aber sie _____ in München. Sie ist _____, ihr Mann ist

Deutscher und ihre Staatsangehörigkeit _____ _____. Sie haben keine _____. Salima ist

_____ Jahre _____, und sie _____ und _____ gern. Sie _____ Kunst in

München.

Herr Smetana ist *Arzt* von _____. Er ist in _____ _____, _____ Jahre

_____, und er _____ in Prag. Er hat _____ _____, aber er _____ _____.

Seine Hobbys _____ _____ _____ _____.

**37**

| Vorname | |
|---|---|
| **Name** | |
| **Alter** | |
| **Geburtsort** | |
| **Staatsangehörigkeit** | |
| **Wohnort** | |
| **Familienstand** | |
| **Kinder** | |
| **Beruf** | |
| **Hobbys** | |

Ich heiße _____ _____ und _____ _____ Jahre alt. Ich bin in _____ geboren

und meine Staatsangehörigkeit ist _____. Ich wohne in _____. Ich bin _____ und habe

_____ Kinder. Ich bin _____ von Beruf und meine Hobbys sind _____ und _____.

# Wörter im Satz

| | Ihre Muttersprache | Schreiben Sie einen Satz aus Delfin, Lehrbuch |
|---|---|---|
| ____ *Adresse* | _____ | _____ |
| ____ *Beruf* | _____ | _____ |
| ____ *Eltern* | _____ | _____ |
| ____ *Freund* | _____ | _____ |
| ____ *Geld* | _____ | _____ |
| ____ *Gesicht* | _____ | _____ |
| ____ *Krankenschwester* | _____ | _____ |
| ____ *Mann* | _____ | _____ |
| ____ *Mineralwasser* | _____ | _____ |
| ____ *Problem* | _____ | _____ |
| ____ *Rad* | _____ | _____ |
| ____ *Staatsangehörigkeit* | _____ | _____ |
| ____ *Zeichnung* | _____ | _____ |
| *bestellen* | _____ | _____ |
| *brauchen* | _____ | _____ |
| *erkennen* | _____ | _____ |
| *rechnen* | _____ | _____ |
| *schneiden* | _____ | _____ |
| *springen* | _____ | _____ |
| *studieren* | _____ | _____ |
| *trinken* | _____ | _____ |
| *verstehen* | _____ | _____ |
| *wiegen* | _____ | _____ |
| *zeichnen* | _____ | _____ |
| *bequem* | _____ | _____ |
| *erst* | _____ | _____ |
| *euer* | _____ | _____ |

| gern | _____ | _____ |
|------|-----------------|---------------------------|
| ja | _____ | _____ |
| normalerweise | _____ | _____ |
| unser | _____ | _____ |
| zufrieden | _____ | _____ |

# Grammatik

##  Verben

**39**

|  | *kommen* | *arbeiten* | *schneiden* | *zeichnen* | *wechseln* | *heißen* | *platzen* |
|------|----------|------------|-------------|------------|------------|----------|-----------|
| **ich** | komm**e** | arbeit**e** | schneid**e** | zeich**ne** | wechs**le** | heiß**e** | platz**e** |
| **du** | komm**st** | arbeit**est** | schneid**est** | zeich**nest** | wechsel**st** | heiß**t** | platz**t** |
| **er/sie/es** | komm**t** | arbeit**et** | schneid**et** | zeich**net** | wechsel**t** | heiß**t** | platz**t** |
| **wir** | komm**en** | arbeit**en** | schneid**en** | zeich**nen** | wechsel**n** | heiß**en** | platz**en** |
| **ihr** | komm**t** | arbeit**et** | schneid**et** | zeich**net** | wechsel**t** | heiß**t** | platz**t** |
| **sie / Sie** | komm**en** | arbeit**en** | schneid**en** | zeich**nen** | wechsel**n** | heiß**en** | platz**en** |

*ebenso*: hören warten        rechnen    segeln
kochen reiten
lachen antworten
packen
spielen
…

##

**40**

|  | *haben* | *sein* | *können* | *möchten* |
|------|---------|--------|----------|-----------|
| **ich** | hab**e** | **bin** | **kann** | möcht**e** |
| **du** | ha**st** | **bist** | **kannst** | möcht**est** |
| **er/sie/es** | ha**t** | **ist** | **kann** | möcht**e** |
| **wir** | hab**en** | **sind** | könn**en** | möcht**en** |
| **ihr** | hab**t** | **seid** | könn**t** | möcht**et** |
| **sie / Sie** | hab**en** | **sind** | könn**en** | möcht**en** |

##  Wortstellung

**41**

| *Vorfeld* | *Verb*$_{(1)}$ | *Mittelfeld* |  | *Verb*$_{(2)}$ |
|-----------|----------------|--------------|---|----------------|
| Er | **kann** |  |  | **zeichnen.** |
| Er | **kann** |  | sechs Gesichter | **zeichnen.** |
| Er | **kann** | in zwei Minuten | sechs Gesichter | **zeichnen.** |
| Die Zeichnungen | **sind** | natürlich | gut. |  |
| Natürlich | **sind** | die Zeichnungen | gut. |  |

**Possessivartikel**

42

|  | *wir:* | *ihr:* |
|---|---|---|
| de**r** Sohn | unse**r** Sohn | eue**r** Sohn |
| di**e** Tochter | unse**re** Tochter | eu**re** Tochter |
| da**s** Hobby | unse**r** Hobby | eue**r** Hobby |
| di**e** Kinder | unse**re** Kinder | eu**re** Kinder |

 **Ländernamen, Einwohner, Staatsangehörigkeit**

43

| Land | Einwohner | Einwohnerin | Staatsangehörigkeit |
|---|---|---|---|
| **Österreich** | Österreicher | Österreicherin | österreichisch |
| **Polen** | Pole | Polin | polnisch |
| **Portugal** | Portugiese | Portugiesin | portugiesisch |
| **Tschechien** | Tscheche | Tschechin | tschechisch |
| **Tunesien** | Tunesier | Tunesierin | tunesisch |
| **Deutschland** | Deutscher | Deutsche | deutsch |

# Wortschatz

## Nomen

die Adresse, Adressen
der Alkohol
das Alter
die Angabe, Angaben
der Animateur,
    Animateure
die Animateurin,
    Animateurinnen
der Apfel, Äpfel
die Ärztin, Ärztinnen
der Ballon, Ballons
der Bart, Bärte
der Beruf, Berufe
die Bewerbung,
    Bewerbungen
das Bier, Biere
der Computer, Computer
der Delfin, Delfine
der Deutsche, Deutschen
die E-Mail, E-Mails
der Einwohner,
    Einwohner
die Einwohnerin,
    Einwohnerinnen
die Eltern (pl)
die Familie, Familien
der Familienname,
    Familiennamen
der Familienstand
das Fax, Faxe
die Faxnummer,
    Faxnummern
das Formular, Formulare
der Fotograf, Fotografen
der Freund, Freunde
die Freundin,
    Freundinnen
der Friseur, Friseure
der Geburtsort,
    Geburtsorte
der Geburtstag,
    Geburtstage
das Geld

das Geschlecht,
    Geschlechter
das Gesicht, Gesichter
das Gewicht, Gewichte
das Gramm
die Größe, Größen
die Großeltern (pl)
das Haar, Haare
das Hobby, Hobbys
die Informatikerin,
    Informatikerinnen
der Installateur,
    Installateure
die Karotte, Karotten
die Kartoffel, Kartoffeln
die Katze, Katzen
das Kaufhaus, Kaufhäuser
das Kilo
das Kilogramm
die Kohlensäure
der Komponist,
    Komponisten
die Krankenschwester,
    Krankenschwestern
der Kunststudent,
    Kunststudenten
das Land, Länder
die Lösung, Lösungen
der Luftballon,
    Luftballons
die Luftmatratze,
    Luftmatratzen
der Mathematiklehrer,
    Mathematiklehrer
die Matratze, Matratzen
die Medizin
der Meter, Meter
das Mineralwasser,
    Mineralwasser
die Minute, Minuten
der Möbeltischler,
    Möbeltischler
der Nachname,
    Nachnamen
der Name, Namen
der Österreicher,
    Österreicher
die Österreicherin,

Österreicherinnen
das Pfund, Pfunde
der Pilz, Pilze
die Pizza, Pizzen (Pizzas)
der Pizza-Express
das Problem, Probleme
das Quiz
das Rad, Räder
die Reifenpanne,
    Reifenpannen
die Reihenfolge,
    Reihenfolgen
der Rekord, Rekorde
die Reportage, Reportagen
der Schlafsack,
    Schlafsäcke
die Schwester, Schwestern
die Sekretärin,
    Sekretärinnen
die Sekunde, Sekunden
die Sorte, Sorten
der Sport
die Sportlehrerin,
    Sportlehrerinnen
die Sprache, Sprachen
die Staatsangehörigkeit,
    Staatsangehörigkeiten
die Straße, Straßen
das Telefongespräch,
    Telefongespräche
die Telefonnummer,
    Telefonnummern
(das) Tennis
der Tischler, Tischler
die Tomate, Tomaten
der Tscheche, Tschechen
die Tschechin,
    Tschechinnen
der Tunesier, Tunesier
die Tunesierin,
    Tunesierinnen
der Vorname, Vornamen
das Wasser
der Wein, Weine
der Weltrekord,
    Weltrekorde
der Winter, Winter
der Wohnort, Wohnorte

das Wort, Wörter
die Zeichnung,
   Zeichnungen
das Zelt, Zelte
der Zischlaut, Zischlaute
die Zwiebel, Zwiebeln

## Verben

antworten
ausfüllen
bestellen
brauchen
denken
erkennen
fragen
freuen
haben
kochen
können
korrigieren
meinen
möchten
packen
platzen
rasieren
rechnen
reiten
schaffen
schneiden
schwimmen
segeln
singen
spinnen
springen
studieren
suchen
surfen
tauchen
telefonieren
trainieren
trinken
variieren
verdienen
verstehen
wechseln
wiegen
zeichnen

## Adjektive

bequem
blind
deutsch
englisch
fleißig
französisch
geboren
genau
geschieden
groß
hoch
ledig
männlich
nass
natürlich
österreichisch
sauber
schnell
spanisch
tief
trocken
tschechisch
tunesisch
verheiratet
weiblich
zufrieden

## Adverbien

auch
bald
dann
erst
etwa
gern
immer
lange
leider
links
noch nicht
normalerweise
rechts
schon
sehr
trotzdem
übrigens

vielleicht
weg
wohl

## Funktionswörter

als
aus
bei
mit
ohne
pro
zur
wir
ihr
unser
euer
mich
Warum?
Woher?
Wie viel?

## Ausdrücke

Guten Morgen.
Guten Tag.
Tag!
Guten Abend.
Wie geht's?
Danke, gut.
Übrigens, das ist Herr...
Freut mich.
Wie bitte?
Warum denn?
Ja.
Ja, natürlich.
Nein.
Ach, ...
Ach so
Na ja.
Kein Problem!
Na dann...
Prost!
Sehr geehrte Frau ...
Sehr geehrter Herr...
Mit freundlichen Grüßen
... Jahre alt sein
... von Beruf sein

## Abkürzungen

kg = Kilogramm
Tel. = Telefon
GmbH = Gesellschaft mit
beschränkter Haftung

| In Deutschland sagt man: | In Österreich sagt man auch: | In der Schweiz sagt man auch: |
|---|---|---|
| die Kartoffel, Kartoffeln | der Erdapfel, Erdäpfel | |
| die Tomate, Tomaten | der Paradeiser, Paradeiser | |
| der Pilz, Pilze | das Schwammerl, Schwammerln | |
| | | |
| die E-Mail, E-Mails | | das E-Mail, E-Mails |
| Prost! | | Gesundheit! |

# Lektion 3

## zu LB Ü 1 Was passt?

**1**

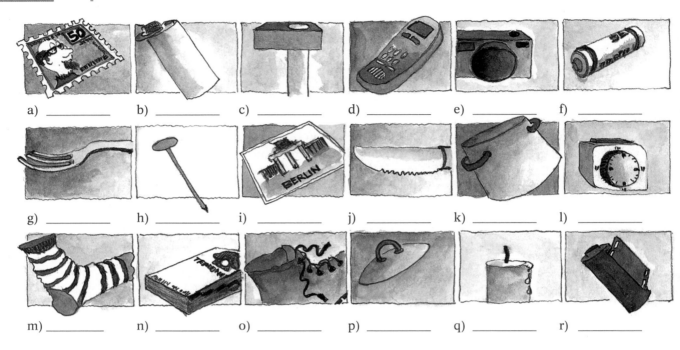

a) _____ b) _____ c) _____ d) _____ e) _____ f) _____

g) _____ h) _____ i) _____ j) _____ k) _____ l) _____

m) _____ n) _____ o) _____ p) _____ q) _____ r) _____

Telefon    Hammer    Fotoapparat    Batterie    Gabel    Kerze    Film    Strumpf    Feuerzeug    Nagel
Ansichtskarte    Messer    Deckel    Telefonbuch    Schuh    Briefmarke    Topf    Küchenuhr

## zu LB Ü 1 der, die oder das?

**2**

*die*___ Briefmarke     _____ Gabel     _____ Strumpf

_____ Feuerzeug     _____ Nagel     _____ Telefonbuch

_____ Hammer     _____ Ansichtskarte     _____ Schuh

_____ Telefon     _____ Messer     _____ Deckel

_____ Fotoapparat     _____ Topf     _____ Kerze

_____ Batterie     _____ Küchenuhr     _____ Film

## zu LB Ü 2 der, die, das oder den?

**3**

a) _____ Fotoapparat ist weg.     Er sucht _____ Fotoapparat.

b) _____ Schuhe sind nicht da.     Sie sucht _____ Schuhe.

c) _____ Telefonbuch ist weg.     Ich suche _____ Telefonbuch.

d) _____ Deckel ist weg.     Ich suche _____ Deckel.

e) Sind _____ Strümpfe nicht da?     Ich suche _____ Strümpfe.

f) Ist _____ Film nicht da?          Suchst du _____ Film?

g) _____ Feuerzeug ist nicht da.     Suchst du _____ Feuerzeug?

h) _____ Hammer ist weg.             Sie sucht _____ Hammer.

i) Ist _____ Messer nicht da?        Wir suchen _____ Messer.

j) _____ Gabel ist nicht da.         Er sucht _____ Gabel.

k) _____ Topf ist weg.               Sucht er _____ Topf?

l) _____ Briefmarke ist nicht da.    Suchst du _____ Briefmarke?

m) Ist _____ Nagel nicht da?         Wir suchen _____ Nagel.

## zu LB Ü 3  Ergänzen Sie: ein, eine, einen, kein, keine, keinen.

**4**

a) Brauchst du **ein** Pflaster? – Nein danke, ich brauche **kein** Pflaster.

b) Brauchst du _____ Regenschirm? – Nein danke, ich brauche _____ Regenschirm.

c) Brauchen Sie _____ Briefmarke? – Nein danke, ich brauche _____ Briefmarke.

d) Brauchst du _____ Telefonbuch? – Nein danke, ich brauche _____ Telefonbuch.

e) Brauchen Sie _____ Hammer? – Nein danke, ich brauche _____ Hammer.

f) Brauchst du _____ Sonnenbrille? – Nein danke, ich brauche _____ Sonnenbrille.

g) Brauchst du _____ Mantel? – Nein danke, ich brauche _____ Mantel.

## zu LB Ü 3  Nominativ oder Akkusativ?

**5**

|  | Nominativ | Akkusativ |
|---|---|---|
| a) Der Hammer ist nicht da. | ✗ | ■ |
| b) Er sucht den Hammer. | ■ | ✗ |
| c) Er hat kein Taschentuch. | ■ | ■ |
| d) Wir brauchen keinen Regenschirm. | ■ | ■ |
| e) Mein Mantel ist weg. | ■ | ■ |
| f) Sind die Gummistiefel nicht da? | ■ | ■ |
| g) Ich suche die Telefonkarte. | ■ | ■ |
| h) Wir brauchen keine Münzen. | ■ | ■ |

## zu LB Ü 3  Verben mit Akkusativ. Was passt nicht?

**6**

a) **bestellen:** eine Pizza – ein Mineralwasser – ~~einen Moment~~ – Blumen

b) **hören:** einen Zug – ein Gespräch – ein Polizeiauto – eine Briefmarke

c) **lesen:** einen Nagel – einen Satz – eine Ansichtskarte – eine Information

d) **schicken:** eine E-Mail – einen Brief – einen Geburtstag – eine Bewerbung

e) **schneiden:** einen Apfel – Haare – eine Tomate – einen Topf

f) **schreiben:** einen Hammer – einen Brief – eine Ansichtskarte – einen Text

g) **trinken:** ein Bier – einen Saft – eine Gabel – Wasser

h) **verstehen:** einen Deckel – eine Sprache – ein Formular – ein Gespräch

## zu LB Ü 4  Wie heißen die Wörter?

**7**

a) *das Bett*    b) _____    c) _____    d) _____

e) _____    f) _____    g) _____    h) _____

i) _____    j) _____    k) _____    l) _____

m) _____    n) _____    o) _____    p) _____

## zu LB Ü 4  Richtig r oder falsch f? (→ Lehrbuch S. 30)

**8**

a) ■ Jochen Pensler studiert Sport.
b) ■ Er hat kein Telefon und kein Radio.
c) ■ Er braucht nur seine Bücher und seine Tiere.
d) ■ Sein Hobby kostet aber nicht viel Zeit.
e) ■ Bernd Klose ist Reporter von Beruf.
f) ■ Deshalb arbeitet er oft zu Hause.
g) ■ Seine Wohnung hat vier Zimmer.
h) ■ Er findet Möbel nicht wichtig.

i) ■ Karin Stern ist von Beruf Fotografin.
j) ■ Sie ist 33 und wohnt in Frankfurt.
k) ■ Einen Computer braucht sie nicht.
l) ■ Aber sie hat einen Geschirrspüler.
m) ■ Linda Damke hat ein Segelboot.
n) ■ Eine Wohnung und ein Auto hat sie nicht.
o) ■ Im Sommer ist sie immer in Griechenland.
p) ■ Ihre Kajüte ist groß und hat viel Platz.

## zu LB Ü 6  Ergänzen Sie.

**9**

a) Jochen Pensler hat 6 Schlangen und 14 _____.

b) Er braucht Bücher, aber er hört keine _____.

c) Bernd Klose findet _____ nicht wichtig.

d) Von Beruf ist er _____.

e) Karin Stern hat im _____ ein Fotolabor.

Platz
Mäuse
Möbel
Wohnung
Bad
Musik
Reporter
Geld

f) Nur für ihre Kameras braucht sie _____.

g) Linda Damke braucht nicht viel _____.

h) Deshalb hat sie kein Haus und auch keine _____.

## zu LB Ü 6   Zwei Wörter passen zusammen. Markieren Sie.

**10**

a) <u>Bett</u> – Maus – <u>Tisch</u>

b) Schreibtisch – Schlange – Krokodil

c) Radio – Fernseher – Regenschirm

d) Möbel – Motorrad – Wagen

e) Luxus – Bett – Matratze

f) Wohnung – Briefmarke – Haus

g) Reporter – Musiker – Spinne

h) Sommer – Winter – Kiste

i) Mensch – Geld – Münzen

j) Tiere – Zoo – Segelboot

## zu LB Ü 6   Gibt es hier einen Fernseher? Schreiben Sie.

**11**

a) (Fernseher)   *Gibt es einen          ?* –   *Ja, es gibt einen Fernseher.*

b) (Krokodile)   *Gibt es Krokodile?*   –   *Nein, es gibt keine          .*

c) (Telefon)   *Gibt es ein Telefon?*   –   _____.

d) (Spinne)   _____ ?   –   _____.

e) (Kiste)   _____ ?   –   _____.

f) (Bett)   _____ ?   –   _____.

g) (Fotoapparat)   _____ ?   –   _____.

h) (Schlangen)   _____ ?   –   _____.

i) (Kühlschrank)   _____ ?   –   _____.

j) (Topf)   _____ ?   –   _____.

k) (Tisch)   _____ ?   –   _____.

l) (Geschirrspüler)   _____ ?   –   _____.

__Ordnen Sie die Wörter.__

**12**

a) Er ist Reporter. (er – selten – zu Hause – ist)

_Deshalb ist er selten zu Hause._

b) Sie liebt die Freiheit. (sie – ein Segelboot – hat)

_Deshalb_ _____

c) Tiere sind sein Hobby. (ein Zoo – sein Zimmer – ist)

_Deshalb_ _____

d) Er ist selten zu Hause. (Möbel – findet – nicht – wichtig – er)

_Deshalb_ _____

e) Sie braucht keinen Luxus. (sie – keinen Computer – hat)

_Deshalb_ _____

f) Das Segelboot hat wenig Platz. (nicht – bequem – ist – es – sehr)

_Deshalb_ _____

g) Er hört keine Musik. (hat – kein Radio – er)

_Deshalb_ _____

zu LB Ü 6 __Schreiben Sie die Sätze anders.__

**13**

a) Ich trinke keinen Alkohol.     _Alkohol trinke ich nicht._

b) Ich brauche keinen Computer.     _Einen Computer_ _____

c) Ich habe keine Tiere.     _Tiere_ _____

d) Ich brauche keine Unterhaltung.     _Unterhaltung_ _____

e) Ich habe kein Krokodil.     _Ein_ _____

f) Ich lese keine Bücher.     _____

g) Ich habe kein Motorrad.     _____

h) Ich bin kein Student.     _____

i) Ich habe keine Probleme.     _____

zu LB Ü 6 __Ergänzen Sie: ein, eine, einen oder —.__

**14**

a) Jochen Pensler studiert _____ Biologie. Sein Zimmer ist _____ Zoo. Er hat _____ Schlangen,

_____ Spinnen, _____ Mäuse und _____ Krokodil. _____ Tiere sind sein Hobby, aber sie kosten

_____ Zeit.

b) Karin Stern ist _____ Sozialarbeiterin von Beruf. Ihr Bad ist eigentlich _____ Fotolabor. Sie braucht

_____ Geld für ihre Kameras.

c) Bernd Klose ist _____ Reporter. Er findet _____ Möbel nicht wichtig. _____ Bett hat er nicht, aber er

braucht unbedingt _____ Schreibtisch.

d) Linda Damke hat _____ Segelboot. _____ Haus braucht sie nicht. Ihr Segelboot bedeutet _____

Freiheit.

## zu LB Ü 7 Was passt zusammen?

**15**

a) Sag mal, wie heißt du denn?

b) Bist du Student?

c) Wo wohnst du denn jetzt?

d) Sind deine Eltern nett?

e) Das Zimmer kostet 130 Euro. Möchtest du es?

f) Wann kannst du kommen?

   ■ 1. Ja, aber ich möchte mehr Freiheit.

   ■ 2. Morgen habe ich Zeit.

   ■ 3. Natürlich möchte ich es haben.

   ■ 4. Noch zu Hause bei meinen Eltern.

   ■ 5. Ja, ich studiere Biologie.

   ■ 6. Peter heiße ich. Und du?

## zu LB Ü 8 Was passt nicht?

**16**

a) Computer – Fernseher – Geschirrspüler – ~~Topf~~

b) Schreibtisch – Segelboot – Stuhl – Schreibmaschine

c) Herd – Film – Geschirrspüler – Kühlschrank

d) Minute – Gaskocher – Uhr – Sekunde

e) Radio – Telefonbuch – Fernseher – Unterhaltung

f) Wohnung – Zimmer – Wagen – Haus

g) Löffel – Gabel – Nagel – Messer

h) Bett – Koffer – Tisch – Schrank

## zu LB Ü 8 Ergänzen Sie: **er, sie, es, ihn**.

**17**

a) Der Stuhl ist sehr bequem, aber er kostet 200 Euro. Vielleicht kaufe ich ihn.

b) Der Topf ist neu, aber ____ hat keinen Deckel. Kaufst du ____?

c) Die Uhr kostet nur 5 Euro und ____ ist fast neu. Kaufen Sie ____!

d) Der Kühlschrank ist schön, aber ____ funktioniert nicht. Frau Fischer kauft ____ nicht.

e) Das Telefon hat keine Batterie und ____ ist nicht schön. Wir kaufen ____ nicht.

f) Der Fernseher ist alt, aber ____ funktioniert gut. Kauft ihr ____?

g) Die Betten sind bequem und ____ kosten zusammen nur 150 Euro. Möchten Sie ____ kaufen?

h) Das Radio ist schön, aber ____ kostet 100 Euro. Herr und Frau Fischer möchten ____ kaufen.

## zu LB Ü 8 Ergänzen Sie die Pronomen.

**18**

a) Der Reporter sucht den Tennisspieler. **Er** sucht **ihn**.

b) Der Tennisspieler sucht den Reporter. **Er** sucht ____.

c) Die Frau sucht den Nagel. ____ sucht ____.

d) Die Krankenschwester sucht das Besteck. ____ sucht ____.

e) Die Studentin kauft die Bücher. ____ kauft ____.

f) Das Kind braucht das Messer. ____ braucht ____.

g) Der Tischler braucht den Hammer. ____ braucht ____.

h) Die Touristen fragen die Taxifahrer. ____ fragen ____.

i) Die Musikerin findet Freiheit wichtig. ____ findet ____ wichtig.

j) Die Reporterinnen finden die Filme gut. ____ finden ____ gut.

k) Der Student möchte das Zimmer haben. ____ möchte ____ haben.

l) Frau Fischer will die Schreibmaschine nicht kaufen. ____ will ____ nicht kaufen.

m) Die Friseurin kann den Mann schnell rasieren. ____ kann ____ schnell rasieren.

## zu LB Ü 8 Ergänzen Sie.

**19**

a) In zwanzig Sekunden will Herr Noll zwanzig Kartoffeln essen.

Aber kann **er** **sie** in zehn Sekunden essen?

b) In zwei Sekunden will Frau Nolte die Flasche Mineralwasser trinken.

Aber kann _____ _____ in _____ _____ _____ ?

c) In drei Sekunden will Frau Stern den Film wechseln.

Aber _____ _____ _____ in _____ _____ _____ ?

d) In vierzehn Sekunden will Frau Schneider vierzig Zwiebeln schneiden.

Aber _____ _____ _____ in _____ _____ _____ ?

e) In dreißig Sekunden will die Lehrerin ihre zwanzig Schüler blind erkennen.

Aber kann _____ _____ in _____ _____ _____ _____ ?

f) In vierzig Sekunden wollen die Sekretärinnen vierzehn Briefe schreiben.

Aber _____ _____ _____ in _____ _____ _____ ?

g) In zwei Minuten will Herr Tien-Huu zwölf Touristinnen zeichnen.

Aber kann _____ _____ in _____ _____ _____ ?

**20**

a) Sie findet **einen** Fernseher, _____ Computer und _____ Mobiltelefon wichtig.

b) Der Mann hört _____ Katze und _____ Papagei.

c) Der Tourist fotografiert _____ Schlange und _____ Verkäuferin.

d) Die Fotografin wechselt _____ Film und _____ Batterie.

e) Wir suchen _____ Tisch, _____ Bett und _____ Schrank.

f) Sie schreiben _____ Brief, _____ Ansichtskarten und _____ Postkarte.

g) Der Friseur schneidet _____ Haare und _____ Bärte.

h) Seine Frau schneidet _____ Zwiebeln, _____ Tomate und _____ Karotte.

i) Der Reporter findet _____ Sängerin und _____ Fotografin interessant.

zu LB Ü 8  **Wie finden die Leute ...? Ergänzen Sie.**

**21**

| Eva Humbold | Werner Bergman | Und Sie? | |
|---|---|---|---|
| Reporter – interessant | Polizistinnen – nett | Friseure / Studenten / Großväter ... | interessant / nicht so interessant / nett / freundlich / sympathisch ... |
| Katzen – schön | seinen Hund – prima | Katzen / Hunde / einen Papagei ... | schön / prima ... |
| Luftballons – toll | Ansichtskarten – interessant | Filme / Bücher / Briefmarken ... | toll / interessant / ... |
| Reisen – herrlich | Segeln – wunderbar | Reisen / Telefonieren/ Tennis ... | herrlich / wunderbar / spannend ... |
| Freiheit – wichtig | Geld – nicht so wichtig | Musik / Unterhaltung / Luxus ... | wichtig / nicht so wichtig ... |
| ein Mobiltelefon – nicht so wichtig | aber Kreditkarten – herrlich | ein Mobiltelefon / einen Fernseher / ein Radio ... | wichtig / nicht so wichtig ... |

a) Eva Humbold **findet** Reporter _____. _____ findet sie _____ und Luftballons

_____ _____ toll. _____ findet sie _____ und _____ _____ _____

_____. _____ _____ _____ _____ nicht so wichtig.

b) Werner Bergman _____ Polizistinnen _____. _____ _____ _____ er _____

und _____ _____ _____ interessant. _____ er _____. _____

findet er _____ _____ _____, aber _____ _____ _____ _____.

c) Ich finde (Friseure) _____ sympathisch. (Hunde) _____ finde ich _____ und (Filme)

_____ finde ich _____. (Telefonieren) _____ finde ich nicht so wichtig, aber (einen

Fernseher) _____ finde ich wichtig.

## zu LB Ü 8 Ergänzen Sie.

**22**

a) Das ist Vanessa. Das ist _ihr_ Regenschirm. _Er_ ist neu. _Sie_ zeichnet _ihn_ .

b) Das ist Eva. Das ist _____ Apfel. _____ wiegt zweihundert Gramm. _____ fotografiert _____ .

c) Das ist Uwe. Das ist _____ Wagen. _____ ist kaputt. _____ möchte _____ verkaufen.

d) Das sind Benno und Veronika. Das ist _____ Koffer. _____ ist neu. _____ möchten _____ packen.

e) Das ist Jörg. Das sind _____ Gummistiefel. _____ sind sehr bequem. _____ braucht _____ heute.

f) Das ist Peter. Das ist _____ Freundin. _____ ist sehr schön. Peter liebt _____ .

g) Das ist Frau Fischer. _____ Geschirrspüler funktioniert nicht. _____ ist sehr alt. _____ sucht _____ Mann.

h) Das sind Herr und Frau Nolte. _____ Hund ist weg. _____ ist erst 1 Jahr alt. _____ suchen _____ .

## zu LB Ü 12 Wie heißen die Wörter richtig?

**23**

a) die KEMARBRIEF     _die Briefmarke_ _____

b) die BRILSONNENLE     _____

c) das GALRE     _____

d) der MERHAM     _____

e) der SCHRANKKÜHL     _____

f) der TELMAN     _____

g) der SCHIRMGENRE     _____

h) der PICHTEP     _____

i) die SEVA     _____

j) der GELSPIE     _____

k) der FELSTIEMIGUM     _____

## zu LB Ü 12 Ergänzen Sie: sch – st – sp.

**24**

a) Ti_sch_

b) _St_ adt

c) Kühl___rank

d) ___ortlehrer

e) ___rumpf

f) Gummi___iefel

g) Regen___irm

h) ___uhl

i) Pfla___er

j) Ta___entuch

k) ___inne

l) Geschirr___üler

m) ___lafzimmer

n) ___reibma___ine

**zu LB Ü 17** Ergänzen Sie den Plural.

**25**

a) der Schuh     *die Schuhe*

    der Beruf     _____

    der Brief     _____

    der Film     _____

    das Haar     _____

    der Hund     _____

    das Jahr     _____

    der Pilz     _____

    das Problem     _____

    der Tag     _____

    das Tier     _____

b) der Topf     *die Töpfe*

    der Gruß     _____

    der Kuss     _____

    der Stuhl     _____

    der Strumpf     _____

    der Bart     _____

    der Sohn     _____

    der Saft     _____

c) die Vase     *die Vasen*

    die Blume     _____

    die Lampe     _____

    der Junge     _____

    die Briefmarke     _____

    die Brille     _____

    die Karotte     _____

    die Kiste     _____

    die Tasche     _____

    die Tomate     _____

    die Münze     _____

d) der Stiefel     *die Stiefel*

    der Spiegel     _____

    der Wagen     _____

    der Löffel     _____

    das Messer     _____

    der Lehrer     _____

    der Deckel     _____

    der Fernseher     _____

    der Geschirrspüler     _____

**zu LB Ü 17** Ordnen Sie die Gespräche.

**26**

a) Meinst du das da?

    Kaufen wir es?

    Das ist nicht schlecht.

    Ja, das kaufen wir.

    Wie findest du das Regal?

    Ja.

● *Wie* _____

■ _____

● _____

■ _____

● _____

■ _____

b) Hast du keinen Teppich?

    Schau mal, da ist ein Teppich.

    Hier sind noch welche.

    Aber den finde ich nicht schön.

    Nein, ich habe keinen.

    Ich suche einen.

● *Schau* _____

    _____

■ _____

● _____

■ _____

● _____

## zu LB Ü 17 Was passt? (Jeweils 2 Antworten passen).

**27**

a) Suchst du eine Sonnenbrille?
- ☐ Nein, ich brauche keine.
- ☐ Ja, ich suche einen.
- ☐ Ja, ich brauche eine.

b) Wie findest du den Stuhl?
- ☐ Die sind schön.
- ☐ Den finde ich schön.
- ☐ Der ist schön.

c) Ich suche eine Vase.
- ☐ Hast du keine?
- ☐ Brauchst du eine?
- ☐ Meinst du den?

d) Kaufen wir die Lampe?
- ☐ Nein, wir brauchen keine.
- ☐ Ja, die kaufen wir.
- ☐ Nein, wir haben keine.

e) Schau mal, die Uhr ist schön.
- ☐ Meinst du die da?
- ☐ Welche Uhr meinst du?
- ☐ Sind da welche?

f) Hast du keine Gummistiefel?
- ☐ Nein, aber ich brauche welche.
- ☐ Nein, die sind nicht schön.
- ☐ Nein, aber ich kaufe welche.

## zu LB Ü 17 Schreiben Sie Fragen und Antworten.

**28**

a) (Koffer) *Wie findest du den Koffer?* (schön) *Den finde ich schön.*

b) (Bild) _____? (wunderbar) _____.

c) (Teppich) _____? (scheußlich) _____.

d) (Tisch) _____? (toll) _____.

e) (Lampen) _____? (schön) _____.

f) (Töpfe) _____? (teuer) _____.

g) (Stuhl) _____? (bequem) _____.

h) (Regal) _____? (gut) _____.

i) (Buch) _____? (interessant) _____.

j) (Sonnenbrille) _____? (schön) _____.

k) (Schlangen) _____? (scheußlich) _____.

## zu LB Ü 17 Ergänzen Sie.

**29**

| Nominativ | |
|---|---|
| Da ist | ein Teppich. |
| Da ist | eine Vase. |
| Da ist | ein Radio. |
| Da sind | Töpfe. |

| Akkusativ | |
|---|---|
| Ich brauche | einen Teppich. |
| Ich brauche | eine Vase. |
| Ich brauche | ein Radio. |
| Ich brauche | Töpfe. |

| Akkusativ | |
|---|---|
| Ich brauche | einen. |
| Ich brauche | eine. |
| Ich brauche | eins. |
| Ich brauche | welche. |

(Bild) *Da ist ein Bild.* | *Ich brauche* _____ | *Ich brauche* _____

(Spiegel) _____ | _____ | _____

(Tisch) _____ | _____ | _____

(Vasen) _____ | _____ | _____

(Regal) _____ | _____ | _____

(Uhr) _____ _____ _____

(Tasche) _____ _____ _____

(Lampen)_____ _____ _____

## zu LB Ü 17 Ergänzen Sie.

**30**

| ein | eine | einer | eins | einen |
|-----|------|-------|------|-------|

a) Schau mal, da ist _____ Regal. Ich brauche _____.

b) Hier ist _____ Vase. Ich brauche _____.

c) Ich brauche _____ Teppich und _____ Tisch.

d) Haben Sie _____ Topf? Ich brauche _____.

e) Du suchst doch _____ Regenschirm. Hier ist _____.

f) Ist das _____ Vase? Ich suche _____.

g) Ich brauche _____ Feuerzeug. Haben Sie _____?

h) Hier gibt es _____ Radio. Wir brauchen _____.

i) Brauchst du _____ Teppich? Hier ist _____.

j) Ich brauche _____ Stuhl. Da ist _____.

## zu LB Ü 17 Ergänzen Sie.

**31**

| keiner | keinen | keine | keins |
|--------|--------|-------|-------|

a) Haben Sie einen Spiegel?     –     Nein, ich habe _____.

b) Kaufst du eine Lampe?     –     Nein, ich brauche _____.

c) Hast du ein Regal?     –     Nein, ich habe _____.

d) Gibt es hier Stühle?     –     Nein, hier gibt es _____.

e) Suchst du einen Regenschirm?     –     Ja, aber hier ist _____.

f) Ist hier ein Bild?     –     Nein, hier ist _____.

g) Brauchst du einen Topf?     –     Ja, aber hier ist _____.

h) Die Löffel sind schön.     –     Ja, aber ich brauche _____.

i) Brauchen Sie einen Koffer?     –     Nein, ich brauche _____.

j) Hast du ein Feuerzeug?     –     Nein, ich habe _____.

## zu LB Ü 18 Wie schreibt man es richtig? Welche Wörter schreibt man groß?

**32**

a) suchstdudiespinne       *Suchst du die Spinne?*

b) findestdutennisspannend?       _____

c) kostetderstuhlnureineneuro?       _____

d) dasstimmt.       _____

e) kaufstdudiesportschuhe?       _____

f) brauchstdudiestrümpfe?       _____

g) spielstduklavier?       _____

h) bistdustudentin?       _____

i) studierstdusport?       _____

j) springstduodernicht?       _____

## zu LB Ü 18 St, st, Sp, sp. Ergänzen Sie.

**33**

a) Such**st** du die ___inne?

b) Finde___ du Tennis ___annend?

c) Ko___et der ___uhl nur einen Euro?

d) Ja, das ___immt.

e) Kauf___ du ihn?

f) Brauch___ du die ___rümpfe?

g) ___iel___ du Klavier?

h) Bi___ du ___udent?

i) ___udier___ du ___ort?

j) ___ring___ du oder nicht?

## zu LB Ü 18 Ergänzen Sie den Singular oder den Plural.

**34**

| Stuhl | *Stühle* | Topf | _____ |
| _____ | Schränke | _____ | Häuser |
| _____ | Uhren | _____ | Blumen |
| Schlafsack | _____ | _____ | Hämmer |
| _____ | Mäuse | Sprache | _____ |
| Schuh | _____ | | |

## zu LB Ü 18 Ergänzen Sie den Plural.

**35**

| Brille | *Brillen* | Zimmer | _____ |
| Schlange | _____ | Pflaster | _____ |
| Kiste | _____ | Geschirrspüler | _____ |
| Matratze | _____ | Fernseher | _____ |
| Briefmarke | _____ | Koffer | _____ |

| | |
|---|---|
| Münze | _____ |
| Junge | _____ |
| Chinese | _____ |

| | |
|---|---|
| Spanier | _____ |
| Tochter | _____ |
| Reporter | _____ |

## zu LB Ü 18 Ergänzen Sie.

**36**

~~bin~~ sind gibt finde suche kannst Probleme Problem
meine mein sie ihn es eins einer welche eine weg

a)

Liebe Inge,

ich <u>bin</u> in Paris. Paris ist wunderbar. Aber es _____ ein _____. _____ Rasierapparat ist weg. Zu Hause ist noch _____. Kannst Du _____ bitte schicken?

Viele Grüße

Jens

b)

Lieber Udo,

ich bin in Athen. Die Stadt ist sehr schön, aber ich habe _____. _____ Brille ist weg. Zu Hause ist noch _____. Kannst Du _____ bitte schicken?

Danke schön und herzliche Grüße

Karin

c)

Liebe Sara,

Rom _____ ich wirklich schön. Die Stadt ist interessant, die Leute _____ wunderbar, aber ich habe ein Problem. Mein Abendkleid ist kaputt. Zu Hause ist noch _____. Schickst Du _____ bitte?

Danke und liebe Grüße

Hannelore

d)

Lieber Peter,

Madrid ist herrlich! Die Restaurants sind sehr gut. Aber ich habe ein Problem: Ich _____ meine Schecks. Sie sind _____. Zu Hause habe ich noch _____. _____ Du sie schicken?

Viele Grüße

Bernd

# Wörter im Satz

| | Ihre Muttersprache | Schreiben Sie einen Satz aus Delfin, Lehrbuch |
|---|---|---|
| ____ Ding | _____ | _____ |
| ____ Freiheit | _____ | _____ |
| ____ Haus | _____ | _____ |
| ____ Leben | _____ | _____ |
| ____ Moment | _____ | _____ |
| ____ Platz | _____ | _____ |
| ____ Schreibtisch | _____ | _____ |
| ____ Tier | _____ | _____ |
| ____ Unterhaltung | _____ | _____ |
| ____ Wohnung | _____ | _____ |
| ____ Zeit | _____ | _____ |
| ____ Zimmer | _____ | _____ |
| bedeuten | _____ | _____ |
| es gibt | _____ | _____ |
| finden | _____ | _____ |
| funktionieren | _____ | _____ |
| kaufen | _____ | _____ |
| kosten | _____ | _____ |
| stimmen | _____ | _____ |
| deshalb | _____ | _____ |
| eigentlich | _____ | _____ |
| mehr | _____ | _____ |
| neu | _____ | _____ |
| selten | _____ | _____ |
| spannend | _____ | _____ |
| teuer | _____ | _____ |
| unbedingt | _____ | _____ |

| viel | _____ | _____ |
| wenig | _____ | _____ |
| wichtig | _____ | _____ |
| zusammen | _____ | _____ |

# Grammatik

## Artikel: Nominativ und Akkusativ

**38**

| | Nominativ | Akkusativ | | |
|---|---|---|---|---|
| **Maskulinum** | **der** Löffel | **den** Löffel | **Der** Löffel ist weg. | Ich suche **den** Löffel. |
| **Femininum** | **die** Gabel | | **Die** Gabel ist weg. | Ich suche **die** Gabel. |
| **Neutrum** | **das** Messer | | **Das** Messer ist weg. | Ich suche **das** Messer. |
| **Plural** | **die** Töpfe | | **Die** Töpfe sind weg. | Ich suche **die** Töpfe. |

| | Nominativ | Akkusativ | | |
|---|---|---|---|---|
| **Maskulinum** | **ein** Löffel | **einen** Löffel | Da ist **ein** Löffel. | Ich brauche **einen** Löffel. |
| **Femininum** | **eine** Gabel | | Da ist **eine** Gabel. | Ich brauche **eine** Gabel. |
| **Neutrum** | **ein** Messer | | Da ist **ein** Messer. | Ich brauche **ein** Messer. |
| **Plural** | Töpfe | | Da sind Töpfe. | Ich brauche Töpfe. |

| | Nominativ | Akkusativ | | |
|---|---|---|---|---|
| **Maskulinum** | **kein** Löffel | **keinen** Löffel | Da ist **kein** Löffel. | Ich brauche **keinen** Löffel. |
| **Femininum** | **keine** Gabel | | Da ist **keine** Gabel. | Ich brauche **keine** Gabel. |
| **Neutrum** | **kein** Messer | | Da ist **kein** Messer. | Ich brauche **kein** Messer. |
| **Plural** | **keine** Töpfe | | Da sind **keine** Töpfe. | Ich brauche **keine** Töpfe. |

## Pronomen: Nominativ und Akkusativ

**39**

| | Nominativ | Akkusativ | | |
|---|---|---|---|---|
| | | | **Der Stuhl** ist schön. | Ich kaufe **den Stuhl**. |
| **Maskulinum** | der | den | **Der** ist schön. | **Den** kaufe ich. |
| | er | ihn | **Er** ist neu. | Ich kaufe **ihn**. |
| | einer | einen | Hier ist **einer**. | Ich brauche **einen**. |
| | keiner | keinen | Da ist **keiner**. | Ich brauche **keinen**. |

| | Nominativ | Akkusativ | | |
|---|---|---|---|---|
| | | | **Die Uhr** ist schön. | Ich kaufe **die Uhr**. |
| **Femininum** | die | | **Die** ist schön. | **Die** kaufe ich. |
| | sie | | **Sie** ist neu. | Ich kaufe **sie**. |
| | eine | | Hier ist **eine**. | Ich brauche **eine**. |
| | keine | | Da ist **keine**. | Ich brauche **keine**. |

| | Nominativ | Akkusativ |
|---|---|---|
| Neutrum | das | |
| | es | |
| | eins | |
| | keins | |

Das Telefon ist schön. Ich kaufe **das Telefon**.

**Das** ist schön. **Das** kaufe ich.

**Es** ist neu. Ich kaufe **es**.

Hier ist **eins**. Ich brauche **eins**.

Da ist **keins**. Ich brauche **keins**.

| | Nominativ | Akkusativ |
|---|---|---|
| Plural | die | |
| | sie | |
| | welche | |
| | keine | |

Die Schuhe sind schön. Ich kaufe **die Schuhe**.

**Die** sind schön. **Die** kaufe ich.

**Sie** sind neu. Ich kaufe **sie**.

Hier sind **welche**. Ich brauche **welche**.

Da sind **keine**. Ich brauche **keine**.

## Nomen mit und ohne Artikel

**40**

| ohne Artikel | mit Artikel |
|---|---|
| Bernd ist **Reporter** von Beruf. | **Ein Reporter** braucht ein Mobiltelefon. |
| Karin braucht **Geld**. | **Das Geld** ist weg. |
| Linda braucht **Freiheit**. | **Die Freiheit** ist wichtig. |
| Jochen liebt **Tiere**. | **Seine Tiere** sind sein Hobby. |

## Nomen: Singular und Plural

**41**

| Singular | Symbol für Plural | Plural | So steht es in der Wortliste |
|---|---|---|---|
| der Spiegel | – | die Spiegel | r Spiegel, – |
| die Tochter | ¨ | die Töchter | e Tochter, ¨ |
| der Brief | –e | die Brief**e** | r Brief, –e |
| der Stuhl | ¨e | die St**ü**hl**e** | r Stuhl, ¨e |
| das Kind | –er | die Kind**er** | s Kind, –er |
| der Mann | ¨er | die M**ä**nn**er** | r Mann, ¨er |
| der Junge | –n | die Jung**en** | r Junge, –n |
| die Frau | –en | die Frau**en** | e Frau, –en |
| das Auto | –s | die Auto**s** | s Auto, –s |

*Besondere Formen:*  das Muse**um**, die Muse**en**

die Fotografin, die Fotografin**nen**

## Subjekt, Verb und Akkusativ-Ergänzung

**42**

| | |
|---|---|
| **Der Topf** ist weg. | (**Topf** = Subjekt) |
| Ich suche **den Topf**. | (**Topf** = Akkusativ-Ergänzung) |
| **Ein Telefon** ist wichtig. | (**Telefon** = Subjekt) |
| Bernd Klose braucht **ein Telefon**. | (**Telefon** = Akkusativ-Ergänzung) |

[!] „es gibt" + *Akkusativ-Ergänzung:* Es gibt eine Matratze und einen Schreibtisch.

## Wortstellung: Subjekt und Akkusativ-Ergänzung

a) Subjekt im Vorfeld

| Vorfeld | Verb | Akkusativ-Ergänzung |
|---|---|---|
| Bernd | braucht | **drei Dinge**. |
| Ich | suche | **eine Uhr**. |
| Wir | kaufen | **den Stuhl**. |

| Vorfeld | Verb | Akkusativ-Ergänzung mit Negation |
|---|---|---|
| Bernd | hat | **kein Auto**. |
| Ich | suche | **keine Lampe**. |
| Wir | kaufen | **keine Schuhe**. |

b) Akkusativergänzung im Vorfeld

| Vorfeld | Verb | Subjekt |
|---|---|---|
| **Drei Dinge** | braucht | Bernd. |
| **Eine Uhr** | suche | ich. |
| **Den Stuhl** | kaufen | wir. |

| Vorfeld | Verb | Subjekt | Angabe (Negation) |
|---|---|---|---|
| **Ein Auto** | hat | Bernd | **nicht**. |
| **Eine Lampe** | suche | ich | **nicht**. |
| **Schuhe** | kaufen | wir | **nicht**. |

# Wortschatz

## Nomen

s Abendkleid, –er
r Akkusativ, –e
e Ansichtskarte, –n
r Atlantik
**r Ausdruck, ⸚e**
r Autoschlüssel, –
**s Bad, ⸚er**
e Batterie, –n
**s Beispiel, –e**
**s Besteck, –e**
**s Bett, –en**
**s Bild, –er**
**e Biologie**
**e Briefmarke, –n**
**e Brille, –n**
**s Buch, ⸚er**
**r Dank**
r Deckel, –
**s Ding, –e**
r Euro
**r Fernseher, –**
s Feuerzeug, –e
**r Film, –e**
r Fotoapparat, –e
s Fotoarchiv, –e
e Fotografin, –nen

s Fotolabor, –s
**e Freiheit, –en**
**e Gabel, –n**
r Gaskocher, –
**s Geschäft, –e**
r Geschirrspüler, –
r Gummistiefel, –
**r Hammer, ⸚**
**s Haus, ⸚er**
r Herd, –e
e Kajüte, –n
**e Kamera, –s**
e Kerze, –n
**e Kiste, –n**
e Kontaktlinse, –n
**e Kreditkarte, –n**
s Krokodil, –e
e Küchenuhr, –en
**r Kühlschrank, ⸚e**
**e Lampe, –n**
**s Leben**
r Lebensstil, –e
**r Löffel, –**
r Luxus
**r Mantel, ⸚**
**e Mathematik**
**e Maus, ⸚e**
**s Messer, –**
r Mini–Kühlschrank, ⸚e
s Mittelmeer
**s Möbel, –**

s Mobiltelefon, –e
**r Moment, –e**
**s Motorrad, ⸚er**
e Münze, –n
**s Museum, Museen**
e Musikerin, –nen
**r Nagel, ⸚**
r Nominativ, –e
e Nordsee
e Ostsee
**s Pflaster, –**
**e Physik**
s Physikbuch, ⸚er
**r Platz, ⸚e**
**e Post**
r Rasierapparat, –e
**s Regal, –e**
r Regenschirm, –e
**r Rest, –e**
**s Restaurant, –s**
**r Scheck, –s**
s Schlafzimmer, –
e Schlange, –n
e Schreibmaschine, –n
**r Schreibtisch, –e**
**r Schuh, –e**
s Segelboot, –e
**e Situation, –en**
r Sommer, –
e Sonnenbrille, –n
e Sozialarbeiterin, –nen

r Spiegel, –
e Spinne, –n
r Stiefel, –
r Strumpf, ̈e
s Studium, Studien
r Stuhl, ̈e
s Taschentuch, ̈er
s Telefonbuch, ̈er
e Telefonkarte, –n
r Teppich, –e
s Tier, –e
r Tisch, –e
r Topf, ̈e
e Uhr, –en
e Unterhaltung, –en
e Vase, –n
r Wagen, –
e Wohnung, –en
e Wohnungsaufgabe
s Wörterbuch, ̈er
e Zeit, –en
s Zimmer, –
r Zoo, –s
s Zuhause

## Verben

bedeuten
benutzen
finden
formulieren
fotografieren
funktionieren
geben
kaufen
kosten
rauchen
schauen
stimmen

verkaufen
üben
weiterüben

## Adjektive

andere
frei
neu
selten
spannend
teuer
weitere
wichtig

## Adverbien

anders
auch nicht
deshalb
eigentlich
fast
gerne
jetzt
mehr
nicht mehr
nur
selbst
selten
unbedingt
viel
wenig
zurzeit
zusammen

## Funktionswörter

ab
zu

zum

deshalb
einer
ihn (Akk)
sie (Akk)
es (Akk)
jeder
keiner
manche
ein paar
welche

## Ausdrücke

es gibt
ein paar...
noch einer / noch welche

etwas wichtig / nicht wich-
    tig finden
Wie findest du...?
zum Beispiel
zu Hause

Moment ...
Schau mal
Bitte?
Es geht nicht.
(Das) stimmt nicht
(Das) stimmt

Herzliche Grüße
Vielen Dank

## Abkürzungen

P. S. = Post Scriptum

**In Deutschland sagt man:**

r Junge, –n
r Schreibtisch, –e
r Stuhl, ̈e
e Telefonkarte, –n

**In Österreich
sagt man:**
r Bub, –n

r Sessel, –
e Telefonwertkarte, –n

**In der Schweiz
sagt man:**

s Pult, –e

e Taxcard

# Lektion 4

## zu LB Ü 2  Was passt? (X)

**1**

a) ☐ Er kann gut springen.
   ☐ Er kann nicht springen.

b) ☐ Sie darf nicht springen.
   ☐ Sie muss springen.

c) ☐ Er will springen.
   ☐ Er kann nicht springen.

d) ☐ Sie darf nicht springen.
   ☐ Sie muss springen.

e) ☐ Er soll springen.
   ☐ Er soll nicht springen.

f) ☐ Sie kann jetzt nicht springen.
   ☐ Sie will jetzt nicht springen.

## zu LB Ü 2  Bilden Sie Sätze.

**2**

a) Das Mädchen: hoch springen können

   **_Das Mädchen kann hoch springen._**

b) Der Junge: tief tauchen können

   **_Der Junge kann_** tief tauchen

c) Die Sportlehrerin: schnell schwimmen können

   **_Die Sportlehrerin_** kann Schnell Schwimmen

d) Der Installateur: schnell arbeiten müssen

   Der Installateur muss Schnell arbeiten

e) Der Mann und die Frau: sehr gut tanzen können

   Der Mann und Die Frau können sehr gut tanzen
   (PL)

f) Die Reporter: den Tennisspieler fotografieren müssen

   Die Reporter müssen den Tennisspieler fotografieren
   (S)

g) Die Sekretärin: den Brief korrigieren müssen

   Die Sekretärin müss den Brief korrigieren

h) Die Studentin: auch Chinesisch lernen wollen

   Die Studentin will auch Chinesisch lernen

i) Werner Sundermann: bald 25 Sorten Mineralwasser erkennen wollen

   Werner Sundermann will bald 25 Sorten mineralwasser erkennen

## zu LB Ü 2  Ergänzen Sie.

**3**

|  | *können* | *wollen* | *dürfen* | *müssen* | *sollen* | *möchten* |
|---|---|---|---|---|---|---|
| **ich** | kann |  | darf |  | soll |  |
| **du** |  | willst |  | musst |  | möchtest |
| **er/sie/es/man** |  |  | darf |  |  |  |
| **wir** |  | wollen |  |  |  |  |
| **ihr** | könnt |  | dürft |  | sollt | möchtet |
| **sie** |  |  |  | müssen |  |  |

## zu LB Ü 4  Was passt nicht?

**4**

a) Man kann eine Ansichtskarte, ~~eine Kreditkarte~~, eine E-Mail, einen Brief **schreiben**.

b) Man kann einen Fernseher, eine Pizza, eine Lampe, einen Stern **bestellen**.

c) Man kann ein Mobiltelefon, einen Spiegel, einen Zug, ein Telefon **hören**.

d) Man kann Wasser, eine Zwiebel, eine Tomate, einen Topf **kochen**.

e) Man kann eine Blume, ein Feuerzeug, Gummistiefel, Französisch **suchen**.

## zu LB Ü 4  Bilden Sie Sätze.

**5**

a) die Frau – gut – schwimmen können – aber – nicht so gut – tauchen können

*Die Frau kann gut schwimmen, aber sie kann nicht so gut tauchen.*

b) das Kind – gut – tauchen – können – aber – nicht – schwimmen – können

*Das Kind kann* gut tauchen, aber es kann nicht schwimmen

c) die Studentin – schnell – zeichnen – müssen – aber – nicht – schnell – zeichnen – können

Die Studentin muss schnell zeichnen, aber sie kann schnell nicht zeichnen

d) der Reporter – wunderbar – surfen – können – aber – nicht – segeln – können

Der Reporter kann wunderbar surfen, aber es kann nicht segeln

e) ihr – laut – singen – können – aber – auch – richtig – singen – müssen

Ihr könnt laut singen, aber ihr müsst richtig singen

f) der Papagei – gut – nachsprechen – können – aber – die Wörter – nicht – verstehen – können

Der Papagei kann gut nachsprechen, aber er kann nicht die Wörter verstehn

g) die Kinder – gern – schwimmen – möchten – aber – keine Bademütze – tragen – wollen

Die Kinder möchten gern schwimmen, aber sie wollen keine Bademütze tragen

h) das Mädchen – gern – singen – möchten – aber – man – hier – nicht – laut – sein – dürfen

Das Mädchen möchte gern singen aber man darf hier nicht laut sein

## zu LB Ü 4 _ Bilden Sie Sätze mit **wollen, können, müssen**.

**6**

a) Student: Pause machen / lernen

   *Der Student will Pause machen. Aber er kann keine Pause machen. Er muss lernen.*

b) Junge: telefonieren / erst eine Telefonkarte kaufen

   *Der Junge will_____. Aber er kann nicht_____.*

   *Er muss_____.*

c) Fotografin: fotografieren / erst den Film wechseln.

   *_____. Aber_____.*

   *Sie_____.*

d) Tischler: Tee trinken / arbeiten

   *_____. Aber_____.*

   *Er_____.*

e) Sängerin: singen / erst Tee trinken

   *_____. Aber_____.*

   *Sie_____.*

## zu LB Ü 4 _ Bilden Sie Sätze mit **sollen, können, müssen**.

**7**

a) Junge: schnell schwimmen / noch trainieren

   *Der Junge soll schnell schwimmen. Aber er kann noch nicht schnell schwimmen.*

   *Er muss noch trainieren.*

b) Studentin: tief tauchen / es noch üben

   *Die Studentin soll_____. Aber sie kann noch nicht_____.*

   *Sie muss_____.*

c) Kind: richtig rechnen / es erst lernen

   *_____. Aber_____.*

   *Es_____.*

d) Mann: schnell reiten / es noch lernen

   *_____. Aber_____.*

   *Er_____.*

e) Studenten: genau zeichnen / es noch üben

   *_____. Aber_____.*

   *Sie_____.*

## zu LB Ü 4  Bilden Sie Sätze mit **wollen** und **nicht dürfen**.

**8**

a) er: fotografieren

*Er will hier fotografieren. Aber man darf hier nicht fotografieren.*

b) sie: Eis essen

*Sie will hier* _____ *. Aber hier darf* _____ *kein Eis* _____ *.*

c) die Kinder: Ball spielen.

*Sie* _____ *. Aber man* _____ *.*

d) er: telefonieren

*Er* _____ *. Aber hier* _____ *.*

e) sie: Musik hören

*Sie* _____ *. Aber man* _____ *.*

## zu LB Ü 5  Ergänzen Sie. (→ Lehrbuch S. 40)

**9**

Du sollst den _____ nicht betreten

und am Abend sollst du _____.

Vitamine sollst du _____

und _____ nicht vergessen.

_____ sollen nicht beim Spiel betrügen

und wir sollen auch nie _____.

Wir sollen täglich _____ putzen

und die Kleidung nicht _____.

Kinder sollen leise _____,

_____ darf man nicht zerbrechen.

Sonntags trägt man einen _____,

_____ sind nicht gut.

Ich _____ alle Sterne kennen,

meinen Hund mal _____ nennen.

Nie mehr will ich Strümpfe _____,

tausend Bonbons will _____ naschen.

Ich will keine Steuern _____,

alle _____ bunt bemalen.

Ohne _____ will ich gehen,

ich will nie mehr Tränen _____.

Ich _____ nichts mehr sollen müssen,

ich möchte einen Tiger _____.

_____ möchte alles dürfen wollen,

alles können – nichts mehr _____.

## zu LB Ü 6  Was passt nicht?

**10**

a) einen Rasen, ein Haus, ein Restaurant, ~~den Abend~~, ein Museum **betreten**

b) eine Pizza, Kartoffeln, einen Hamburger, einen Spiegel, einen Apfel **essen**

c) einen Hut, Schuhe, eine Pause, eine Brille, ein Kleid, eine Krawatte **tragen**

d) ein Kleid, die Zukunft, einen Mantel, einen Spiegel, einen Teppich **beschmutzen**

e) die Zähne, die Wohnung, den Herd, das Motorrad, die Stiefel, den Urlaub **putzen**

f) die Haare, die Strümpfe, einen Rasen, die Kartoffeln, das Gesicht **waschen**

g) einen Spiegel, eine Brille, eine Flasche, einen Stuhl, eine Vase, einen Geburtstag **zerbrechen**

h) Mineralwasser, Saft, Tee, Bonbons, Alkohol **trinken**

i) eine Wand, ein Haus, einen Luftballon, Vitamine, eine Postkarte, eine Vase **bemalen**

zu LB Ü 6 **Ergänzen Sie.**

**11**

a) Ich vergesse alle Geburtstage.  _Vergisst du auch alle Geburtstage?_

b) Ich trage gern Hüte.  _____ du auch gern Hüte?

c) Ich esse nie Kartoffeln.  _____ _____ _____ nie Kartoffeln?

d) Ich zerbreche dauernd meine Brille.  _____ _____ _____ dauernd deine Brille?

e) Ich sehe gern Filme.  _____ _____ _____ gern Filme?

f) Ich betrete nie den Rasen.  _____ _____ _____ nie den Rasen?

g) Ich spreche Deutsch.  _____ _____ _____ Deutsch?

h) Ich wasche nicht gern.  _____ _____ _____ nicht gern?

zu LB Ü 6 **Ergänzen Sie.**

**12**

a) (essen/Apfel)  _Jochen isst einen Apfel._ _____

b) (zerbrechen/Flasche)  _Eva_ _____ .

c) (waschen/Apfel)  _Jochen_ _____ .

d) (sprechen/Englisch)  _Jochen_ _____ .

e) (betreten/Museum)  _Eva_ _____ .

f) (tragen/Hut)  _Jochen_ _____ .

g) (sehen/Maus)  _Eva_ _____ .

h) (vergessen/Termin)  _Eva_ _____ .

zu LB Ü 6 **Wie heißen die Wörter?**

**13**

a) _die_ Pa_use

b) _____ R_he

c) _____ Kr_watte

d) _____ Mobilt_lefon

e) _____ B_demütze

f) _____ Kred_tkarte

g) _____ Ras_n

h) _____ A_end

i) _____ Ter_in

j) _____ Kleid__ng

k) _____ S__ern

l) _____ K__tze

m) _____ T__äne

n) _____ G__burtstag

o) _____ Git__rre

p) _____ T__ger

## zu LB Ü 6 Ergänzen Sie.

**14**

a) Er (wollen) _will_ keine Vitamine essen.

b) Er (müssen) _____ seine Schuhe putzen.

c) (Möchten) _____ du einen Tiger küssen?

d) Das Kind (dürfen) _____ den Rasen betreten.

e) (Dürfen) _____ du ein Bonbon naschen?

f) Das Mädchen (sollen) _____ seine Zähne putzen.

g) Ich (können) _____ nicht alle Sterne kennen.

h) Der Junge (möchten) _____ laut sprechen.

i) (können) _____ du Gitarre spielen?

j) (wollen) _____ du die Wand bunt bemalen?

k) Ich (müssen) _____ leider Steuern zahlen.

l) Ich (sollen) _____ sonntags immer einen Hut tragen.

m) (müssen) _____ du eine Krawatte tragen?

## zu LB Ü 6 Kontaktanzeige (→ Lehrbuch S. 41). Was schreibt der Mann? (r / f)

**15**

a) Er putzt nie seine Zähne. ■

b) Sein Auto wäscht er nie. ■

c) Er raucht und trinkt viel. ■

d) Er spielt Gitarre. ■

e) Horrorfilme sieht er gern. ■

f) Sonntags trägt er eine Krawatte. ■

g) Museen liebt er sehr. ■

h) Er isst immer Pizza und Hamburger. ■

i) Geburtstage vergisst er nie. ■

j) Er spricht sehr laut. ■

k) Er zerbricht dauernd seine Spiegel. ■

l) Seine Schuhe putzt er nie. ■

m) Er bemalt gern Toilettenwände. ■

## zu LB Ü 6 Ergänzen Sie.

**16**

|  | essen | vergessen | betreten | sprechen | zerbrechen | sehen | tragen | waschen |
|---|---|---|---|---|---|---|---|---|
| ich | esse | | | | | | | |
| du | | | | sprichst | | | trägst | |
| er/sie/es/man | | vergisst | | | | | | wäscht |
| wir | | | | | | sehen | | |
| ihr | | | | | zerbrecht | | | |
| sie/Sie | | | betreten | | | | | |

## zu LB Ü 7 Ergänzen Sie.

**17**

a) Peter möchte einen Film sehen. Er schaltet den Fernseher _____.

b) Susanne möchte schlafen. Sie macht das Licht _____.

c) Eric muss den Akkusativ üben. Er macht sein Deutsch-Buch _____.

d) Jochen möchte Kartoffeln kochen. Er macht den Herd _____.

e) Werner möchte Mineralwasser trinken. Er macht den Kühlschrank _____.

f) Frau M. möchte in Ruhe ein Buch lesen. Sie schaltet das Radio _____.

g) Gerda muss einen Brief schreiben. Sie schaltet den Computer _____.

h) Lisa liest, aber sie soll jetzt schlafen. Deshalb macht sie ihr Buch _____.

| an | ein |
|---|---|
| zu | aus |
| ein | auf |
| auf | aus |

**zu LB Ü 7** Ergänzen Sie.

**18**

a) Der Computer ist noch an.     *Schaltest du ihn bitte aus?*

b) Das Zelt ist noch auf.     *Kannst du es bitte zumachen?*

c) Der Geschirrspüler ist noch an.     *Schaltest* _____ *?*

d) Der Geschirrspüler ist noch auf.     *Kannst* _____ *?*

e) Das Mobiltelefon ist aus.     *Kannst* _____ *?*

f) Das Fenster ist noch auf.     *Du musst* _____ *.*

g) Das Radio ist noch an.     *Schaltest* _____ *?*

h) Der Kühlschrank ist noch auf.     *Machst* _____ *?*

i) Der Brief ist noch zu.     *Du darfst* _____ *.*

j) Die Waschmaschine ist noch auf.     *Machst* _____ *?*

k) Die Waschmaschine ist noch an.     *Kannst* _____ *?*

l) Das Klavier ist noch auf.     *Machst* _____ *?*

m) Der Herd ist noch an.     *Du musst* _____ *.*

n) Das Telefonbuch ist noch auf.     *Kannst* _____ *?*

**zu LB Ü 8** Ergänzen Sie.

**19**

a) aufwachen:     ich *wache auf*     er *wacht auf*

b) ausmachen:     ich _____     er _____

c) ausschalten:     ich _____     er _____

d) bemalen:     ich _____     er _____

e) bezahlen:     ich _____     er _____

f) einschalten:     ich _____     er _____

g) fahren:     ich _____     er _____

h) fragen:     ich _____     er _____

i) haben:     ich _____     er _____

j) lachen:     ich _____     er _____

k) machen:     ich _____     er _____

l) naschen:     ich _____     er _____

m) packen:     ich _____     er _____

n) passen:     ich _____     er _____

o) sagen:     ich _____     er _____

p) schaffen:     ich _____     er _____

q) schlafen:     ich _____     er _____

r) tanzen:     ich _____     er _____

s) tragen:     ich _____     er _____

t) warten:     ich _____     er _____

u) waschen:     ich _____     er _____

v) zumachen:     ich _____     er _____

**zu LB Ü 8** **Ergänzen Sie.**

**20**

| a) | aufstehen: | ich _____ | er _____ |
|----|-----------|----------------|---------------|
| b) | bestellen: | ich _____ | er _____ |
| c) | beten: | ich _____ | er _____ |
| d) | betreten: | ich _____ | er _____ |
| e) | denken: | ich _____ | er _____ |
| f) | erkennen: | ich _____ | er _____ |
| g) | essen: | ich _____ | er _____ |
| h) | geben: | ich _____ | er _____ |
| i) | gehen: | ich _____ | er _____ |
| j) | kennen: | ich _____ | er _____ |
| k) | leben: | ich _____ | er _____ |
| l) | lesen: | ich _____ | er _____ |
| m) | nennen : | ich _____ | er _____ |
| n) | rechnen: | ich _____ | er _____ |
| o) | schlafen: | ich _____ | er _____ |
| p) | sehen: | ich _____ | er _____ |
| q) | vergessen: | ich _____ | er _____ |
| r) | verstehen: | ich _____ | er _____ |
| s) | wechseln: | ich _____ | er _____ |
| t) | zerbrechen: | ich _____ | er _____ |

**zu LB Ü 9** **Wie ist die Reihenfolge?**

**21**

a) nicht – kann – Gerda – schlafen

*Gerda* _____ _____ _____ _____

b) das – Peter – ausmachen – soll – Licht

*Peter* _____ _____ _____ _____

c) wieder – Herr M. – den – schaltet – Fernseher – aus

*Herr M.* _____ _____ _____ _____ _____

d) aufmachen – Eric – Fenster – soll – das

*Eric* _____ _____ _____ _____

e) ganz – möchte – Susanne – fahren – schnell

*Susanne* _____ _____ _____ _____

f) nicht – muss – Emil – arbeiten – heute

*Emil* _____ _____ _____ _____

**22**

| geht | fährt | will | hat | spricht | schläft | fahren | will | kann | wacht | geht |
|------|-------|------|-----|---------|---------|--------|------|------|-------|------|
| muss | hat | kommt | weiß | kann | darf | muss | weiterschlafen | ist | | |

a) Das Kind möchte ganz schnell _____. Aber das _____ nicht. Die Mutter _____ nur 80 fahren.

Deshalb _____ das Kind traurig. Da _____ die Mutter 130. Aber dann _____ ein Polizeiauto.

b) Werner _____ auf. Seine Frau _____ noch. Er möchte auch _____, aber das _____ nicht. Er

_____ jetzt aufstehen.

c) Lisa _____ heute nicht kommen. Sie _____ keine Zeit. Sie _____ Klavier üben. Bernd _____

auch nicht kommen. Er _____ keine Lust.

d) Warum _____ Florian nicht? Seine Mutter _____ es nicht. Florian _____ sprechen. Aber er

_____ heute nicht sprechen.

## zu LB Ü 11 kennen, können oder wissen? Ergänzen Sie die richtige Form.

**23**

a) Eva ist unsere Freundin. Wir _____ sie schon lange. Sie _____ sehr gut schwimmen.

b) Max _____ eine Krankenschwester. Die _____ in 27 Sekunden ein Rad wechseln.

c) Ich _____ den Mann nicht. _____ du ihn vielleicht?

d) Hier darf man nicht rauchen. _____ du das nicht?

e) Einen Tiger _____ man nicht küssen. _____ ihr das nicht?

f) ● Wann _____ ihr kommen?

   ■ Wir _____ es noch nicht.

g) ● Ich _____ nicht schlafen.

   ■ Warum _____ du nicht schlafen?

   ● Ich _____ es nicht.

## zu LB Ü 11 Ergänzen Sie.

**24**

| | schlafen | fahren | lesen | wissen |
|---|---|---|---|---|
| **ich** | | fahre | | |
| **du** | | | | |
| **er/sie/es/man** | | | | |
| **wir** | | | lesen | |
| **ihr** | | | | wisst |
| **sie/Sie** | schlafen | | | |

## zu LB Ü 13 sch oder ch? Ergänzen Sie.

**25**

a) Er wa**ch**t auf.

b) Er wä____t a____t Autos.

c) Er ist glückli____.

d) Sie trägt a____tzehn Ta____en.

e) Sie ist ____ön und la____t.

f) Die Mäd____en brau____en Li____t.

g) Sie su____en die ____lange.

h) Er mö____te Bü____er ____reiben und ohne ____uhe gehen.

i) Er hat keinen Regen____irm und auch kein Ta____entu____.

j) Sie findet einen Kühl____rank und einen Ge____irrspüler ni____t wi____tig.

## zu LB Ü 14 Ordnen Sie. /Ergänzen Sie.

**26**

a) du _wäschst_          ihr _wascht_

b) du _____       ihr tragt

c) du schläfst       ihr _____

d) du liest       ihr _____

e) du _____       ihr seht

f) du _____       ihr sprecht

g) du zerbrichst       ihr _____

h) du _____       ihr esst

i) du vergisst       ihr _____

j) du _____       ihr betretet

k) du weißt       ihr _____

## zu LB Ü 16 Ordnen Sie die Gespräche.

**27**

a) Prima, dann lernen wir am Donnerstag.
Können wir mal wieder zusammen lernen?
Könnt ihr denn Mittwoch?
Ja, Donnerstag können wir gut.
Und Donnerstag, geht das?
Ja, gute Idee.
Mittwoch kann ich gut, aber Karin kann da nicht.

● _Können wir mal wieder ..._ _____

■ _____

● _____

■ _____

● _____

■ _____

● _____

b) Übermorgen können wir gut.

Und übermorgen?

Ja, gern. Wann können Sie denn?

Morgen. Geht das?

Tut mir leid. Morgen kann ich nicht,
   und meine Frau kann auch nicht.

Können wir mal wieder zusammen surfen?

● _____

■ _____

● _____

■ _____

● _____

■ _____

## zu LB Ü 19 Ergänzen Sie.

**28**

a) Kannst du bitte die _____ ausschalten?

b) Wollen wir morgen zusammen _____ fahren?

c) Können wir morgen mal wieder _____ spielen?

d) Kannst du bitte meinen _____ anrufen?

e) Notieren Sie bitte die _____?

f) Könnt ihr bitte alle _____ zumachen?

g) Hast du am _____ Zeit?

h) Möchtest du um 20 Uhr den _____ sehen?

Fenster
Tischtennis
Bruder
Fernsehfilm
Telefonnummer
Waschmaschine
Fahrrad
Wochenende

## zu LB Ü 19 Was passt nicht?

**29**

a) eine Sprache, ein Spiel, ~~ein Büro~~, Mathematik **lernen**

b) einen Freund, einen Schlüssel, die Chefin, einen Mitarbeiter **anrufen**

c) einen Zettel, eine Nachricht, einen Brief, eine Pizza **schreiben**

d) einen Strumpf, die Waschmaschine, den Fernseher, das Radio **anmachen**

e) das Telefon, den Computer, den Fernsehfilm, das Fahrrad **benutzen**

f) die Steuern, das Wetter, 20 Euro, viel Geld **bezahlen**

g) ein Buch, eine Anzeige, eine E-Mail, einen Papagei **lesen**

h) Kartoffeln, Tee, Wasser, Licht **kochen**

## zu LB Ü 19 Was passt zusammen?

**30**

a) Wann kommt Peter nach Hause? ■
b) Fahren Sie morgen nach Hamburg? ■
c) Ist der Fernseher kaputt? ■
d) Soll ich das Büro abschließen? ■
e) Hast du den Schlüssel? ■
f) Kannst du bitte den Arzt anrufen? ■
g) Hat Vera am Samstag Zeit? ■
h) Wann ist Frau Meyer zurück? ■

1. Tut mir leid; ich weiß die Nummer nicht.
2. Nein, da muss sie arbeiten.
3. Sie ist am Montag wieder da.
4. Ja bitte, und machen Sie auch die Fenster zu.
5. Normalerweise kommt er um 8 Uhr.
6. Ja, wir müssen den Kundendienst anrufen.
7. Nein, ich kann erst übermorgen fahren.
8. Nein, aber vielleicht hat Eva ihn.

## zu LB Ü 19 Schreiben Sie.

**31**

a) PETERKANNSEINENSCHLÜSSELNICHTFINDEN

   *Peter kann seinen Schlüssel nicht finden.*

b) ICHMUSSMORGENNACHLONDONFLIEGEN

   _____

c) VERAMÖCHTEAMWOCHENENDESURFEN

   _____

d) WIRSINDAMMITTWOCHNICHTZUHAUSE

   _____

e) PETERSOLLSEINETERMINENICHTVERGESSEN

   _____

f) ICHMÖCHTEMALWIEDERTISCHTENNISSPIELEN

   _____

g) AMSONNTAGKÖNNENWIRZUSAMMENSCHWIMMENGEHEN

   _____

## zu LB Ü 19 Notieren Sie die Telefonnummern.

**32**

a) achtunddreißig siebzehn fünfundvierzig      *38 17 45*

b) siebenundneunzig achtundsechzig elf      _____

c) fünfundfünfzig dreiundsiebzig zweiundsechzig      _____

d) einundzwanzig vierundvierzig neunzig      _____

e) neunundsechzig achtundachtzig dreiundsiebzig      _____

f) dreizehn achtundvierzig zwölf      _____

g) einundneunzig vierundneunzig achtundsiebzig      _____

## zu LB Ü 19 Ergänzen Sie.

**33**

a) Morgen habe ich keine Zeit. Ich muss den Termin _____.

b) Ich gehe heute Abend Tennis spielen. Möchtest du _____.

c) Telefonnummern vergesse ich immer. Deshalb muss ich sie _____.

d) Die Fenster sind offen; kannst du sie bitte _____?

e) Der Fernseher ist kaputt; wir müssen den Kundendienst _____.

f) Der Papagei ist sehr schön, aber leider kann er nicht _____.

> anrufen
> notieren
> zumachen
> absagen
> sprechen
> mitkommen

## zu LB Ü 19 Bilden Sie Sätze.

**34**

a) Gehst du morgen schwimmen? / Ja. morgen – ich – schwimmen gehen wollen

  **_Ja. Morgen will ich schwimmen gehen._**

b) Gehst du Sonntag essen? / dann – wir – zusammen – essen gehen können

  _____.

c) Er geht Montag tanzen. / Montag – seine Frau – nicht – tanzen gehen wollen

  _____.

d) Wir gehen Dienstag Tennis spielen. / Dienstag – ihr – bestimmt – auch – Tennis spielen gehen dürfen

  _____.

e) Geht ihr Mittwoch surfen? / Ja. da – wir – surfen gehen wollen

  _____.

f) Sie gehen Donnerstag essen. / wir – Freitag – essen gehen wollen

  _____.

g) Sie geht Samstag arbeiten. / da – er – nicht – arbeiten gehen müssen

  _____.

## zu LB Ü 19 Schreiben Sie eine Notiz.

**35**

Schreiben Sie eine Notiz für einen Freund oder für eine Freundin. Sie möchten mal wieder zusammen essen gehen. Am Freitag geht es nicht, aber am Samstag haben Sie Zeit. Sie wissen auch schon ein Restaurant. Ihr Freund / Ihre Freundin soll anrufen.

_Liebe ... / lieber ..._ _____ ,

_____

_____

_____

_____

_Bis dann_ _____

# Wörter im Satz

| | Ihre Muttersprache | Schreiben Sie einen Satz aus Delfin, Lehrbuch. |
|---|---|---|
| ____ Abend | _____ | _____ |
| ____ Angst | _____ | _____ |
| ____ Anruf | _____ | _____ |
| ____ Büro | _____ | _____ |
| ____ Licht | _____ | _____ |
| ____ Ruhe | _____ | _____ |
| ____ Schlüssel | _____ | _____ |
| ____ Tee | _____ | _____ |
| ____ Zahn | _____ | _____ |
| abschließen | _____ | _____ |
| anrufen | _____ | _____ |
| aufmachen | _____ | _____ |
| aufstehen | _____ | _____ |
| ausmachen | _____ | _____ |
| betrügen | _____ | _____ |
| bezahlen | _____ | _____ |
| dürfen | _____ | _____ |
| fahren | _____ | _____ |
| lügen | _____ | _____ |
| müssen | _____ | _____ |
| sehen | _____ | _____ |
| sprechen | _____ | _____ |
| tanzen | _____ | _____ |
| tragen | _____ | _____ |
| waschen | _____ | _____ |
| wollen | _____ | _____ |
| zumachen | _____ | _____ |

| draußen | _____ | _____ |
|---|---|---|
| dringend | _____ | _____ |
| laut | _____ | _____ |
| müde | _____ | _____ |
| übermorgen | _____ | _____ |

# Grammatik

 **Modalverben**

37

| | können | müssen | dürfen | wollen | sollen | möchten |
|---|---|---|---|---|---|---|
| **ich** | **kann** | **muss** | **darf** | **will** | **soll** | möcht**e** |
| **du** | **kannst** | **musst** | **darfst** | **willst** | sollst | möcht**est** |
| **er/sie/es/man** | **kann** | **muss** | **darf** | **will** | **soll** | möcht**e** |
| **wir** | können | müssen | dürfen | wollen | sollen | möchten |
| **ihr** | könnt | müsst | dürft | wollt | sollt | möchtet |
| **sie** | können | müssen | dürfen | wollen | sollen | möchten |

 **Unregelmäßiges Verb: wissen**

38

| | wissen |
|---|---|
| **ich** | **weiß** |
| **du** | **weißt** |
| **er/sie/es/man** | **weiß** |
| **wir** | wissen |
| **ihr** | wisst |
| **sie** | wissen |

 **Verben mit Vokalwechsel**

39

| | sprechen | | fahren | |
|---|---|---|---|---|
| | e → i | | a → ä | |
| **ich** | spreche | | fahre | |
| **du** | | sprichst | | fährst |
| **er/sie/es/man** | | spricht | | fährt |
| **wir** | sprechen | | fahren | |
| **ihr** | sprecht | | fahrt | |
| **sie/Sie** | sprechen | | fahren | |

| | zerbrechen | geben | sehen | lesen | essen | vergessen | betreten |
|---|---|---|---|---|---|---|---|
| ich | zerbreche | gebe | sehe | lese | esse | vergesse | betrete |
| du | zerbrichst | gibst | siehst | liest | isst | vergisst | betrittst |
| er/sie/es/man | zerbricht | gibt | sieht | liest | isst | vergisst | betritt |
| wir | zerbrechen | geben | sehen | lesen | essen | vergessen | betreten |
| ihr | zerbrecht | gebt | seht | lest | esst | vergesst | betretet |
| sie/Sie | zerbrechen | geben | sehen | lesen | essen | vergessen | betreten |

| | schlafen | tragen | waschen |
|---|---|---|---|
| ich | schlafe | trage | wasche |
| du | schläfst | trägst | wäschst |
| er/sie/es/man | schläft | trägt | wäscht |
| wir | schlafen | tragen | waschen |
| ihr | schlaft | tragt | wascht |
| sie/Sie | schlafen | tragen | waschen |

## § 47 Verben mit trennbarem Verbzusatz

**40**

| | aufstehen | mitkommen |
|---|---|---|
| ich | stehe **auf** | komme **mit** |
| du | stehst **auf** | kommst **mit** |
| er/sie/es/man | steht **auf** | kommt **mit** |
| wir | stehen **auf** | kommen **mit** |
| ihr | steht **auf** | kommt **mit** |
| sie/Sie | stehen **auf** | kommen **mit** |

*Ebenso (so steht es in der Wortliste):*

**ab**·sagen    **aus**·füllen    **weiter**·sprechen
**ab**·schließen    **aus**·machen    **weiter**·tauchen
**an**·machen    **aus**·schalten    **weiter**·üben
**an**·rufen    **ein**·schalten    **zu**·hören
**auf**·machen    **ein**·tauchen    **zu**·machen
**auf**·tauchen    **nach**·sprechen    **zusammen**·passen
**auf**·wachen    **weiter**·schlafen

## § 51 Verben mit Verbativergänzung

**41**

| | essen gehen |
|---|---|
| ich | gehe **essen** |
| du | gehst **essen** |
| er/sie/es/man | geht **essen** |
| wir | gehen **essen** |
| ihr | geht **essen** |
| sie/Sie | gehen **essen** |

*Ebenso:*

**schwimmen** gehen
**surfen** gehen
**rechnen** lernen

…

| Vorfeld | Verb(1) | Mittelfeld | Verb(2) |
|---------|---------|------------|---------|
| Emil | muss | jetzt | auf·stehen. |
| Emil | steht | jetzt | auf. |
| Jetzt | steht | Emil | auf. |
| Wir | gehen | heute | essen. |
| Heute | gehen | wir | essen. |
| Man | darf | | spielen. |
| Man | darf | Wasserball | spielen. |
| Man | darf | nicht Wasserball | spielen. |
| Man | darf | hier nicht Wasserball | spielen. |
| Hier | darf | man nicht Wasserball | spielen. |

# Wortschatz

## Nomen

**r Abend, –e**
**e Angst, ⸚e**
**r Anruf, –e**
**e Anzeige, –n**
r Babysitter, –
e Bademütze, –n
**r Besuch, –e**
**s Bonbon, –s**
**r Bruder, ⸚**
**s Büro, –s**
e Chefin, –nen
e Chiffre, –n
**s Fahrrad, ⸚er**
r Federball, ⸚e
**s Fenster, –**
r Fernsehfilm, –e
**e Gitarre, –n**
r Hamburger, –
r Horrorfilm, –e
r Hut, ⸚e
**e Idee, –n**
**e Kleidung, –en**
e Kontaktanzeige, –n
e Krawatte, –n
r Kundendienst

**s Licht, –er**
**e Lust**
r Mitarbeiter, –
**e Nachricht, –en**
**e Notiz, –en**
r Notizzettel, –
r Papagei, –en
**e Pause, –n**
r Rasen
**e Ruhe**
s Schach
**r Schlüssel, –**
**r Ski, –er**
**s Spiel, –e**
**r Stern, –e**
**e Steuer, –n**
**r Tee, –s**
**r Termin, –e**
r Tiger, –
s Tischtennis
e Toilettenwand, ⸚e
e Träne, –n
s Vitamin, –e
**e Wand, ⸚e**
e Waschmaschine, –n
r Wasserball, ⸚e
s Wochenende, –n
**r Zahn, ⸚e**
**r Zettel, –**
e Zigarette, –n

## Verben

ab·sagen
**ab·schließen**
**achten**
an·machen
**an·rufen**
**auf·machen**
**auf·stehen**
auf·tauchen
**auf·wachen**
**aus·machen**
**aus·schalten**
bemalen
beschmutzen
**beten**
betreten
**betrügen**
**bezahlen**
**bleiben**
**dürfen**
**ein·schalten**
ein·tauchen
ertrinken
**essen**
essen gehen
**fahren**
**fliegen**
**kennen**
**leid·tun**
**lernen**

lügen
mit·kommen
möchten
**müssen**
naschen
**nennen**
**passen**
**putzen**
schießen
**schlafen**
schwimmen gehen
**sehen**
**sollen**
**sprechen**
surfen gehen
**tanzen**
**tragen**
**tun**
**vergessen**
**waschen**
weiter·schlafen
weiter·sprechen
weiter·tauchen
**wissen**
**wollen**
**zahlen**
zerbrechen
**zu·hören**
**zu·machen**

## Adjektive

**bunt**
**gerade**
italienisch
**langsam**
**laut**
**leise**
**lieb**
**müde**

## Adverbien

**also**
**dauernd**
**draußen**
**dringend**
**einverstanden**
**ganz**
**gerade**
heute Abend
**langsam**
**laut**
**leise**
nichts mehr
**nie**
nie mehr
**schade**
sonntags
**täglich**
**übermorgen**
**wieder**
**zurück**

## Funktionswörter

**beim**
**nach**
**um**

**alle**
**alles**
**Ihnen**
**man**
**mir**

## Ausdrücke

seine Ruhe haben wollen
(keine) Lust haben
(keine) Zeit haben
leise sprechen
laut sein
Pause machen
mit Kreditkarte bezahlen
eine Krawatte tragen
Zähne putzen
essen gehen
schwimmen gehen
nach Hause gehen
um wie viel Uhr?
um acht Uhr
heute Abend
am Abend
Bis dann!
Tut mir leid.
Okay!
Schade!

**In Deutschland sagt man:**

ausmachen
abschließen
zumachen
e Anzeige, –n
e Kleidung (sg.)
s Fahrrad, ¨er
bunt
prima

**In Österreich sagt man auch:**

abdrehen
absperren
zusperren

super

**In der Schweiz sagt man auch:**

e Annonce, –n
e Kleider (pl.)
s Velo, –s
farbig

# Lektion 5

zu LB Ü 2 **Ergänzen Sie die Nomen und Artikel.**

**1**

1. _der_ _Baum_____
2. ____ _____
3. ____ _____
4. ____ _____
5. ____ _____
6. ____ _____
7. ____ _____
8. ____ _____
9. ____ _____
10. ____ _____
11. ____ _____
12. ____ _____
13. ____ _____
14. ____ _____
15. ____ _____
16. ____ _____
17. ____ _____
18. ____ _____
19. ____ _____
20. ____ _____

| ~~Baum~~ | Brücke | Deckel | Fenster | Flasche | Hund | Koffer |
|---|---|---|---|---|---|---|
| Maus | Mofa | Mücke | Pfütze | Polizist | Rad | Schuh | Sofa |
| Tasche | Taube | Topf | Turm | Wurm | | |

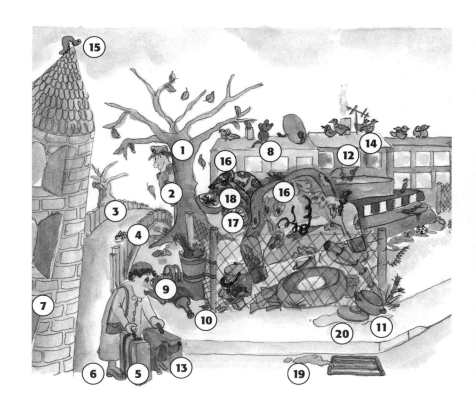

zu LB Ü 2 **Ergänzen Sie.**

**2**

a) _Der_ Topf liegt _auf_ _dem_ Deckel.

b) ____ Deckel liegt ____ ____ Topf.

c) ____ Flasche liegt ____ ____ Tasche.

d) ____ Tasche steht ____ ____ Flasche.

e) ____ Mofa liegt ____ ____ Sofa.

f) ____ Polizist steht ____ ____ Baum.

g) ____ Baum steht ____ ____ Polizist.

h) ____ Koffer stehen ____ ____ Frau.

i) ____ Frau steht ____ ____ Koffern.

j) ____ Turm steht ____ ____ Brücke.

k) ____ Wurm sitzt ____ ____ Turm.

l) ____ Maus sitzt ____ ____ Haus.

m) ____ Hund steht ____ ____ Koffern.

n) ____ Tauben sitzen ____ ____ Häusern.

o) ____ Mücke sitzt ____ ____ Brücke.

p) ____ Brücke steht ____ ____ Bäumen.

q) ____ Frau steht ____ ____ Turm.

| der | die | das | dem | den |
|---|---|---|---|---|
| auf | unter | vor | hinter | |
| neben | zwischen | | | |

## zu LB Ü 2 Ergänzen Sie: **der**, **die**, **das**, **dem** oder **den**.

**3**

a) Auf *dem* Kamel sitzt *der* Hund.

b) Auf *dem* Hund sitzt *der* Katze.

c) Auf *der* Katze sitzt *die* Maus.

d) Auf *der* Maus sitzt *die* Taube.

e) Auf *der* Taube sitzt *die* Mücke.

f) Auf *dem* Tisch steht *die* Tasche.

g) Auf *die* Tasche liegt _____ Kamera.

h) Auf _____ Kamera liegt _____ Wörterbuch.

i) Auf _____ Wörterbuch liegt _____ Mobiltelefon.

j) Auf _____ Mobiltelefon liegt _____ Spiegel.

k) Auf _____ Spiegel liegt _____ Uhr.

l) Auf _____ Uhr liegen _____ Briefe.

m) Auf _____ Briefen liegt _____ Ansichtskarte.

## zu LB Ü 2 Ergänzen Sie.

**4**

a) Drei Touristen sitzen auf zwei *Stühlen.* (Stuhl)

b) Vier Mädchen sitzen auf drei *Sofas*. (Sofa)

c) Fünf Jungen liegen auf vier *Betten*. (Bett)

d) Sechs Teller stehen auf fünf *Tischen*. (Tisch)

e) Sieben Löffel liegen neben sechs *Tellern*. (Teller)

f) Acht Gabeln liegen neben sieben *Messern*. (Messer)

g) Neun Töpfe stehen auf acht *Herden*. (Herd)

h) Zehn Deckel liegen auf neun *Schränken*. (Schrank)

i) Elf Fotografen stehen auf zehn *Teppichen*. (Teppich)

j) Zwölf Frauen stehen vor elf _____. (Spiegel)

k) Dreizehn Mücken sitzen auf zwölf *Regalen*. (Regal)

l) Vierzehn Rasierapparate liegen neben dreizehn _____. (Fotoapparat)

m) Fünfzehn Computer stehen neben vierzehn _____. (Fernseher)

n) Sechzehn Mobiltelefone liegen neben fünfzehn *Radios*. (Radio)

o) Siebzehn Wörterbücher stehen neben sechzehn *Telefonbüchern*. (Telefonbuch)

p) Achtzehn Briefmarken liegen neben siebzehn _____. (Brief)

q) Neunzehn Hüte liegen neben achtzehn *Mänteln*. (Mantel)

r) Zwanzig Schuhe liegen zwischen neunzehn _____. (Abendkleid)

s) Einundzwanzig Fahrräder stehen neben zwanzig *Motorrädern*. (Motorrad)

t) Tausend Notizen stehen auf neunhundertneunundneunzig _____. (Notizzettel)

## zu LB Ü 2 Ergänzen Sie die Artikel.

**5**

a) Frau Stern steht vor **_dem_** Herd. Sie will **den** Herd putzen. **Der** Herd ist nicht sauber.

b) Herr Noll will _____ Buch lesen. _____ Buch ist spannend. Die Katze sitzt auf _____ Buch.

c) Frau Nolte steht vor _____ Tür. _____ Tür ist zu. Sie will _____ Tür aufmachen.

d) Die Lehrerin sitzt auf _____ Tisch. Der Junge zeichnet die Lehrerin und _____ Tisch. _____ Tisch ist neu.

e) Frau Schmitt sucht _____ Fahrkarte. _____ Fahrkarte ist weg. Die Krawatte liegt auf _____ Fahrkarte.

f) Die Kinder stehen neben _____ Hund. Sie möchten _____ Hund waschen. _____ Hund ist noch jung.

g) Die Touristen stehen hinter _____ Turm. Sie wollen _____ Turm fotografieren. _____ Turm ist hoch.

h) Linda ist auf _____ Segelboot. Sie will _____ Boot putzen. _____ Boot ist klein.

## zu LB Ü 4 Ergänzen Sie: **wer, wen, was, wohin.**

**6**

a) **_Die Mutter_** setzt den Sohn auf den Stuhl.  **_Wer_** setzt den Sohn auf den Stuhl?

Die Mutter setzt **_den Sohn_** auf den Stuhl.  **_Wen_** setzt die Mutter auf den Stuhl?

Die Mutter setzt den Sohn **_auf den Stuhl._**  **_Wohin_** setzt die Mutter den Sohn?

b) **_Der Kellner_** legt den Löffel neben den Teller.  _____ legt den Löffel neben den Teller?

Der Kellner legt **_den Löffel_** neben den Teller.  _____ legt der Kellner neben den Teller?

Der Kellner legt den Löffel **_neben den Teller._**  _____ legt der Kellner den Löffel?

c) Der Vater setzt **_den Sohn_** auf den Tisch.  _____ setzt der Vater auf den Tisch?

**_Der Vater_** setzt den Sohn auf den Tisch.  _____ setzt den Sohn auf den Tisch?

Der Vater setzt den Sohn **_auf den Tisch._**  _____ setzt der Vater den Sohn?

d) Der Tischler legt den Nagel **_neben den Hammer._**  _____ legt der Tischler den Nagel?

Der Tischler legt **_den Nagel_** neben den Hammer.  _____ legt der Tischler neben den Hammer?

**_Der Tischler_** legt den Nagel neben den Hammer.  _____ legt den Nagel neben den Hammer?

e) Die Sekretärin stellt **_die Blumen_** neben den Computer.  _____ stellt die Sekretärin neben den Computer?

**_Die Sekretärin_** stellt die Blumen neben den Computer.  _____ stellt die Blumen neben den Computer?

Die Sekretärin stellt die Blumen **_neben den Computer._**  _____ stellt die Sekretärin die Blumen?

## zu LB Ü 4 Ergänzen Sie

**7**

| stellt | steht | stellt | liegen | stellt | stehen | legt | steht | setzt | sitzt | liegen |

a) Frau Wagner **_stellt_** die Flaschen auf den Balkon.

b) Auf dem Balkon **_st_____** der Saft.

c) Sie **_st_____** Saft auf den Tisch.

d) Auf dem Geschirrspüler **_st_____** der Topf.

e) Sie **_st_____** den Topf auf den Herd.

f) Die Teller **_st_____** schon auf dem Tisch.

g) Neben den Tellern **_l_____** schon zwei Messer und zwei Gabeln.

h) Sie **_l_____** die Löffel neben die Messer. Dann schneidet sie Tomaten.

i) Neben den Tomaten **_l_____** Kartoffeln.

j) Die Tochter **_s_____** auf dem Teppich und **_s_____** den Hut auf den Kopf.

## zu LB Ü 4 Ergänzen Sie

**8**

a) ● Die Regenschirme stehen nicht neben den Gummistiefeln.

■ Aber **_die stelle ich doch immer neben die Gummistiefel._**

b) ● Der Hut liegt nicht auf dem Schrank.

■ Aber den lege ich doch immer _____.

c) ● Die Schuhe stehen nicht neben dem Sofa.

■ Aber die stelle ich doch immer _____.

d) ● Die Strümpfe liegen nicht neben den Hausschuhen.

■ Aber die _____.

e) ● Das Telefonbuch liegt nicht neben dem Telefon.

■ Aber das _____.

f) ● Meine Brille liegt nicht neben dem Fernseher.

■ Aber die _____.

g) ● Meine Gitarre steht nicht unter dem Regal.

■ Aber die _____.

h) ● Mein Geld liegt nicht unter der Matratze.

■ Aber das legst du doch immer _____.

**9**

Mit Tempo 100 fährt das Rettungsteam zum Krankenhaus zurück.

Dort liegt ein Personenwagen unter einem Container.

Die Sanitäter heben den Mann aus dem Rettungswagen und bringen ihn in die Notaufnahme.

Dann untersucht die Ärztin das Unfallopfer.

Zwei Feuerwehrmänner brechen die Tür auf.

Sie fahren zum Hamburger Hafen.

In der Notaufnahme klingelt das Telefon.

Die Sanitäter heben den Mann auf eine Trage und schieben sie in den Notarztwagen.

Die Notärztin und die Sanitäter rennen zum Notarztwagen.

a) *In der Notaufnahme ...* _____ .

b) _____ .

c) _____ .

d) _____ .

e) _____ .

f) _____ .

g) _____ .

h) _____ .

i) _____ .

zu LB Ü 5  Wie viele Wörter erkennen Sie?

**10**

| D | A | T | I | V | U | L | O | L | L | B | A | B | A | B |
|---|---|---|---|---|---|---|---|---|---|---|---|---|---|---|
| Z | G | Ü | N | X | Q | P | Z | T | O | R | P | E | R | E |
| M | B | R | Ü | C | K | E | O | L | A | U | N | R | Q | M |
| A | W | I | M | K | E | R | R | Ü | H | S | E | I | T | E |
| H | U | N | V | O | R | S | I | C | H | T | S | C | Z | S |
| A | Z | P | I | V | R | O | S | N | A | M | Z | H | E | N |
| K | R | A | N | K | E | N | H | A | U | S | R | T | O | D |
| E | G | U | R | B | Ä | E | K | O | S | Z | Y | N | P | I |
| N | O | T | A | U | F | N | A | H | M | E | N | I | F | B |
| D | A | O | N | Ö | L | W | S | A | Q | I | R | U | E | Ü |
| J | O | B | E | B | R | A | G | F | A | H | R | E | R | R |
| A | B | A | C | A | N | G | H | E | N | U | N | T | E | O |
| W | E | H | M | U | G | E | I | N | G | A | N | G | U | F |
| H | A | N | D | M | I | N | Z | E | T | R | A | U | L | U |
| U | L | D | E | N | E | M | S | C | H | M | E | R | Z | C |

**11**

> laufen   setzen   sagen   heben   ~~stellen~~   springen   schimpfen   tanzen   sprechen   fragen
> schieben   rennen

| **legen** | **gehen** | **rufen** |
|---|---|---|
| *stellen* _____ | _____ | _____ |
| _____ | _____ | _____ |
| _____ | _____ | _____ |
| _____ | _____ | _____ |

**12**

> der Verkehr   die Hand   das Krankenhaus   die Brust   der Krankenpfleger   der Kopf
> die Haut   die Brücke   die Ärztin   die Straße   die Krankenschwester   das Gesicht

| **die Autobahn** | **der Arm** | **die Notaufnahme** |
|---|---|---|
| _____ | _____ | _____ |
| _____ | _____ | _____ |
| _____ | _____ | _____ |
|  | _____ | _____ |
|  | _____ |  |

**13**

> Wo?   Wohin?   Woher?          die – der – den – das – dem

a) _____ steht der Notarztwagen?          Vor _____ Eingang.

b) _____ sitzt der Krankenpfleger?          Neben _____ Ärztin.

c) _____ kommt die Ärztin?          Aus _____ Notaufnahme.

d) _____ fährt der Rettungswagen?          In _____ Hafen.

e) _____ ist der Unfall?          Bei _____ Kran.

f) _____ liegt der Personenwagen?          Unter _____ Container.

g) _____ kommen die Sanitäter?          Aus _____ Rettungswagen.

h) _____ liegt der Mann?          Auf _____ Trage.

i) _____ bringen die Sanitäter das Opfer?          In _____ Krankenhaus.

j) _____ blutet der Mann?          An _____ Händen.

k) _____ geht die Ärztin?          In _____ Notaufnahme.

**14**

a) Das Flugzeug fliegt   über die Bäume.

b) Peter liegt   unter dem Baum.

c) Peter steht   neben dem Baum.

d) Peter sitzt   im Baum.

e) Peter steht   vor dem Baum.

f) Peter sitzt   auf dem Baum.

g) Peter steht   am Baum.

h) Peter steht   zwischen den Bäumen.

i) Peter steht   hinter dem Baum.

## zu LB Ü 7   Bewegung (B) oder Ruhe (R)?

**15**

a) Er geht nach Hause.   *B*

b) Sie steht vor dem Spiegel.   *R*

c) Er liegt auf dem Sofa.   ■

d) Sie sitzt auf dem Stuhl.   ■

e) Er läuft zum Wagen.   ■

f) Sie stellt die Blumen auf den Tisch.   ■

g) Er kommt aus der Küche.   ■

h) Die Uhr hängt über der Tür.   ■

i) Sie rennen zum Notarztwagen.   ■

j) Der Wagen hält vor dem Tor.   ■

k) Er bleibt im Bett.   ■

l) Sie reist nach Italien.   ■

m) Er setzt den Hut auf den Kopf.   ■

n) Sie wirft den Ball ins Wasser.   ■

o) Er ist auf dem Balkon.   ■

p) Sie heben den Mann auf die Trage.   ■

q) Sie schiebt die Leute zur Seite.   ■

## zu LB Ü 7   Ergänzen Sie.

**16**

|  | *halten* | *laufen* |
|---|---|---|
| **ich** |  |  |
| **du** | hältst |  |
| **er/sie/es/man** |  | läuft |
| **wir** |  |  |
| **ihr** |  |  |
| **sie/Sie** |  |  |

## zu LB Ü 9   Was passt zusammen?

**17**

a) Sie bekommt eine Kreditkarte   ■       1. von der Wand.

b) Er bringt den Papagei   ■       2. aus der Badewanne.

c) Der Stuhl steht   ■       3. im Käfig.

d) Sie hängt das Bild   ■       4. in die Vase.

e) Wir stellen die Blume   ■       5. von der Bank.

f) Der Papagei sitzt   ■       6. zur Bank.

g) Montags fährt er immer   ■       7. an die Wand.

h) Er nimmt das Bild   ■       8. in den Schrank.

i) Sie steigt ganz nass   ■       9. neben dem Tisch.

j) Er hängt den Mantel   ■       10. in den Käfig.

## zu LB Ü 9 Ergänzen Sie die Formen von **nehmen**.

**18**

a) Fahren wir mit dem Bus oder _____ wir ein Taxi?

b) Herbert _____ die Kreditkarte aus der Handtasche.

c) Der Fahrkartenautomat _____ keine Münzen.

d) Wir müssen ein paar Dinge in den Keller bringen; ich _____ die Leiter und du _____ den Stuhl.

e) Darf ich den Papagei aus dem Käfig _____?

f) _____ Sie einen Kaffee oder Tee, Frau Schmidt?

g) Es sind etwa sechs Kilometer bis zum Zoo. Warum _____ ihr nicht den Bus?

h) Im Urlaub habe ich keine Probleme mit meinem Hund. Meine Mutter _____ ihn immer.

i) Ich _____ morgens immer Vitamine.

## zu LB Ü 10 Ergänzen Sie.

**19**

a)

| im – ins – in der – in die – in den |

Die Frau steigt _____ Taxi.

Sie sitzt _____ Taxi.

Der Fahrer soll _____ Luisenstraße fahren.

Sie sucht das Geld _____ Handtasche.

Sie kann nicht _____ Blumenladen gehen.

b)

| an den – am – an der – ans – an die |

Der Taxifahrer soll _____ Blumenladen halten.

Er soll auch _____ Bank halten.

Werner soll das Bild _____ Wand hängen.

Die Gitarre stellt er _____ Sofa.

Er hängt seinen Mantel _____ Haken.

c)

| zum – zu den – zur |

Der Fahrer fährt _____ Bank.

Dann soll er _____ Flughafen fahren.

Dann fährt er _____ Taxis am Bahnhof zurück.

d)

| beim – bei den – bei der |

Die Ärztin steht _____ Unfallopfer.

Die Leute stehen _____ Ärztin.

Die Sanitäter stehen _____ Feuerwehrmännern.

e)

| von den – von der – vom |

Der Notarztwagen fährt _____ Notaufnahme zum Unfallort.

Der Notarztwagen fährt _____ Unfallort zum Krankenhaus.

Die Notarztwagen fahren immer _____ Unfallorten zu den Krankenhäusern.

**zu LB Ü 11** Bilden Sie Sätze mit **durch**.

**20**

   a)  Mann/gehen/Eingang

     *Der Mann geht durch den Eingang.*

   b)  Hund/rennen/Pfütze

     _____

   c)  Krankenwagen/fahren/Tor

     _____

   d)  Kinder/ laufen/Wald

     _____

   e)  Einbrecher/kommen/Keller

     _____

   f)  Lehrerin/schauen/Brille

     _____

   g)  Katze/springen/Fenster

     _____

**zu LB Ü 11** Ergänzen Sie **für**, **gegen** oder **ohne**.

**21**

   a)  Er fährt mit Tempo 30 _____ einen Baum.

   b)  Sie hat kein Geld _____ den Taxifahrer.

   c)  Er hat keine Zeit _____ ein Gespräch.

   d)  Er geht nie _____ seinen Hund in den Wald.

   e)  Er wirft den Ball _____ die Wand.

   f)  Sie geht nie _____ ein Buch ins Bett.

   g)  Die Ärztin kann _____ ihren Beruf nicht leben.

   h)  Sie sieht schlecht und läuft deshalb manchmal _____ eine Laterne.

   i)  Im Keller ist kein Platz _____ den Tisch.

   j)  Sie kauft Blumen _____ ihre Mutter.

   k)  Der Maler stellt die Leiter _____ den Balkon.

   l)  Man sieht ihn nie _____ seine Gitarre.

## zu LB Ü 12 Schreiben Sie die Sätze unter die Bilder.

**22**

a) _____     b) _____     c) _____     d) _____

e) _____     f) _____     g) _____     h) _____

Die Puppe sitzt.     Die Puppe liegt.     Der Hund sitzt.     Der Hund liegt.     Die Puppe hängt.

Die Puppe steht.     Der Hund hängt.     Der Hund steht.

## zu LB Ü 12 Ergänzen Sie.

**23**

|  | setzen | sitzen | stellen | stehen | legen | liegen |
|---|---|---|---|---|---|---|
| **ich** | setze |  |  |  |  |  |
| **du** |  | sitzt |  |  |  |  |
| **er/sie/es/man** |  |  | stellt |  |  |  |
| **wir** |  |  |  | stehen |  |  |
| **ihr** |  |  |  |  | legt |  |
| **sie/Sie** |  |  |  |  |  | liegen |

## zu LB Ü 13 Ergänzen Sie m, n oder r.

**24**

a) Vor eine__ Telefonzelle steht eine Touristin.

b) Links hat sie eine__ Koffer und eine__ Hut in der Hand.

c) Rechts trägt sie ihre__ Mantel und ihre___ Hund auf de__ Arm.

d) Sie stellt erst ihre__ Koffer neben die Telefonzelle.

e) Dann stellt sie ihre__ Hund auf ihre__ Koffer und setzt ihre__ Hut auf ihre__ Kopf.

f) Dann legt sie ihre__ Mantel auf de__ Koffer.

g) In ihre__ Mantel findet sie ihre Telefonkarte.

h) Sie geht mit ihre__ Telefonkarte in die Telefonzelle.

i) Leider funktioniert das Telefon nicht, aber jetzt sieht sie vor eine__ Bäckerei ein Mädchen mit eine__ Mobiltelefon.

j) Sie geht zu de__ Mädchen und fragt: „Darf ich vielleicht mit Ihre__ Mobiltelefon telefonieren?"

## zu LB Ü 15 Wie heißen die Nomen?

**25**

a) die Telefon_____

b) der Bahn_____

c) das Rat_____

d) die Arzt_____

e) das Schwimm_____

f) die Bade_____

g) der Brief_____

h) das Kinder_____

i) der Tennis_____

j) der Taxi_____

| praxis | stand |
|---|---|
| bad | platz |
| haus | zelle |
| träger | hof |
| wanne | zimmer |

## zu LB Ü 15 Schreiben Sie.

**26**

a) 1. Straße  ⇒  *__Die erste Straße rechts.__*

b) 3. Haus  ⇐  *__Das dritte_____ links.__*

c) 2. Weg  ⇒  _____.

d) 1. Haus  ⇒  _____.

e) 4. Straße  ⇐  _____.

f) 6. Weg  ⇒  _____.

g) 3. Straße  ⇒  _____.

h) 7. Haus  ⇐  _____.

## zu LB Ü 15 Schreiben Sie.

**27**

| | | | |
|---|---|---|---|
| geradeaus | links | die zweite Straße | bis zur Bushaltestelle |
| geradeaus | links | die zweite Straße | nach der Bushaltestelle |
| rechts | links | die dritte Straße | nach der Kirche |
| rechts | links | die Blumenstraße | |
| rechts | die erste Straße | die zweite Straße | |
| rechts | die erste Straße | | |

a) ● Wie komme ich zur Post?

   ■ Gehen Sie hier _____ _geradeaus_ und dann

   ___rechts___ . Nehmen Sie dann ___die erste___

   ___straße___ . Noch ein Stück ___geradeaus___ .

   Dann sehen Sie ___rechts___ die Post.

b) ● Verzeihung, wie komme ich zur Blumenstraße?

   ■ Das ist einfach. Gehen Sie _____.

   _____ nehmen Sie _____

   _____.

   Und dann _____ _____.

   Das ist _____.

c) ● Guten Tag. Gibt es hier eine Apotheke?

   ■ Kein Problem. Da gehen Sie hier _____

   _____. _____ nehmen Sie

   _____ _____.

   Da sehen Sie _____ eine Apotheke.

**zu LB Ü 18** Ergänzen Sie die Formen der Verben.

**28**

~~fahren~~   nehmen   aussteigen   sein   umsteigen   brauchen

a) Am Montag um acht Uhr **fährt** Herr Wagner zur Arbeit.

b) Zuerst _____ er die Straßenbahn bis zur Haltestelle Marktplatz.

c) Von da _____ er etwa zehn Minuten bis zum Goetheplatz.

d) Dort muss er von der Straßenbahn in die U–Bahn _____.

e) An der Haltestelle Blumenweg _____ er _____.

f) Und dann _____ er schon da.

~~haben~~   fahren   sein   abbiegen   aussteigen   ankommen   gehen

g) Frau Wagner **hat** einen Termin beim Arzt.

h) Sie _____ mit dem Zug.

i) Um 9 Uhr _____ sie am Hauptbahnhof _____.

j) Dort _____ sie _____.

k) Sie _____ zu Fuß.

l) Nach dem Bahnhofsplatz _____ sie nach links in die Königsstraße _____.

m) Bis zur Arztpraxis _____ es dann nur noch ein paar Minuten.

~~fahren~~   steigen   halten   aussteigen   vorbeigehen   ankommen

n) Die Kinder **fahren** am Mittwoch mit dem Bus zum Schwimmbad.

o) Um 3 Uhr _____ sie in den Bus.

p) An der Haltestelle Delfinstraße müssen sie _____.

q) Der Bus _____ hundert Meter nach der Brücke.

r) Sie _____ am Tennisplatz _____.

s) Nach fünf Minuten _____ sie am Schwimmbad _____.

**zu LB Ü 18** Ergänzen Sie.

**29**

a) Herr Fischer geht von _____ Haltestelle nach Hause.

b) Erst geht er an _____ Post vorbei.

c) Dann biegt er nach _____ Brücke links ab.

d) Jetzt ist er in _____ Kantstraße.

e) Da ist sein Haus. Seine Wohnung ist neben _____ Apotheke.

f) Frau Maier geht aus _____ Haus. Sie will zur Haltestelle.

den
dem
die
der
den

g) Erst geht sie geradeaus bis zu _____ Tennisplätzen.

h) An _____ Kreuzung geht sie über _____ Straße.

i) Dann nimmt sie _____ erste Straße links.

j) Da ist die Haltestelle, direkt vor _____ Blumengeschäft.

## zu LB Ü 18 Ergänzen Sie.

**30**

> Brille → Haare → Arm → Hand → Flasche → Regenschirm → Klavier → Jacke → Mantel
> Handtasche → Kiste → Koffer → Lampe → Fenster → Flughafen.

Eine Mücke sitzt auf einer Brille.

a) Die Mücke fliegt **von der Brille** auf **die Haare.**

b) Dann fliegt sie **von den Haaren** auf ____ _____.

c) Dann fliegt sie vo__ **Arm** auf ____ _____.

d) Dann fliegt sie von ____ _____ auf ____ _____.

e) Dann fliegt sie von ____ _____ auf ____ _____.

f) Dann fliegt sie vo__ _____ auf ____ _____.

g) Dann fliegt sie vo__ _____ auf ____ _____.

h) Dann fliegt sie vo__ _____ auf ____ _____.

i) Dann fliegt sie vo__ _____ auf ____ _____.

j) Dann fliegt sie von ____ _____ auf ____ _____.

k) Dann fliegt sie von ____ _____ auf ____ _____.

l) Dann fliegt sie vo__ _____ auf ____ _____.

m) Dann fliegt sie von ____ _____ auf ____ _____.

n) Dann fliegt sie vo__ _____ zu__ Flughafen.

# Wörter im Satz

| | Ihre Muttersprache | Schreiben Sie einen Satz aus Delfin, Lehrbuch. |
|---|---|---|
| _____ *Ampel* | _____ | _____ |
| _____ *Badewanne* | _____ | _____ |
| _____ *Brücke* | _____ | _____ |
| _____ *Brust* | _____ | _____ |
| _____ *Fahrer* | _____ | _____ |
| _____ *Flughafen* | _____ | _____ |
| _____ *Kopf* | _____ | _____ |
| _____ *Krankenhaus* | _____ | _____ |
| _____ *Notaufnahme* | _____ | _____ |
| _____ *Parkplatz* | _____ | _____ |
| _____ *Reaktion* | _____ | _____ |
| _____ *Tür* | _____ | _____ |
| _____ *Wald* | _____ | _____ |
| *abbiegen* | _____ | _____ |
| *atmen* | _____ | _____ |
| *bekommen* | _____ | _____ |
| *feiern* | _____ | _____ |
| *halten* | _____ | _____ |
| *hängen* | _____ | _____ |
| *nehmen* | _____ | _____ |
| *schieben* | _____ | _____ |
| *setzen* | _____ | _____ |
| *sitzen* | _____ | _____ |
| *stellen* | _____ | _____ |
| *umsteigen* | _____ | _____ |
| *untersuchen* | _____ | _____ |
| *einige* | _____ | _____ |

| | | |
|---|---|---|
| *geradeaus* | _____ | _____ |
| *hoffentlich* | _____ | _____ |
| *manchmal* | _____ | _____ |
| *niemand* | _____ | _____ |
| *vorbei* | _____ | _____ |

# Grammatik

§ 1.3 **Artikel und Nomen: Nominativ, Akkusativ, Dativ**

**32**

| | Nominativ | Akkusativ | Dativ |
|---|---|---|---|
| **Maskulinum** | **der** Turm | **den** Turm | **dem** Turm |
| **Femininum** | **die** Brücke | | **der** Brücke |
| **Neutrum** | **das** Haus | | **dem** Haus |
| **Plural** | **die** Häuser | | **den** Häuser**n** |
| | **die** Autos | | **den** Auto**s** |

| | Nominativ | Akkusativ | Dativ |
|---|---|---|---|
| **Maskulinum** | **ein** Turm | **einen** Turm | **einem** Turm |
| **Femininum** | **eine** Brücke | | **einer** Brücke |
| **Neutrum** | **ein** Haus | | **einem** Haus |
| **Plural** | Häuser | | Häuser**n** |
| | Autos | | Autos |

*Ebenso:*

| | |
|---|---|
| **keinem** Turm | **meinem** Turm |
| **keiner** Brücke | **meiner** Brücke |
| **keinem** Haus | **meinem** Haus |
| **keinen** Häusern | **meinen** Häusern |
| **keinen** Autos | **meinen** Autos |

§ 2.9 **Präpositionen mit lokaler Bedeutung**

**33**

vor     neben     an     hinter     von ... nach

unter     in     auf     über     gegen

aus     zu     um     durch     zwischen

## Präpositionen mit Dativ

**34**

| aus | Sie kommt **aus dem** Haus. |
|---|---|
| bei | Der Unfall ist **bei dem** Kran. |
| beim = bei dem | Der Briefträger steht **beim** Buchhändler. |
| mit | Sie fährt **mit dem** Auto. |
| nach | **Nach dem** Anruf geht sie aus dem Haus. |
| von | Der Anruf kommt **von der** Zentrale. |
| vom = von dem | Er holt die Stühle **vom** Balkon. |
| zu | Die Ärztin geht **zu dem** Unfallopfer. |
| zum = zu dem | Sie fährt **zum** Krankenhaus. |
| zur = zu der | Herbert fährt **zur** Bank. |
| bis zu | Gehen Sie geradeaus **bis zum** Bahnhof |

## Präpositionen mit Akkusativ

**35**

| durch | Er geht **durch den** Wald. |
|---|---|
| für | Die Wurst ist **für den** Hund |
| gegen | Er fährt **gegen den** Baum. |
| ohne | Er schläft **ohne den** Teddy. |
| um | Sie gehen **um das** Haus. |

## Präpositionen mit Akkusativ oder Dativ

**36**

| | *Akkusativ*<br>*Richtung*<br>*Bewegung*<br>*Wohin?*<br>⇨⇨◎ | *Dativ*<br>*Position*<br>*Ruhe*<br>*Wo?*<br>◎ |
|---|---|---|
| **in** | Sie setzt das Kind **in die** Badewanne. | Das Kind sitzt **in der** Badewanne. |
| ins = in das<br>im = in dem | Sie legt das Kind **ins** Bett. | Das Kind liegt **im** Bett. |
| **an** | Er hängt das Bild **an die** Wand. | Das Bild hängt **an der** Wand. |
| ans = an das<br>am = an dem | Er stellt die Leiter **ans** Regal. | Die Leiter steht **am** Regal. |
| **auf** | Sie stellt die Blumen **auf den** Tisch. | Die Blumen stehen **auf dem** Tisch. |
| **über** | Er hängt die Lampe **über den** Tisch. | Die Lampe hängt **über dem** Tisch. |
| **unter** | Sie legt die Gitarre **unter das** Regal. | Die Gitarre liegt **unter dem** Regal. |
| **vor** | Er stellt den Wagen **vor das** Haus. | Der Wagen steht **vor dem** Haus. |
| **hinter** | Er stellt das Fahrrad **hinter das** Haus. | Das Fahrrad steht **hinter dem** Haus. |
| **neben** | Sie legt die Jacke **neben den** Mantel. | Die Jacke liegt **neben dem** Mantel. |
| **zwischen** | Er hängt die Uhr **zwischen die** Bilder. | Die Uhr hängt **zwischen den** Bildern. |

## Verben mit Vokalwechsel

**37**

| | e → i | | a → ä | au → äu |
|---|---|---|---|---|
| | **werfen** | **nehmen** | **halten** | **laufen** |
| ich | werfe | nehme | halte | laufe |
| du | wir**fst** | ni**mm**st | hä**lt**st | lä**uf**st |
| er/sie/es/man | wir**ft** | ni**mmt** | hä**lt** | lä**uft** |
| wir | werfen | nehmen | halten | laufen |
| ihr | werft | nehmt | haltet | lauft |
| sie/Sie | werfen | nehmen | halten | laufen |

## Verben mit trennbarem Verbzusatz

**38**

| | **abbiegen** |
|---|---|
| ich | biege **ab** |
| du | biegst **ab** |
| er/sie/es/man | biegt **ab** |
| wir | biegen **ab** |
| ihr | biegt **ab** |
| sie/Sie | biegen **ab** |

*Ebenso:*

| | |
|---|---|
| **ab**·stellen | **um**·steigen |
| **an**·kommen | **weg**·rennen |
| **auf**·brechen | **weiter**·fahren |
| **aus**·steigen | **weiter**·gehen |
| **frei**·machen | **zurück**·fahren |

## Verben mit Situativergänzung

**39**

| | | *Position/Ruhe* *Wo?* ◎ |
|---|---|---|
| **bleiben** | Emil bleibt heute | **im Bett.** |
| **halten** | Der Wagen hält | **am Tor.** |
| **hängen** | Das Bild hängt | **an der Wand.** |
| **liegen** | Das Buch liegt | **auf dem Tisch.** |
| **sitzen** | Susanne sitzt | **auf dem Stuhl.** |
| **stehen** | Der Wagen steht | **vor dem Haus.** |

## Verben mit Direktivergänzung

**40**

| | | *Richtung/Bewegung* *Wohin?* ⇨ ⇨ ◎ |
|---|---|---|
| **fahren** | Peter fährt | **nach Berlin.** |
| **gehen** | Werner geht | **zur Bank.** |
| **kommen** | Helga kommt | **nach Hause.** |
| **laufen** | Die Sanitäter laufen | **zum Wagen.** |
| **reisen** | Herr M. reist | **nach Spanien.** |
| **rennen** | Die Ärztin rennt | **ins Krankenhaus.** |
| **springen** | Lisa springt | **ins Wasser.** |
| **steigen** | Die Frau steigt | **in ein Taxi.** |

## Verben mit Herkunftsergänzung

41

| | | Richtung/Bewegung<br>◎ ⇨ ⇨ Woher? |
|---|---|---|
| **kommen** | Er kommt | **aus Österreich.** |
| | Der Anruf kommt | **von der Zentrale.** |
| **sein** | Sie ist | **aus München.** |
| **springen** | Sie springt | **aus dem Wagen.** |
| **steigen** | Sie steigt | **aus dem Taxi.** |

## Verben mit Akkusativergänzung und Direktivergänzung

42

| | | Akkusativergänzung<br>Was? | Direktivergänzung<br>Wohin? ⇨ ⇨ ◎ |
|---|---|---|---|
| **bringen** | Sie bringt | **das Kind** | **ins Bett.** |
| **hängen** | Er hängt | **das Bild** | **an die Wand.** |
| **heben** | Sie heben | **den Mann** | **auf die Trage.** |
| **legen** | Sie legt | **den Löffel** | **auf den Tisch.** |
| **schieben** | Sie schiebt | **die Leute** | **zur Seite.** |
| **setzen** | Er setzt | **den Hut** | **auf den Kopf.** |
| **stellen** | Er stellt | **die Blumen** | **in die Vase.** |
| **werfen** | Sie wirft | **den Ball** | **auf den Balkon.** |

## Verben mit Akkusativergänzung und Herkunftsergänzung

43

| | | Akkusativergänzung<br>Was? | Provenienzergänzung<br>◎ ⇨ ⇨ Woher? |
|---|---|---|---|
| **heben** | Sie heben | **das Unfallopfer** | **aus dem Wagen.** |
| **holen** | Er holt | **den Wein** | **aus dem Keller.** |
| **nehmen** | Sie nimmt | **die Flasche** | **aus dem Kühlschrank.** |
| **reißen** | Sie reißen | **ihre Jacken** | **vom Haken.** |

## Ordinalzahlen

44

| | | | | |
|---|---|---|---|---|
| eins: | der **erste** Weg | | zwanzig: | der zwanzig**ste** Brief |
| zwei: | die zwei**te** Straße | | dreißig: | die dreißig**ste** Flasche |
| drei: | das **dritte** Haus | | hundert: | das hundert**ste** Auto |
| vier: | die vier**te** Kreuzung | | tausend: | der tausend**ste** Stuhl |
| fünf: | die fünf**te** Ampel | | ... | ... |
| sechs: | der sechs**te** Weg | | | |
| sieben: | das **siebte** Schild | | | |
| acht: | das ach**te** Haus | | | |
| ... | ... | | | |

# Wortschatz

## Nomen

e Abfahrt, –en
e Ampel, –n
e Antwort, –en
e Apotheke, –n
r Arm, –e
r Artikel, –
e Arztpraxis, Arztpraxen
e Atemmaske, –n
r August
e Autobahn, –en
r Autofahrer, –
e Autonummer, –n
e Bäckerei, –en
e Badewanne, –n
s Bahnhofscafé, –s
r Balkon, –s
e Bank, ⸚e
e Bank, –en
r Bauernhof, ⸚e
r Baum, ⸚e
r Bericht, –e
s Blaulicht, –er
r Blumenladen, ⸚
r Briefträger, –
e Brücke, –n
e Brust, ⸚e
r Buchhändler, –
e Bundesstraße, –n
e Bushaltestelle, –n
r Camper, –
s Clubhaus, ⸚er
s Computergeschäft, –e
r Container, –
r Dativ, –e
r Dienst, –e
e Dusche, –n
r Einbrecher, –
r Eingang, ⸚e
e Einladung, –en
r Einsatz, ⸚e
e Elbe
r Fahrer, –
e Fahrt, –en

r Feuerwehrmann, ⸚er
r Fisch, –e
r Flughafen, ⸚
r Fuß, ⸚e
r Gast, ⸚e
e Geburtstagsfeier, –n
r Goetheplatz, ⸚e → Platz
r Golf
r Golffahrer, –
r Hafen, ⸚
s Hafenkrankenhaus, ⸚er
r Haken, –
e Haltestelle, –n
e Hand, ⸚e
e Handtasche, –n
r Hauptbahnhof, ⸚e
e Haut
r Igel, –
e Jacke, –n
r Job, –s
r Kaffee
r Käfig, –e
e Karte, –n
r Käse
r Keller, –
r Kellner, –
r Kilometer, –
s Kinderzimmer, –
e Kirche, –n
r Kopf, ⸚e
r Kran, ⸚e
s Krankenhaus, ⸚er
r Krankenpfleger, –
e Kreuzung, –en
r Küchentisch, –e
e Kurve, –n
e Laterne, –n
r Lebensretter, –
r Leiter, –
e Leiter, –n
e Linie, –n
r Maler, –
s Mofa, –s
e Mücke, –n
r Museumsplatz, ⸚e
e Mütze, –n
e Notärztin, –nen
r Notarztwagen, –

e Notaufnahme, –n
s Opfer, –
r Parkplatz, ⸚e
r Personenwagen, –
r Pfarrer, –
s Pferd, –e
r Pfleger, –
e Pfütze, –n
r Platz, ⸚e
r Polizist, –en
e Präposition, –en
e Puppe, –n
s Rathaus, ⸚er
e Reaktion, –en
r Regen
r Rettungsdienst, –e
s Rettungsteam, –s
r Rettungswagen, –
e Richtung, –en
r Rippenbruch, ⸚e
r Sanitäter, –
r Sauerstoff
s Schild, –er
r Schmerz, –en
r Schock, –s
r Schrank, ⸚e
s Schwimmbad, ⸚er
e Seite, –n
e Sirene, –n
s Sofa, –s
e Stadtbahn, –en
r Stall, ⸚e
e Station, –en
s Stück, –e
e Tankstelle, –n
e Taube, –n
r Taxifahrer, –
r Taxistand, ⸚e
r Teddy, –s
r Telefonanruf, –e
e Telefonzelle, –n
r Teller, –
s Tempo
r Tennisplatz, ⸚e
r Tod, –e
e Toilette, –n
s Tor, –e
e Trage, –n

e Tür, –en
r Turm, ⸚e
s Unfallopfer, –
r Unfallort, –e
e Uniform, –en
**e Ursache, –n**
s Verb, –en
**r Verkehr**
**e Vorsicht**
**r Wald, ⸚er**
r Wanderweg, –e
**r Weg, –e**
e Wegbeschreibung, –en
r Wurm, ⸚er
**e Wurst, ⸚e**
e Zentrale, –n
**s Zentrum, Zentren**

## Verben

**ab·biegen**
ab·stellen
**an sein**
**an·kommen**
atmen
**auf sein**
auf·brechen
**aus·steigen**
**bekommen**
**beschreiben**
**bluten**
**bringen**
**drücken**
**entscheiden**
**feiern**
frei·machen
**geben**
**halten**
**hängen** (+ Situativerg.)
**hängen** (+ Akk.-Erg. +
        Direktiverg.)
**heben**
**holen**
**klingeln**
kontrollieren
**laufen**
**legen**
**liegen**

nehmen
**passieren**
reißen
**rennen**
**rufen**
**schieben**
**schimpfen**
**setzen**
**sitzen**
**stehen**
**steigen**
**stellen**
stöhnen
**um·steigen**
**untersuchen**
weg·rennen
weiter·fahren
weiter·gehen
**werfen**
**zeigen**
zurück·fahren

## Adjektive

**einfach**
**hart**
konzentriert
**kurz**
**schwach**

## Adverbien

bereits
**diesmal**
echt
**geradeaus**
**hinten**
**hoffentlich**
**manchmal**
nicht immer
noch einmal
noch nichts
nur noch
**später**
**ungefähr**
**vorbei**
**vorne**

## Funktionswörter

**ans**
**bis zu**
**durch**
**gegen**
**hinter**
**ins**
**neben**
**über**
**unter**
**vom**
**vor**
**zwischen**

**beide**
**denn**
**einige**
meiner
**nächste**
**niemand**
**Wo?**
**Wohin?**
**Woher?**

der erste
der zweite
der dritte
der vierte
der fünfte …
der nächste

## Ausdrücke

Und los!
Tür zu!
Geschafft!
Vorsicht!
Keine Ursache!

Wie komme ich zu …?
die Straße geradeaus gehen
die erste Straße rechts neh-
men
an … vorbei gehen
Aus welcher Richtung …?
da hinten

keine Reaktion zeigen
die Tür ist auf
zur Seite schieben
unter die Haut gehen
zu spät kommen
zu wenig

zu Fuß
zu Ende
um 8.59 Uhr = um acht Uhr
    neunundfünfzig
um 20.59 Uhr = um zwanzig
    Uhr neunundfünfzig

**Abkürzungen**

Dr. = Doktor

| **In Deutschland sagt man:** | **In Österreich sagt man auch:** | **In der Schweiz sagt man auch:** |
| --- | --- | --- |
| e Arztpraxis, Arztpraxen | e Ordination, –en | |
| r Briefträger, – | | r Pöstler, – |
| r Fahrer, – | | r Chauffeur, –e |
| e Haltestelle, –n | e Station, –en | e Station, –en |
| s Krankenhaus, ¨er | s Spital, ¨er | s Spital, ¨er |
| e Telefonzelle, –n | | e Telefonkabine, –en |
| klingeln | läuten | läuten |
| laufen | rennen | |

# Lektion 6

zu LB Ü 1 Ergänzen Sie.

**1**

| Infinitiv | Präsens | Perfekt |
|---|---|---|
| duschen | er duscht | er hat geduscht |
| _____ | er wirft | er hat geworfen |
| _____ | _____ | er hat getrunken |
| _____ | er schießt | _____ |
| _____ | er weint | _____ |
| _____ | _____ | er hat aufgeräumt |
| lesen | _____ | _____ |
| _____ | er wäscht | _____ |
| anstreichen | _____ | _____ |

zu LB Ü 1 Ergänzen Sie das Perfekt.

**2**

| | | | |
|---|---|---|---|
| hat gewaschen | hat gelacht | hat geputzt | hat aufgeräumt |
| hat eingeschaltet | ~~hat gelesen~~ | hat gegessen | ~~hat gekocht~~ |
| hat angerufen | hat gepackt | hat gehört | hat geschrieben |
| hat getrunken | hat geweint | hat geworfen | hat angestrichen |
| hat ausgemacht | hat gezeichnet | | |

a) Sie kocht eine Suppe.     _Sie hat eine Suppe gekocht._

    Er lacht.     _____

    Sie weint.     _____

    Sie hört Musik.     _____

    Er packt den Koffer.     _____

    Sie putzt die Schuhe.     _____

    Er zeichnet ein Gesicht.     _____

    Sie macht das Licht aus.     _____

    Er räumt das Zimmer auf.     _____

    Sie schaltet den Fernseher ein. _____

b) Sie liest ein Buch.     _Sie hat ein Buch gelesen._

    Er isst eine Pizza.     _____

    Er ruft an.     _____

Sie schreibt einen Brief. _____

Er trinkt Wasser. _____

Sie wirft den Ball. _____

Er wäscht das Kind. _____

Sie streicht die Wand an. _____

## zu LB Ü 1   Schreiben Sie die Sätze.

**3**

| abgesagt   abgeschlossen   ~~angestrichen~~   aufgemacht   aufgebrochen   aufgeräumt |
| abgestellt   angerufen   ausgemacht   angemacht |

a) (anstreichen/die Wand)

*Er streicht die Wand an.*

*Er soll die Wand anstreichen.*

*Er hat die Wand angestrichen.*

b) (ausmachen/den Fernseher)

*Er macht* _____

*Er soll* _____

*Er hat* _____

c) (aufräumen/das Zimmer)

*Sie räumt* _____

*Sie soll* _____

*Sie hat* _____

d) (abschließen/ die Tür)

*Sie schließt* _____

*Sie soll* _____

*Sie hat* _____

e) (aufmachen/das Fenster)

*Er macht* _____

*Er* _____

*Er* _____

f) (anmachen/das Radio)

*Sie macht* _____

*Sie* _____

*Sie* _____

g) (absagen/den Termin)

*Sie sagt* _____

*Sie* _____

*Sie* _____

h) (anrufen/den Chef)

*Er ruft* _____

*Er* _____

*Er* _____

i) (aufbrechen/die Tür)

*Er bricht* _____

*Er* _____

*Er* _____

j) (abstellen/das Auto)

*Sie stellt* _____

*Sie* _____

*Sie* _____

## zu LB Ü 1 Schreiben Sie die Antworten.

**4**

a) Weint er? – _Nein, aber er hat geweint._

b) Lacht sie? – _Nein, aber sie hat_ _____ .

c) Duscht er? – _____

d) Spielt sie? – _____

e) Lernt sie? – _____

f) Arbeitet er? – _____

g) Putzt sie? – _____

h) Tanzt er? – _____

i) Rechnet sie? – _____

j) Packt er? – _____

## zu LB Ü 1 Ergänzen Sie.

**5**

| wäscht | gelegen | schneidet | sitzt | geschlafen | gewaschen | geschrieben | trinkt | ~~gelesen~~ |
| geschnitten | ~~liest~~ | gegessen | schläft | getrunken | isst | schreibt | gesessen | liegt |

a) (lesen)    Er hat eine Zeitschrift **gelesen** _____. Jetzt **liest** _____ er ein Buch.

b) (essen)    Sie hat eine Pizza _____. Jetzt _____ sie einen Apfel.

c) (schreiben)    Er hat eine Karte _____. Jetzt _____ er einen Brief.

d) (trinken)    Er hat Bier _____. Jetzt _____ er Wasser.

e) (waschen)    Sie hat ihr Gesicht _____. Jetzt _____ sie ihre Haare.

f) (liegen)    Sie hat im Bett _____. Jetzt _____ sie auf dem Sofa.

g) (schneiden)    Er hat Kartoffeln _____. Jetzt _____ er Zwiebeln.

h) (schlafen)    Er hat acht Stunden _____. Jetzt _____ er schon wieder.

i) (sitzen)    Sie hat auf dem Balkon _____. Jetzt _____ sie am Schreibtisch.

## zu LB Ü 2 Ergänzen Sie: ist oder hat.

**6**

a) Er _____ nach Berlin gefahren.

b) Sie _____ ins Wasser gesprungen.

c) Er _____ eine Blume gemalt.

d) Er _____ zwei Stunden gewandert.

e) Sie _____ das Besteck gespült.

f) _____ sie schon nach Hause gekommen?

g) Der Zug _____ um sieben Uhr abgefahren.

h) Meine Mutter _____ nach London geflogen.

i) Er _____ das Auto nicht abgeschlossen.

j) Das Kind _____ um neun Uhr aufgewacht.

k) Er _____ seinen Vater zum Bahnhof gebracht.

## zu LB Ü 2 Ergänzen Sie.

**7**

| weinen | _er/sie weint_ _____ | _er/sie hat geweint_ _____ |
| lachen | _____ | _____ |
| arbeiten | _____ | _____ |
| aufräumen | _____ | _____ |

| | | |
|---|---|---|
| lesen | _____ | _____ |
| werfen | _____ | _____ |
| schreiben | _____ | _____ |
| abschließen | _____ | _____ |
| fliegen | _____ | _____ |
| wandern | _____ | _____ |

## zu LB Ü 2  Ergänzen Sie.

**8**

| | | | | | |
|---|---|---|---|---|---|
| ich | *habe* | *geduscht* | ich | *bin* | *gelaufen* |
| du | *hast* | *geduscht* | du | *bist* | *gelaufen* |
| er/sie/es | *hat* | _____ | er/sie/es | _____ | _____ |
| wir | _____ | _____ | wir | _____ | _____ |
| ihr | _____ | _____ | ihr | _____ | _____ |
| sie/Sie | _____ | _____ | sie/Sie | _____ | _____ |

## zu LB Ü 3  Ordnen Sie die Sätze. (→ Lehrbuch S. 60)

**9**

▓ a) Um sieben Uhr frühstückt Familie Renken zusammen.

**1** b) Frühmorgens melken Herr und Frau Renken die Kühe.

▓ c) Abends schläft Herr Renken fast immer vor dem Fernseher ein.

▓ d) Um zwei Uhr sind die Töchter aus der Schule zurück.

▓ e) Nach dem Frühstück macht Herr Renken den Stall sauber.

▓ f) Abends melken Herr und Frau Renken meist bis sieben.

▓ g) Um zwei Uhr essen die Renkens mit ihren Töchtern zu Mittag.

▓ h) Nach der Stallarbeit repariert Herr Renken die Maschinen.

▓ i) Nach dem Abendbrot macht Herr Renken oft noch Büroarbeit.

▓ j) Nach dem Mittagessen schläft Herr Renken normalerweise eine Stunde.

## zu LB Ü 3  Was passt nicht?

**10**

a) den Hund – das Kind – ~~die Puppe~~ – die Zwillinge **wecken**

b) den Kaffee – den Saft – die Tomaten – das Mineralwasser **trinken**

c) das Baby – das Klavier – die Katze – den Fisch **füttern**

d) den Teller – die Tasse – den Topf – den Deckel **füllen**

e) das Schlafzimmer – das Kinderzimmer – den Schreibtisch – den Alltag **aufräumen**

f) die Wand – das Wasser – die Tür – das Haus **anstreichen**

g) das Buch – die Zeitung – den Brief – das Telefon **lesen**

h) den Brief – den Freund – das Buch – die Notiz **schreiben**

i) die Kinder – das Licht – das Radio – den Computer **ausmachen**

j) die Wohnung – das Haus – die Tür – den Schuh **abschließen**

## zu LB Ü 3  Finden Sie die Wörter.

**11**

~~BAUER~~JINXFRÜHSTÜCKMSTRUGARTENISMASCHINETRDLMPSCHULEQZAUNDOKUHLRBIENDE
JDSESSELAYCMTASSEKHUHNMVFRPSWÄSCHEAXÜBVCORDNUNGÄLHFTSCHALTERQZMVMITTAG
ESSENZTFLALLTAGÜOZNACHMITTAGVDREVORMITTAGDOUPÄMBVXGLÜCKÖÄARBEIT

1. *Bauer* _____

2. _____

3. _____

4. _____

5. _____

6. _____

7. _____

8. _____

9. _____

10. _____

11. _____

12. _____

13. _____

14. _____

15. _____

16. _____

17. _____

18. _____

19. _____

## zu LB Ü 3  Ordnen Sie und ergänzen Sie.

**12**

~~Balkon~~  ~~Apfel~~  ~~Deckel~~  Bad  Topf  Karotte  Haare  Wohnung  Tasse  Haus  Gesicht
Hände  Teller  Büro  Arme  Wäsche  Geschirr  Geschäft  Küche  Abendkleid  Herd
Jacke  Messer  Schuhe  Gabeln  Löffel  Zähne  Besteck  Strümpfe

| putzen | waschen | spülen |
|---|---|---|
| den     Balkon | den     Apfel | den/die Deckel |
| ___  ___ | ___  ___ | ___  ___ |
| ___  ___ | ___  ___ | ___  ___ |
| ___  ___ | ___  ___ | ___  ___ |
| ___  ___ | ___  ___ | ___  ___ |
| ___  ___ | ___  ___ | ___  ___ |
| ___  ___ | ___  ___ | ___  ___ |
| ___  ___ | ___  ___ | ___  ___ |
| ___  ___ | ___  ___ | ___  ___ |

## zu LB Ü 3  Ergänzen Sie.

**13**

um acht: aufstehen
bis halb neun: duschen
dann: die Katze füttern
danach eine halbe Stunde:
frühstücken
nach dem Frühstück: die Zähne
putzen

das Geschirr spülen
die Wäsche waschen
um zwölf: das Mittagessen
kochen
um halb eins: zu Mittag essen
um eins: ins Büro fahren
von zwei bis sechs: am

Computer arbeiten
um sechs: nach Hause fahren
zuerst: das Abendbrot machen
dann: die Wohnung aufräumen
später: bügeln, tanzen und
Musik hören
gegen elf: zu Bett gehen

a) Herr Maus *ist um acht aufgestanden.*

b) Bis halb neun ____ er _____.

c) Dann _____ _____ die Katze _____.

d) Danach _____ er eine halbe Stunde _____.

e) Nach dem Frühstück _____ er _____ _____ _____, ____ _____ _____
   und ____ _____ _____ .

f) Um zwölf ____ _____ das Mittagessen _____.

g) Um halb eins ____ er ____ _____ _____ .

h) Um eins ____ ____ ____ ____ _____ _____.

i) Von zwei bis sechs ____ er ____ _____ _____.

j) Um sechs ____ er ____ _____ _____.

k) Zuerst ____ er _____ _____ _____.

l) Dann ____ er ____ _____ _____.

m) Später ____ er _____ , _____ und Musik _____.

n) Gegen elf ____ er ____ _____ _____.

## zu LB Ü 3 Ergänzen Sie.

**14**

a) Gestern *hatte* ich viel Arbeit und wenig Zeit. Heute *habe* ich wenig Arbeit und viel Zeit.

b) Gestern *war* er noch ledig. Jetzt *ist* er verheiratet.

c) Früher _____ die Familie nur eine 3-Zimmer-Wohnung. Jetzt _____ sie viel Platz in ihrem Haus.

d) Gestern _____ die Autoschlüssel weg. Heute _____ die Motorradschlüssel nicht da.

e) Gestern _____ ihr nur eine halbe Stunde Pause. Deshalb _____ ihr heute schon um drei
   Feierabend.

f) 10 Jahre _____ ihr keine Kinder. Und jetzt _____ ihr Zwillinge!

g) Gestern _____ ich in Salzburg. Heute _____ ich in München.

h) Am Anfang _____ die Studenten keine Freunde. Jetzt _____ sie viele Freunde.

i) _____ ihr gestern in den USA? _____ ihr morgen auf den Bahamas?

j) Heute Morgen um acht _____ ihr müde. Jetzt ist es Mitternacht und ihr _____ noch wach.

k) Gestern _____ du deine Kamera, aber leider keinen Film. Heute _____ du viele Filme, aber deine
   Kamera funktioniert nicht.

**15**

a) die Mutter: geputzt haben — *Sie hat geputzt.*

   am Vormittag — *Sie hat am Vormittag geputzt.*

   die Wohnung — *Sie hat am Vormittag die Wohnung geputzt.*

   zwei Stunden — *Sie hat am Vormittag zwei Stunden die Wohnung geputzt.*

b) der Vater: gekocht haben — *Er* _____

   am Sonntag — *Er* _____

   Suppe — *Er* _____

   zwei Stunden — *Er* _____

c) die Mutter: aufgeräumt haben _____

   nach dem Mittagessen _____

   die Küche _____

   wie lange eine Stunde _____

d) der Vater: gespült haben _____

   nach dem Mittagessen _____

   die Töpfe _____

   eine Stunde _____

e) die Großmutter: gebügelt haben — Sie hat gebügelt

   nach dem Kaffee — Sie hat nach dem Kaffee gebügelt

   ihr Abendkleid — Sie hat dem Kaffee nach ihr Abendkleid gebügelt

   eine halbe Stunde — Sie hat nach dem Kaffee ihr Abendkleid eine halbe stunde gebügelt

f) der Großvater: gelesen haben _____

   am Sonntagnachmittag _____

   die Zeitung _____

   zwei Stunden _____

g) der Sohn: geschrieben haben _____

   Sonntagabend _____

   Briefe _____

   zwei Stunden _____

h) die Tochter: telefoniert haben

Sonntagabend _____

mit ihrer Freundin _____

drei Stunden _____

## zu LB Ü 4 __ Bilden Sie Fragen.

**16**

a) Ich habe einen Monat Deutsch gelernt. *Wie lange hast du Deutsch gelernt*?

b) Ich habe vor einem Monat Deutsch gelernt. *Wann hast du Deutsch gelernt*?

c) Ich war eine Woche in Berlin. __wie__ __lange wast__ du __in__ __Berlin__ ?

d) Ich war vor einer Woche in Berlin. __wann__ __wast__ du __in__ __Berlin__ ?

e) Wir sind am Nachmittag spazieren gegangen. _____ ____ ihr _____ _____ ?

f) Wir sind einen Nachmittag spazieren gegangen. _____ ____ ____ ihr _____ _____ ?

g) Sie sind um sieben Uhr tanzen gegangen. _____ ____ sie _____ _____ ?

h) Sie haben sieben Stunden getanzt. _____ _____ _____ sie _____ ?

i) Am Montag haben sie geschlafen. _____ _____ sie _____ ?

j) Sie haben einen Tag geschlafen. _____ _____ _____ sie _____ ?

k) Er hat in der Nacht am Computer gearbeitet. _____ ____ er _____ _____ _____ ?

l) Er hat eine Nacht am Computer gearbeitet. _____ ____ ____ er ____ _____ _____ ?

m) Sie haben vor einem Monat die Wand angestrichen. _____ _____ sie ____ _____ _____ ?

n) Sie haben einen Monat die Wand angestrichen. _____ _____ _____ sie ____ _____ _____ ?

o) Sie haben vor zwei Jahren Urlaub gemacht. _____ _____ sie _____ _____ ?

p) Sie haben zwei Jahre Urlaub gemacht. _____ _____ _____ sie Urlaub _____ ?

## zu LB Ü 4 __ Welcher Text passt? (✗) (→ Lehrbuch S. 60)

**17**

a) Die Renkens leben auf dem Bauernhof. Heute ist ihre Arbeit nicht mehr so anstrengend, denn sie haben eine Melkmaschine. Aber ihr Arbeitstag beginnt immer noch früh am Morgen. Der Sohn ist Student in Münster. Die Töchter gehen noch zur Schule. Also machen die Eltern die Arbeit alleine. Vormittags räumt Frau Renken die Wohnung auf, macht sauber und wäscht. Herr Renken geht vormittags in den Stall. Dann bringt er Maschinen in Ordnung und macht Feldarbeit. Abends sieht Herr Renken manchmal mit seiner Frau Fußball im Fernsehen. Danach arbeitet er oft noch am Computer. Dabei schläft er fast immer ein.

b) Die Renkens leben auf dem Bauernhof. Früher war ihr Alltag sehr anstrengend. Heute hilft die
Melkmaschine. Aber sie müssen morgens immer noch früh aufstehen. Sie machen die Arbeit alleine,
denn die Töchter gehen noch zur Schule und der Sohn studiert. Nach dem Frühstück füttert Frau
Renken die Tiere. Am Vormittag putzt Frau Renken, räumt auf und wäscht, Herr Renken macht den
Stall sauber. Dann repariert er Maschinen und arbeitet auf dem Feld. Am Abend bügelt Frau Renken
oder näht. Ihr Mann macht oft noch Büroarbeit am Computer. Später sehen sie zusammen fern, aber
dabei schläft Herr Renken fast immer ein.

c) Die Renkens leben auf dem Bauernhof. Heute müssen sie nicht mehr so schwer arbeiten, aber sie
können morgens nie lange schlafen. Ihre Töchter gehen noch zur Schule, der Sohn studiert Jura in
Münster. Die Eltern müssen die Arbeit alleine machen. Nach dem Frühstück macht Frau Renken
Hausarbeit und wäscht. Herr Renken arbeitet am Vormittag im Stall, später auf dem Feld. Er repariert
auch die Maschinen. Am Abend bügelt Frau Renken und macht oft noch Büroarbeit. Dann sitzen die
Renkens vor dem Fernseher. Dabei schläft ihr Mann fast immer ein.

## zu LB Ü 4 Ordnen Sie.
**18**

| nie  selten  oft  ~~immer~~  manchmal | immer _____ _____ _____ _____ |
|---|---|

## zu LB Ü 4 Was passt zum Text? (→ Lehrbuch S. 60)
**19**

| | | | | |
|---|---|---|---|---|
| Morgens um Viertel nach vier | ist | Herr und Frau Renken | die Mädchen | aufgestanden. |
| Nach einer Tasse Kaffee | sind | Frau Renken | in den Stall | gegangen. |
| Um Viertel vor sieben | hat | Familie Renken | zusammen | · eingeschlafen. |
| Um sieben Uhr morgens | haben | die Mädchen | den Bus | geweckt. |
| Um halb acht | | die Renkens | die Wohnung | gefrühstückt. |
| Am Vormittag | | Herr Renken und die | Tee | genommen. |
| Am Nachmittag | | Mädchen | im Garten | gearbeitet. |
| Um vier Uhr | | Herr Renken | die Hühner | getrunken. |
| Nach dem Tee | | | schon oft vor dem | aufgeräumt. |
| Um halb sechs | | | Fernseher | geholt. |
| Am Abend | | | die Kühe von der | gesucht. |
| | | | Weide | |

a) _Morgens um Viertel nach vier sind Herr und Frau Renken aufgestanden._

b) _Nach einer Tasse Kaffee_ _____

c) _____

d) _____

e) _____

f) _____

g) _____

h) _____

i) _____

j) _____

k) _____

zu LB Ü 4 Ergänzen Sie.

**20**

|  | *haben* | *sein* |
|---|---|---|
| **ich** | hatte | war |
| **du** |  |  |
| **er/sie/es/man** | hatte |  |
| **wir** |  |  |
| **ihr** |  |  |
| **sie/Sie** |  |  |

zu LB Ü 4 Wie viel Uhr ist es? Ergänzen Sie.

**21**

a) **13:00** Es ist _dreizehn_ Uhr.  Es ist _ein_ Uhr.  Es ist _eins_ .

b) **15:00** Es ist _____ Uhr.  Es ist _____ Uhr.  Es ist _____.

c) **17:00** Es ist _____ Uhr.  _____.  _____.

d) **19:00** Es ist _____ Uhr.  _____.  _____.

e) **21:00** Es ist _____ Uhr.  _____.  _____.

f) **23:00** Es ist _____ Uhr.  _____.  _____.

zu LB Ü 4 Wie spät ist es? Ergänzen Sie.

**22**

a) **6:15** sechs Uhr _fünfzehn_ / _Viertel nach_ sechs.

b) **6:30** sechs Uhr _____ / _halb sieben._

c) **6:45** sechs Uhr _____ / _Viertel vor sieben._

d) **7:15** sieben Uhr _____ / _____ _____ sieben.

e) **7:30** sieben Uhr _____ / _____ _____.

f) **7:45** sieben Uhr _____ / _____ _____ _____.

g) **8:30** acht Uhr _____ / ____ _____.

zu LB Ü 5 Uhrzeiten. Was passt zusammen?

**23**

a) Wann kommt Hans nach Hause? → (*8.45 Uhr*)  ■  1. Es ist halb neun.

b) Wie spät ist es? → (*15.20 Uhr*)  ■  2. Es ist zwanzig nach drei.

c) Um wie viel Uhr fängt der Film an? → (*20.30 Uhr*)  ■  3. Um Viertel vor zwölf.

d) Wie lange arbeitest du heute? → (*20.30 Uhr*)  ■  4. Um Viertel vor neun.

e) Wann hast du gefrühstückt? → (*8.20 Uhr*)  ■  5. Bis halb neun.

f) Wie lange hast du heute Morgen geschlafen? → (*6.45 Uhr*)  ■  6. Bis Viertel vor sieben.

g) Wie viel Uhr ist es? → (*8.30 Uhr*)  ■  7. Um halb neun.

h) Wann soll ich die Kinder wecken? → (*6.40 Uhr*)  ■  8. Um zwanzig nach acht.

i) Um wie viel Uhr bist du ins Bett gegangen? → (*23.45 Uhr*)  ■  9. Um zwanzig vor sieben.

<u>zu LB Ü 5</u>  **Wie spät ist es? Ergänzen Sie.**

**24**

a) 6:16     *sechs Uhr sechzehn*       *sechzehn Minuten nach sechs*

b) 7:17     *sieben Uhr* _____        _____ *nach*

c) 8:21     *acht Uhr* _____        _____ *nach*

d) 10:05     *zehn Uhr* _____        _____ *nach*

e) 11:14     *elf Uhr* _____        _____ *nach*

f) 15:08     *fünfzehn Uhr* _____        _____ *nach drei*

g) 17:24     *siebzehn Uhr* _____        _____ *nach*

h) 21:18     *einundzwanzig Uhr* _____        _____ *nach*

i) 11:50     *elf Uhr* _____        *zehn Minuten vor zwölf*

j) 6:55     *sechs Uhr* _____        _____ *vor*

k) 9:48     *neun Uhr* _____        _____ *vor*

l) 17:51     *siebzehn Uhr* _____        _____ *vor*

m) 22:58     *zweiundzwanzig Uhr* _____        _____ *vor*

<u>zu LB Ü 6</u>  **Was passt zusammen?**

**25**

a) Möchtest du weiterschlafen? ▪    1. Nein, ich habe keinen Hunger.

b) Wann hat der Wecker geklingelt? ▪    2. Kaffee, Wurst und Brötchen.

c) Willst du frühstücken? ▪    3. Ja, ich möchte noch im Bett bleiben.

d) Wo ist denn der Hund? ▪    4. Der Hund hat sie gefressen.

e) Soll ich zum Bäcker gehen? ▪    5. Nein, wir haben noch Brötchen.

f) Was gibt es zum Frühstück? ▪    6. Um sieben Uhr.

g) Warum haben wir keine Brötchen? ▪    7. Er ist in der Küche.

<u>zu LB Ü 6</u>  **Ergänzen Sie.**

**26**

| Stunde |
| Stunden |
| Uhr |
| Uhren |

a) Wie viel _____ ist es?

b) Meine _____ ist leider kaputt.

c) In seinem Wohnzimmer hängen drei _____ .

d) Meine Tochter kommt in zwei _____ nach Hause.

e) Der Zug fährt um 18 _____; wir haben noch eine _____ Zeit.

f) Sie arbeitet täglich fünf _____ im Büro.

g) Meine _____ ist weg; hast du sie gesehen?

h) Ich war gestern zwei _____ im Schwimmbad.

i) Kannst du mit deiner _____ ins Wasser gehen?

j) Der Film dauert drei _____ .

k) Ich warte schon seit einer _____ !

zu LB Ü 7 **Ergänzen Sie.** (→ Lehrbuch S. 63, Nr. 7)

**27**

> ist … geflogen   hat … gesagt   haben geschlafen   ist … aufgestanden   ist gekommen
> hat … geträumt   war   hat … getrunken   hat … aufgemacht   ist ausgestiegen

a) Der Mann _____ von einem Flugzeug _____.

b) Alle Passagiere _____ _____. Nur er _____ wach.

c) Eine Stewardess _____ _____, aber sie _____ nichts _____.

d) Der Mann _____ ein Glas Wasser _____.

e) Danach _____ er _____ und _____ die Tür _____.

f) Er _____ _____. Dann _____ er wie ein Vogel neben dem Flugzeug _____.

zu LB Ü 8 **Schreiben Sie.**

**28**

a) Er telefoniert im Büro. ***Er hat im Büro telefoniert.***

b) Er repariert den Fernseher. _____ hat _____.

c) Er rasiert drei Luftballons. _____ hat _____.

d) Sie buchstabiert den Nachnamen. _____ hat _____.

e) Sie notiert die Telefonnummer. _____ hat _____.

f) Er studiert in Berlin. _____ hat _____.

g) Was passiert hier? _____ ist _____.

h) Der Fernseher funktioniert nicht. _____ hat _____.

i) Er trainiert immer morgens. _____ hat _____.

zu LB Ü 8 **Was ist richtig?** ✗ (→ Lehrbuch S. 63, Nr. 8)

**29**

◼ a) Britta und ihre Eltern frühstücken. Es gibt Eier, aber das Salz steht nicht auf dem Tisch. Dann kommt Markus. Er war gestern im Kino und hatte danach einen Unfall mit dem Auto. Deshalb hat er eine Wunde am Auge. Seine Freundin Corinna ist auch verletzt.

◼ b) Markus hat das Frühstück gemacht und isst ein Ei. Er war gestern in der Disco, aber er ist früh nach Hause gekommen. Der Abend war langweilig, denn er hat seine Freundin Corinna nicht getroffen. Deshalb hat er auch nicht getanzt. Seine Mutter findet das traurig.

◼ c) Markus kommt zu spät zum Frühstück. Er hat eine Wunde am Auge. Das ist gestern Abend in der Disco passiert. Ein Typ hat mit seiner Freundin getanzt und sie geküsst. Markus war natürlich nicht einverstanden. Deshalb hat er „den Tarzan gespielt". Und er hat gewonnen.

## zu LB Ü 8  Was passt zusammen?

**30**

a) Willst du noch eine Tasse Tee?　　■　　1. Tut mir leid, aber wir haben keins mehr.

b) Kann ich ein Ei haben?　　■　　2. Ja, ich hatte noch keins.

c) Ist Markus zu Hause?　　■　　3. Nein, er hat noch nichts gegessen.

d) Hat Markus gefrühstückt?　　■　　4. Nein danke, ich möchte nichts mehr trinken.

e) Möchtest du ein Ei?　　■　　5. Ich habe sie seit Tagen nicht mehr gesehen.

f) Wie geht es Corinna?　　■　　6. Ich habe ihn noch nicht gesehen.

## zu LB Ü 9  Ordnen Sie.

**31**

> klingeln　wandern　wecken　benutzen　aufwachen　frühstücken　lächeln　lachen
> feiern　beschmutzen　putzen　bügeln　machen　füttern　schicken　platzen　brau-
> chen　einpacken　dauern　segeln

| *kling**eln*** | *gekling**elt*** | | *wand**ern*** | *gewand**ert*** |
|---|---|---|---|---|
| _____ | _____ | | _____ | _____ |
| _____ | _____ | | _____ | _____ |
| _____ | _____ | | _____ | _____ |

| *we**ck**en* | *gewe**ck**t* | | *benu**tz**en* | *benu**tz**t* | | *aufwa**ch**en* | *aufgewa**ch**t* |
|---|---|---|---|---|---|---|---|
| _____ | _____ | | _____ | _____ | | _____ | _____ |
| _____ | _____ | | _____ | _____ | | _____ | _____ |
| _____ | _____ | | _____ | _____ | | _____ | _____ |

## zu LB Ü 9  Ergänzen Sie.

**32**

| hängen | ***hängt*** | ***gehangen*** | | hängen | _____ | ***gehängt*** |
|---|---|---|---|---|---|---|
| stehen | _____ | _____ | | stellen | _____ | _____ |
| liegen | _____ | _____ | | legen | _____ | _____ |
| sitzen | _____ | _____ | | setzen | _____ | _____ |

## zu LB Ü 9  Ergänzen Sie.

**33**

a) ● Wo ***hängt*** denn das Bild? Hat es nicht immer über dem Sessel ***gehangen***?

　■ Doch, aber gestern habe ich es über das Sofa ***gehängt***.

b) ● Wo **steht** denn das Fahrrad? Hat es nicht immer an der Tür **gestanden**?

■ Stimmt, aber ich habe es gestern an die Wand **gestellt.**

c) ● Wo **liegt** denn der Teppich? Hat er nicht immer vor dem Schreibtisch **gelegen**?

■ Richtig, aber ich habe ihn vor den Schrank **gelegt.**

d) ● Wo **sitzt** denn dein Papagei? Hat er nicht immer vor dem Fenster **gesessen**?

■ Doch, aber heute Morgen habe ich ihn in den Käfig **gesetzt.**

e) ● Wo steht denn das Sofa? Hat es nicht immer im Wohnzimmer _____?

■ Stimmt, aber gestern habe ich es ins Kinderzimmer _____.

f) ● Wo steht denn der Herd? Hat er nicht immer in der Küche _____?

■ Doch, aber ich habe ihn in den Keller _____.

g) ● Wo hängen denn die Töpfe? Haben sie nicht immer über dem Regal _____?

■ Richtig, aber ich habe sie über den Herd _____.

h) ● Wo liegt denn das Besteck? Hat es nicht immer im Küchenschrank _____?

■ Stimmt, aber ich habe es ins Regal _____.

i) ● Wo ist denn der Schreibtisch? Hat er nicht immer vor dem Fenster _____?

■ Richtig, aber ich habe ihn gestern an die Wand _____.

j) ● Wo hängen denn die Fotos? Haben sie nicht immer über dem Schreibtisch _____?

■ Du hast recht, aber ich habe sie gestern ins Schlafzimmer _____.

k) ● Wo steht denn der Mini–Fernseher? Hat er nicht immer im Schlafzimmer _____?

■ Richtig, aber gestern habe ich ihn in die Küche _____.

l) ● Wo stehen denn die Blumen? Haben sie nicht immer am Fenster _____?

■ Doch, aber ich habe sie auf den Balkon _____.

m) ● Wo sitzt denn deine Puppe? Hat sie nicht immer auf dem Sofa _____?

■ Stimmt, aber ich habe sie gerade auf die Bank _____.

## zu LB Ü 12 Ordnen Sie das Gespräch.

34

▨ a) ● Gut, dann können wir jetzt abfahren.

▨ b) ■ Schön, dann können wir ja jetzt wirklich abfahren.

**1** c) ● Hast du die Taschen schon ins Auto gestellt?

▨ d) ■ Nein, noch nicht. Ich muss noch die Garage abschließen.

▨ e) ■ Ja, die stehen schon zwei Stunden im Auto.

▨ f) ● Das brauchst du nicht. Die habe ich schon abgeschlossen.

**35**

a) ■ Nein, das braucht ihr nicht. Wir können ja
später helfen.

**1** b) ● Könnt ihr bitte mal in der Küche helfen?

c) ■ Und nach dem Film stellen wir es in den Schrank.

d) ■ Das geht gerade nicht so gut, denn wir sehen fern.

e) ● Gut, also spülen wir jetzt das Geschirr.

f) ● Ihr seht fern, aber wir sollen alleine spülen!

## zu LB Ü 12 Ergänzen Sie.

**36**

a) Hast du den Flughafen angerufen? – Ja, den habe ich vorhin **angerufen.**

b) Hast du schon das Taxi bestellt? – Nein, das will ich gleich **bestellen.**

c) Soll ich das Licht im Schlafzimmer ausmachen? – Das brauchst du nicht; das habe ich schon _____.

d) Schaltest du den Fernseher aus oder soll ich den _____?

e) Hast du den Kühlschrank abgestellt? – Ja, den habe ich gerade _____.

f) Hast du auch die Kühlschranktür aufgemacht? – Nein, die muss ich noch _____.

g) Hast du die Fahrräder in den Keller gebracht? – Nein, die will ich später in den Keller _____.

h) Hast du schon die Kellerfenster zugemacht? – Nein, die muss ich noch _____.

i) Muss ich den Hund noch zu deiner Mutter bringen oder hast du ihn schon zu ihr _____?

j) Hast du die Balkontür schon abgeschlossen oder soll ich die _____?

k) Hast du die Kellertür abgeschlossen? – Natürlich habe ich die schon _____.

l) Hast du den Kellerschlüssel unter die Matratze gelegt? – Ja, den habe ich natürlich unter die

Matratze _____.

m) Hast du den Rasierapparat in den Koffer getan oder muss ich den noch in den Koffer _____?

n) Packst du die Fahrkarten ein oder soll ich die _____?

## zu LB Ü 12 Ergänzen Sie.

**37**

a) ● Gehst du bitte heute Nachmittag auf die Bank ?
   ■ Kannst du nicht **gehen**___ ? Ich bin schon heute Vormittag auf die Bank **gegangen.**

b) ● Schneidest du bitte die Kartoffeln?

   ■ Kannst du sie nicht _____? Ich habe schon die Karotten und die Wurst _____.

c) ● Schließt du bitte die Kellertür ab?

   ■ Kannst du sie nicht _____? Ich habe schon die Haustür _____.

d) ● Schreibst du bitte die Ansichtskarte?

   ■ Kannst du sie nicht _____? Ich habe schon sechs Ansichtskarten _____.

e) ● Liest du bitte den Brief?

   ■ Kannst du ihn nicht _____? Ich habe schon sieben Briefe _____.

f) ● Das Baby weint. Stehst du bitte auf?

■ Kannst du nicht _____? Ich bin schon so oft _____.

g) ● Bringst du bitte unseren Sohn ins Bett?

■ Kannst du ihn nicht ins Bett _____? Ich habe schon unsere Tochter ins Bett _____.

## zu LB Ü 12 Bilden Sie Sätze.

**38**

a) Familie Schneider – im – samstags – feiern – Garten

*Familie Schneider feiert samstags im Garten.*

b) die Bauern – jeden – auf die – Tag – Felder – gehen

*Die Bauern gehen jeden Tag* _____.

c) die Eltern – oft – frühstücken – auf dem Balkon

*Die Eltern* _____ *oft* _____.

d) ein – Vogel – fliegt – ein Fenster – gegen – manchmal

*Ein Vogel* _____ *manchmal* _____.

e) er – oft – Küche – der – in – bügelt

*Er* _____ *oft* _____.

f) eine – er – Stunde – liest – dem – Balkon – auf

*Er* _____ *eine Stunde* _____.

g) die – schläft – immer – Katze – dem – vor – Fernseher

*Die Katze* _____ *vor dem Fernseher.*

h) die – Kinder – Wohnzimmer – spielen – wollen – jetzt – im

*Die Kinder* _____ *jetzt* _____.

i) die – Kinder – heute – auf – spielen – nicht – der – Nachmittag – Straße – sollen

*Die Kinder* _____ *auf der Straße* _____.

j) sie – will – unter – immer – Sternen – den – schlafen

*Sie will* _____.

k) tanzt – im – heute – Regen – sie

*Sie* _____.

l) sie – später – Segelboot – will – auf – einem – wohnen

*Sie will* _____ *wohnen.*

m) unter – oft – er – der – singt – Dusche

*Er* _____.

n) er – abends – Stadt – fährt – in – die

*Er* _____.

## zu LB Ü 16 Ergänzen Sie: ge oder –.

**39**

Er / sie hat …
Er / sie ist …

| | | | | |
|---|---|---|---|---|
| ab**ge**stellt | zu_ge_hört | weg_ge_fahren | be_–_malt | weiter_ge_sprochen |
| be_–_stellt | an_ge_fangen | ein_ge_schlafen | an_ge_strichen | weg_ge_laufen *run away* |
| auf_ge_standen | be_–_gonnen | weiter_ge_fahren | ver_–_kauft | weg_ge_rannt *to run* |
| ver_–_standen | an_ge_macht | auf_ge_wacht | ver_–_dient *earn* | weiter_ge_laufen |
| an_ge_kommen | aus_ge_macht | auf_ge_macht | ver_–_gessen | ab_ge_bogen |
| be_–_kommen *to get* | ein_ge_packt | zu_ge_macht | auf_ge_räumt | weg_ge_flogen *fly away* |
| auf_ge_brochen *break up* | ent_–_schieden | ab_ge_schlossen *locked* | fern_ge_sehen | |
| zer_–_brochen | ein_ge_stiegen | aus_ge_stiegen | er_–_zählt | |
| auf_ge_hört *auf hören: to stop* | ab_ge_fahren | um_ge_stiegen | nach_ge_sprochen *speak after* | |

## zu LB Ü 16 Ein Traum. Schreiben Sie die Sätze im Perfekt.

**40**

a) Sie wacht auf.                           ___*Sie ist aufgewacht.*___

b) Aber sie bleibt noch ein bisschen im Bett.   ___Aber sie ist noch ein bisschen in Bett geblieben___

c) Dann steht sie auf.                       ___Er ist Sie auf ge Standen___

d) Ihr Taxi kommt.                           ___Der Taxi ist gekommt___

e) Sie steigt ins Taxi.                       _____

f) Das Taxi fährt ab.                         _____

g) Das Taxi biegt an der Ampel ab.            _____

h) Sie kommt am Bahnhof an.                   _____

i) Sie steigt in den Zug.                     _____

j) Er fährt nicht ab.                         _____

k) Lange passiert nichts.                     _____

l) Sie schläft ein.                           _____

m) Der Zug fährt ab.                          _____

n) Sie wacht auf.                             _____

o) Sie steigt aus.                            _____

p) Sie geht durch eine Stadt.                 _____

q) Sie läuft zu einem Schwimmbad.             _____

r) Da schwimmt sie.                           _____

s) Dann springt sie über einen Zaun.          _____

t) Danach rennt sie durch einen Wald.         _____

u) Später reitet sie zu einem Fluss.          _____

v) Dann segelt sie in einem Boot. _____

w) Zum Schluss kommt sie zu einem Flughafen. _____

x) Da steigt sie in ein Flugzeug. _____

y) Das Flugzeug fliegt weg. _____

z) Sie schläft ein. _____

## zu LB Ü 16 Bilden Sie Sätze im Perfekt.

**41**

a) Schau mal. Jetzt ist es sieben und Herr Fritsch geht aus dem Haus.
   (am Montag – er – um acht – aus dem Haus gehen)

   **_Am Montag ist er um acht aus dem Haus gegangen._**

b) Schau mal. Jetzt ist es halb acht und Herr Hackl steht auf.
   (am Samstag – er – um Viertel nach acht – aufstehen)

   **Am** Samstag ist er um viertel nach acht auf*Stenden*

c) Schau mal. Jetzt ist es acht und Herr Becker bringt die Kinder zur Schule.
   (am Donnerstag – seine Frau – die Kinder – um Viertel vor acht – zur Schule bringen).

   **Am** Donnerstag hat seine Frau die Kinder um viertel vor acht zur Schule gebracht

d) Schau mal. Jetzt ist es halb eins. Gerade stehen Herr Schmidt und Herr Pensler auf.
   (am Freitag – sie – erst um halb zwei – aufstehen)          erst = only

   Am Freitag sind sie erst um halb zwei aufge standen

e) Schau mal. Jetzt ist es eins und Frau Meyer schreibt auf der Schreibmaschine.
   (am Dienstag – sie – um sieben Uhr abends – auf der Schreibmaschine schreiben)

   _____

f) Schau mal. Jetzt ist es zwei und Frau Beckmann streicht eine Wand in der Küche an.
   (am Mittwoch – ihr Mann – um zwei – eine Wand im Wohnzimmer – anstreichen)

   _____

g) Schau mal, jetzt ist es halb fünf und Frau Sundermann macht die Fenster im Schlafzimmer zu.
   (am Samstag — ihr Mann – sie – um halb fünf – zumachen)

   _____

h) Schau mal. Jetzt ist es fünf und Herr Hansen bügelt gerade.
   (gestern – seine Frau – um fünf – bügeln)

   _____

i) Schau mal. Jetzt ist es halb sechs und Herr Humbold putzt seine Fenster.
   (am Montag – seine Freundin – um halb sechs – seine Fenster putzen)

   _____

j) Schau mal. Jetzt ist es sechs und Frau Rheinländer räumt die Garage auf.
   (am Donnerstag – ihr Mann – sie – um neun – aufräumen)

   _____

## zu LB Ü 16 Ein Traum. Schreiben Sie den Text im Präsens.

**42**

Ich bin in ein Restaurant gegangen und habe einen Fisch bestellt. Aber der Kellner hat es falsch verstanden. Deshalb habe ich Würste und Kartoffeln bekommen. Ich habe zwei Würste gegessen. Dann habe ich keinen Hunger mehr gehabt. Eine Wurst ist auf dem Teller geblieben. Ich habe mein Geld in der Handtasche gesucht, aber ich habe es nicht gefunden. Da bin ich nach Hause gefahren und habe Geld geholt. Der Hund ist im Restaurant geblieben. Ich bin zurückgekommen und habe den Kellner gesucht. Aber der ist nicht mehr da gewesen. Mein Hund hat auf dem Stuhl vor dem Teller gesessen. Die Wurst war weg.

*Ich gehe in ein Restaurant und bestelle einen Fisch. Aber* _____

_____

_____

_____

_____

_____

_____

_____

_____

## zu LB Ü 16 Schreiben Sie einen Traum-Text.

**43**

| Ich | bin | mit einem Motorrad | durch einen Wald | gefahren. |
| | habe | mit einem Segelboot | durch eine Wüste | geflogen. |
| | | mit einem Flugzeug | über eine Wiese | gesegelt. |
| | | … | über ein Feld | … |
| | | | auf einem Fluss | |
| | | | … | |
| Auf einmal | ist | ein Tiger | aus dem Wald | gekommen. |
| Plötzlich | sind | eine Schlange | aus dem Fluss | gesprungen. |
| | | eine Polizistin | von einem Baum | … |
| | | Krokodile | von einer Brücke | |
| | | Vögel | … | |
| | | … | | |
| Aber | er | war | ganz freundlich. | |
| Doch | sie | waren | ganz lieb. | |
| | es | | sehr nett. | |
| | sie | | … | |
| Denn | er | hatte | keinen Hunger. | |
| | sie | hatten | keine Zähne. | |
| | es | | keine Brille. | |
| | sie | | kein Messer. | |
| | | | … | |

| | | | | |
|---|---|---|---|---|
| Dann | haben | wir | zu einem Schwimmbad | gegangen. |
| | sind | | zu einem Kaufhaus | gelaufen. |
| | | | in einen Garten | gefahren. |
| | | | … | … |
| Dort | haben | wir | zusammen | gesprochen. |
| Da | | | | gespielt. |
| | | | | gesungen. |
| | | | | getanzt |
| | | | | … |
| Plötzlich | war | das Schwimmbad | ein Bahnhof. | |
| Auf einmal | | das Kaufhaus | ein Hafen. | |
| | | der Garten | ein Flughafen. | |
| | | … | … | |
| Und | der Tiger | ist | mit meinem Flugzeug | abgefahren. |
| | die Schlange | sind | mit meinem Segelboot | weggeflogen. |
| | die Polizistin | | mit einem Zug | … |
| | die Krokodile | | … | |
| | die Vögel | | | |
| | … | | | |
| Dann | habe | ich | Musik | gehört. |
| Dabei | | | eine Gitarre | |
| | | | ein Klavier | |
| | | | eine Sängerin | |
| | | | … | |
| Da | bin | ich | aufgewacht. | |
| In meinem Zimmer | war | der Fernseher | an. | |
| Neben meinem Bett | | das Radio | | |
| … | | der Radio-Wecker | | |
| | | … | | |

# Wörter im Satz

44

| | **Ihre Muttersprache** | **Schreiben Sie einen Satz aus Delfin, Lehrbuch.** |
|---|---|---|
| ____ Auge | _____ | _____ |
| ____ Bauer | _____ | _____ |
| ____ Ei | _____ | _____ |
| ____ Feld | _____ | _____ |
| ____ Flugzeug | _____ | _____ |
| ____ Fluss | _____ | _____ |
| ____ Fußball | _____ | _____ |
| ____ Geschirr | _____ | _____ |
| ____ Hunger | _____ | _____ |
| ____ Loch | _____ | _____ |
| ____ Salz | _____ | _____ |
| ____ Supermarkt | _____ | _____ |
| ____ Theater | _____ | _____ |
| ____ Urlaub | _____ | _____ |
| ____ Wecker | _____ | _____ |
| abfahren | _____ | _____ |
| anfangen | _____ | _____ |
| aufräumen | _____ | _____ |
| beginnen | _____ | _____ |
| dauern | _____ | _____ |
| einschlafen | _____ | _____ |
| einsteigen | _____ | _____ |
| fressen | _____ | _____ |
| frühstücken | _____ | _____ |
| malen | _____ | _____ |
| nähen | _____ | _____ |
| sterben | _____ | _____ |

| | | |
|---|---|---|
| *bestimmt* | _____ | _____ |
| *gerade* | _____ | _____ |
| *nichts* | _____ | _____ |
| *spät* | _____ | _____ |
| *vorhin* | _____ | _____ |

# Grammatik

##  Perfekt

**45**

### a) Formenbildung

| *Infinitiv* | | *haben/sein* | | *Partizip II* |
|---|---|---|---|---|
| **spielen** | Er | **hat** | Fußball | **gespielt.** |
| **kommen** | Er | **ist** | zu spät | **gekommen.** |

### b) Konjugation

| | *spielen* | *kommen* | *haben* | *sein* |
|---|---|---|---|---|
| **ich** | habe gespielt | bin gekommen | habe gehabt | bin gewesen |
| **du** | hast gespielt | bist gekommen | hast gehabt | bist gewesen |
| **er/sie/es/man** | hat gespielt | ist gekommen | hat gehabt | ist gewesen |
| **wir** | haben gespielt | sind gekommen | haben gehabt | sind gewesen |
| **ihr** | habt gespielt | seid gekommen | habt gehabt | seid gewesen |
| **sie/Sie** | haben gespielt | sind gekommen | haben gehabt | sind gewesen |

### c) Partizip-II-Formen

| *„schwache" Verben* | | | | | |
|---|---|---|---|---|---|
| *Perfekt mit* **haben** | | | | ... | **t** |
| | | | **ge** | ... | **t** |
| | | | **ge** | ... | **t** |
| **verwenden** | Er hat | | | verwend | **et**[1] |
| **besuchen** | Er hat | | | besuch | **t**[2] |
| **reparieren** | Er hat | | | reparier | **t**[3] |
| **spielen** | Er hat | | **ge** | spiel | **t**[4] |
| **arbeiten** | Er hat | | **ge** | arbeit | **et**[5] |
| **kennen** | Er hat | | **ge** | kann | **t** |
| **denken** | Er hat | | **ge** | dach | **t** |
| **aufhören** | Er hat | auf | **ge** | hör | **t** |
| **einschalten** | Er hat | ein | **ge** | schalt | **et** |

| *Perfekt mit* **sein** | | | | | |
|---|---|---|---|---|---|
| **wandern** | Er ist | | **ge** | wander | **t** |
| **aufwachen** | Er ist | auf | **ge** | wach | **t** |

| *„starke" Verben* | | | | | |
|---|---|---|---|---|---|
| *Perfekt mit* **haben** | | | | ... | **en** |
| | | | **ge** | ... | **en** |
| | | | **ge** | ... | **en** |
| **bekommen** | Er hat | | | bekomm | **en**[6] |
| **vergessen** | Er hat | | | vergess | **en**[7] |
| **zerbrechen** | Er hat | | | zerbroch | **en** |
| **schlafen** | Er hat | | **ge** | schlaf | **en** |
| **sehen** | Er hat | | **ge** | seh | **en** |
| **essen** | Er hat | | **ge** | gess | **en**[8] |
| **stehen** | Er hat | | **ge** | stand | **en** |
| **anfangen** | Er hat | an | **ge** | fang | **en**[9] |
| **aufbrechen** | Er hat | auf | **ge** | broch | **en** |

| *Perfekt mit* **sein** | | | | | |
|---|---|---|---|---|---|
| **kommen** | Er ist | | **ge** | komm | **en**[10] |
| **einsteigen** | Er ist | ein | **ge** | stieg | **en**[11] |

*ebenso:*

1) bedeutet
2) benutzt, bestellt, bezahlt, ergänzt, erzählt, erkannt, gehört, untersucht, verdient, verkauft
3) buchstabiert, fotografiert, funktioniert, korrigiert, markiert, notiert, passiert, rasiert, repariert, studiert, telefoniert, trainiert
4) *(die meisten Verben)*
5) geantwortet, geatmet

*ebenso:*

6) begonnen, beschrieben, betreten, betrogen, entschieden, verst**an**den
7) gefunden, gefressen, gegeben, gehalten, gehangen, gehoben, geheißen, geholfen, gelesen, gelegen, gelogen, geno**mm**en, gerufen, geschoben, geschni**tt**en, geschrieben, geschwommen, gesungen, gesprochen, gesprungen, getragen, getrunken, gewaschen, geworfen, gewogen
8) gesessen
9) abgeschlossen, angerufen
10) geblieben, gefahren, geflogen, geg**an**gen, gelaufen, gesprungen, gestiegen, gestorben,
11) abgebogen, abgefahren, angekommen, aufgestanden, ausgestiegen, eingeschlafen, eingestiegen, mitgekommen, umgestiegen, weggelaufen, weitergefahren

 § 44, 45 (1) **Partizipformen nach Gruppen: starke und gemischte Verben**

46

| anfangen | fängt an | hat angefangen |
| fahren | fährt | ist gefahren |
|   abfahren | fährt ab | ist abgefahren |
| halten | hält | hat gehalten |
| hängen | hängt | hat gehangen* |
| schlafen | schläft | hat geschlafen |
|   einschlafen | schläft ein | ist eingeschlafen |
| tragen | trägt | hat getragen |
| waschen | wäscht | hat gewaschen |
| laufen | läuft | ist gelaufen |

| geben | gibt | hat gegeben |
| liegen | liegt | hat gelegen |
| lesen | liest | hat gelesen |
| sehen | sieht | hat gesehen |
| fernsehen | sieht fern | hat ferngesehen |
| essen | isst | hat gegessen |
| fressen | frisst | hat gefressen |
| vergessen | vergisst | hat vergessen |
| sitzen | sitzt | hat gesessen |

| bleiben | bleibt | ist geblieben |
| entscheiden | entscheidet | hat entschieden |
| schreiben | schreibt | hat geschrieben |
|   beschreiben | beschreibt | hat beschrieben |
| steigen | steigt | ist gestiegen |
|   aussteigen | steigt aus | ist ausgestiegen |
|   einsteigen | steigt ein | ist eingestiegen |
|   umsteigen | steigt um | ist umgestiegen |

| abbiegen | biegt ab | ist abgebogen |
| fliegen | fliegt | ist geflogen |
| schieben | schiebt | hat geschoben |
| wiegen | wiegt | hat gewogen |
| schießen | schießt | hat geschossen |
| schließen | schließt | hat geschlossen |
|   abschließen | schließt ab | hat abgeschlossen |
| kommen | kommt | ist gekommen |
|   ankommen | kommt an | ist angekommen |
|   bekommen | bekommt | hat bekommen |
|   mitkommen | kommt mit | ist mitgekommen |
| beginnen | beginnt | hat begonnen |
| schwimmen | schwimmt | ist geschwommen |
| heben | hebt | hat gehoben |
| lügen | lügt | hat gelogen |
| betrügen | betrügt | hat betrogen |

| brechen | bricht | hat gebrochen |
|   aufbrechen | bricht auf | hat aufgebrochen |
| zerbrechen | zerbricht | hat zerbrochen |
| helfen | hilft | hat geholfen |
| nehmen | nimmt | hat genommen |
| sprechen | spricht | hat gesprochen |
| sterben | stirbt | ist gestorben |
| werfen | wirft | hat geworfen |

| rufen | ruft | hat gerufen |
|   anrufen | ruft an | hat angerufen |
| finden | findet | hat gefunden |
| singen | singt | hat gesungen |

| | | | | | | |
|---|---|---|---|---|---|---|
| reißen | reißt | hat gerissen | | springen | springt | ist gesprungen |
| schneiden | schneidet | hat geschnitten | | trinken | trinkt | hat getrunken |

| | | | | | | |
|---|---|---|---|---|---|---|
| gehen | geht | ist gegangen | | bringen | bringt | hat gebracht |
| stehen | steht | hat gestanden | | denken | denkt | hat gedacht |
| aufstehen | steht auf | ist aufgestanden | | kennen | kennt | hat gekannt |
| verstehen | versteht | hat verstanden | | erkennen | erkennt | hat erkannt |
| | | | | nennen | nennt | hat genannt |
| | | | | rennen | rennt | ist gerannt |
| tun | tut | hat getan | | wissen | weiß | hat gewusst |

\* hängen, hängt, hat gehangen:  Das Bild hat an der Wand gehangen.
   hängen, hängt, hat gehängt:   Er hat das Bild an die Wand gehängt.

§ 52, 55 ## Präsens und Perfekt im Satz

**47**

| Vorfeld | Verb(1) | Subjekt | Zeitangabe | Ortsangabe | Ergänzung | Verb(2) |
|---|---|---|---|---|---|---|
| Sie | schläft | | bis 7 Uhr. | | | |
| Sie | steht | | um 7 Uhr | | | auf. |
| Sie | wäscht | | um 8 Uhr | | die Wäsche. | |
| Sie | macht | | um 9 Uhr | in der Küche | das Frühstück. | |
| Um 10 Uhr | fährt | sie | | | | ab. |
| Sie | hat | | bis 7 Uhr | | | geschlafen. |
| Sie | ist | | um 7 Uhr | | | aufgestanden. |
| Sie | hat | | um 8 Uhr | | die Wäsche | gewaschen. |
| Sie | hat | | um 9 Uhr | in der Küche | das Frühstück | gemacht. |
| Um 10 Uhr | ist | sie | | | | abgefahren. |

§ 45 ## Präteritum von **sein** und **haben**

**48**

| | sein | haben |
|---|---|---|
| **ich** | war | hatte |
| **du** | warst | hattest |
| **er/sie/es/man** | war | hatte |
| **wir** | waren | hatten |
| **ihr** | wart | hattet |
| **sie/Sie** | waren | hatten |

§ 45 ## Konjugation **tun**

| | tun |
|---|---|
| **ich** | tue |
| **du** | tust |
| **er/sie/es/man** | tut |
| **wir** | tun |
| **ihr** | tut |
| **sie/Sie** | tun |
| **er/sie/es/man** | hat get**an** |

## Uhrzeit

**49**

**Wie spät** ist es?
– Es ist Viertel nach acht.

**Wann** steht er auf?
**Um wie viel Uhr** steht er auf?
– **Um** Viertel nach acht.

8 Uhr
5 <u>vor</u> 9       5 <u>nach</u> 8
10 <u>vor</u> 9       10 <u>nach</u> 8
Viertel <u>vor</u> 9       Viertel <u>nach</u> acht
20 <u>vor</u> 9       20 <u>nach</u> 8
5 <u>nach</u> halb neun       5 <u>vor</u> halb neun
halb 9

# Wortschatz

## Nomen

s Abendbrot
**r Alltag**
**e Arbeit, –en**
r Arbeitstag, –e
**s Auge, –n**
r Bäcker, –
**r Bauer, –n**
**s Brötchen, –**
e Büroarbeit, –en
e Disco, –s
**s Ei, –er**
**s Ende, –n**
r Feierabend, –e
**s Feld, –er**
**s Flugzeug, –e**
**r Fluss, ̈e**
**s Frühstück, –e**
r Fuchs, ̈e
**r Fußball, ̈e**
**e Garage, –n**
**r Garten, ̈**
**s Gas, –e**
**s Geschirr**
**s Glas, ̈er**
**s Glück**
r Gorilla, –s
e Hausarbeit, –en
e Haustür, –en
**s Huhn, ̈er**
r Hühnerstall, ̈e
**r Hunger**
**s Interview, –s**
e Journalistin, –nen
Jura
r Kakao
**e Küche, –n**
e Kuh, ̈e
r Kuhstall, ̈e
r Landwirt, –e
**r Liebling, –e**
**s Loch, ̈er**
**e Maschine, –n**
e Melkmaschine, –n
**r Mittag**

s Mittagessen, –
r Mittagsschlaf
**r Morgen**
**r Nachmittag, –e**
**e Nähe**
**e Ordnung, –en**
**r Passagier, –e**
s Perfekt
s Präsens
s Präteritum
**r Reifen, –**
**s Salz**
r Schalter, –
**r Schluss, ̈e**
**e Schule, –n**
s Schwein, –e
e Serie, –n
**r Sessel, –**
e Stallarbeit, –en
e Stewardess, –en
**r Strom**
e Stunde, –n
**r Supermarkt, ̈e**
**e Tasse, –n**
**s Theater, –**
**r Traum, ̈e**
**r Typ, –en**
e Uhrzeit, –en
**r Urlaub, –e**
s Viertel, –
**r Vogel, ̈**
r Vokal, –e
r Vormittag, –e
**e Wäsche**
**r Wecker, –**
e Weide, –n
**e Wiese, –n**
s Wohnzimmer, –
**e Wunde, –n**
e Wüste, –n
r Zaun, ̈e

## Verben

**ab·fahren**
**an·fangen**
an·streichen
**auf·hören**
**auf·räumen**

**beginnen**
**besuchen**
bügeln
**da sein**
**dauern**
**duschen**
**ein·packen**
**ein·schlafen**
**ein·steigen**
**erzählen**
**fern·sehen**
**fressen**
**frühstücken**
füllen
füttern
**gehören**
graben
**helfen**
**lächeln**
**malen**
melken
mit·arbeiten
**nähen**
provozieren
**reparieren**
sauber machen
**spülen**
**sterben**
**wandern**
**wecken**
weg sein
weg·fliegen
weg·laufen

## Adjektive

anstrengend
**fertig**
**früh**
**halb**
**lang**
**langweilig**
**spät**
**unheimlich**
verletzt
**wach**
**wirklich**

## Adverbien

**abends**
alleine
anstrengend
auf einmal
**bestimmt**
bestimmt nicht
dabei
danach
extra
**früher**
frühmorgens
**gar nicht**
**gestern**
**halb**
**immer noch**
**meistens**
**morgens**
**noch nicht**
**oft**
samstags
**sofort**
**sonst**
**vorher**

vorhin
wenigstens
**wirklich**

## Funktionswörter

dir
**doch**
**etwas**
ihm
noch ein
wie lange?
wie spät?
wie viele?

## Ausdrücke

Um wie viel Uhr?
Wie spät ist es?
halb acht
Viertel nach vier
heute Morgen
heute Nachmittag
heute Vormittag

zum Schluss
zum Glück
wie gewöhnlich
in der Nähe von

etwas in Ordnung bringen
Mittagsschlaf halten
zu Mittag essen
auf „Aus" stehen

gerade etwas machen
gerade etwas gemacht
    haben

Das können wir ja auch
    morgen machen
Wer soll denn die Kühe
    melken?
Was soll das heißen?
Mal sehen
Schön!
Schau mal!

Miau!
Oh Gott!

---

**In Deutschland sagt man:**
das Brötchen
das Frühstück
der Reifen
Ich habe gerade die Betten gemacht.

**In Österreich sagt man auch:**
die Semmel

Ich habe eben die Betten gemacht.

**In der Schweiz sagt man auch:**

das Morgenessen
der Pneu

# Lektion 7

## zu LB Ü 1  Ergänzen Sie.

**1**

a) Wem gratuliert der Chef?

(die Sekretärin)  *Er gratuliert der Sekretärin.*

(der Briefträger)  *Er gratuliert dem Briefträger.*

(das Kind)  *Er gratuliert dem Kind.*

(die Eltern)  *Er gratuliert den Eltern.*

b) Wem hilft das Kind?

(der Vater)  *Es hilft* dem Vater

(die Mutter)  der Mutter

(das Baby)  dem Baby

(die Mädchen)  den Mädchen

c) Wem folgt der Hund?

(die Katzen)  *Er folgt* den Katzen

(das Auto)  dem Auto

(die Großmutter)  der Großmutter

(der Vogel)  dem Vogel

d) Wem winkt der Tourist?

(das Brautpaar)  *Er winkt* dem B

(die Sängerin)  der

(der Verkäufer)  dem

(die Polizisten)  den

## zu LB Ü 1  Welches Wort passt? Ergänzen Sie.

**2**

a) Lisa bestellt *ihrer*____ Puppe eine Pizza.  (~~ihrer~~ / ihrem / ihre)

b) Der Vater erzählt _____ Tochter einen Traum.  (sein / seinem / seiner)

c) Die Mutter gibt _____ Kind die Puppe.  (das / dem / den)

d) Sie schreibt _____ Freundin einen Brief.  (ihrem / ihr / ihrer)

e) Er schenkt _____ Tochter ein Auto.  (seiner / sein / seinem)

f) Sie kocht _____ Mann eine Suppe.  (ihr / ihre / ihrem)

g) Ich spiele _____ Tochter ein Lied vor.  (meinem / meine / meiner)

h) Bringst du _____ Eltern ein Geschenk mit?  (deinen / deine / deinem)

i) Der Junge kauft _____ Hund eine Wurst.  (seiner / seinem / seine)

j) Die Eltern zeigen _____ Kindern den Zoo.  (ihrem /ihren /ihre)

## zu LB Ü 1  Schreiben Sie.

**3**

a) einen Brief – seinem Freund – schickt – das Kind

*Das Kind schickt seinem Freund einen Brief.*

b) schenkt – der Mann – einen Blumenstrauß – seiner Frau

*Der Mann* _____

c) seiner Sekretärin – der Chef – einen Computer – kauft

*Der Chef* _____

d) gibt – ein Bonbon – ihrem Kind – die Mutter

*Die Mutter* _____

e) meinem Bruder – ein Telegramm – schicke – ich

*Ich* _____

f) eine Tasse Tee – bringt – seinem Vater – der Sohn

*Der Sohn* _____

g) gratulieren – zur Hochzeit – dem Brautpaar – die Gäste

*Die Gäste* _____

## zu LB Ü 1  Was passt zusammen?

**4**

| | |
|---|---|
| a) Man kann seinen Führerschein erst mit 18 ▪ | 1. schmücken |
| b) Unsere Tochter hat gerade ihr Examen ▪ | 2. vorspielen |
| c) Die Kinder sollen den Großeltern ein Lied ▪ | 3. mitgebracht |
| d) Der Student will seinen Eltern ein Telegramm ▪ | 4. machen |
| e) Sie hat ihrem Freund zum Geburtstag ▪ | 5. gefeiert |
| f) Das Kind darf mit dem Vater den Weihnachtsbaum ▪ | 6. bestanden |
| g) Sie hat 30 Jahre in der Firma ▪ | 7. besuchen |
| h) Er möchte mit seiner Freundin ein Volksfest ▪ | 8. schicken |
| i) Meine Eltern haben am Sonntag Silberhochzeit ▪ | 9. gearbeitet |
| j) Er hat seiner Mutter einen Blumenstrauß ▪ | 10. gratuliert |

## zu LB Ü 2  Ergänzen Sie.

**5**

a) Die Lehrerin schenkt dem Pfarrer den Hut.

_Sie_ schenkt **ihm** den Hut.

b) Der Pfarrer gibt dem Kind den Apfel.

_____ gibt _____ den Apfel.

c) Das Mädchen bringt der Lehrerin einen Handschuh.

_____ bringt _____ einen Handschuh.

d) Die Clowns schenken der Polizistin eine Bluse.

_____ schenken _____ eine Bluse.

e) Der Feuerwehrmann bringt den Sängern eine Tafel Schokolade.

_____ bringt _____ eine Tafel Schokolade.

f) Das Kind gibt dem Hund ein Eis.

_____ gibt _____ ein Eis.

## zu LB Ü 2  Was passt zusammen?

**6**

| | |
|---|---|
| a) Das Schwein bekommt ein Eis. ▪ | 1. Sie gefallen ihr nicht. |
| b) Die Krawatte gefällt dem Bürgermeister nicht. ▪ | 2. Sie gefallen ihnen nicht. |
| c) Die Clowns haben ein Bild gewonnen. ▪ | 3. Es schenkt sie dem Briefträger. |
| d) Die Lehrerin hat Handschuhe bekommen. ▪ | 4. Es schmeckt ihm. |
| e) Der Hut gefällt dem Pfarrer nicht. ▪ | 5. Er passt ihr leider nicht. |
| f) Das Kind isst keine Schokolade. ▪ | 6. Es gefällt ihnen nicht. |
| g) Die Bäuerin hat einen Bikini bekommen. ▪ | 7. Er gibt ihn dem Bürgermeister. |
| h) Die Sänger haben Krawatten gewonnen. ▪ | 8. Er schenkt sie dem Pfarrer. |

**7**

a) LADE – KO – SCHO            die _____

b) TRÄ – BRIEF – GER           der _____

c) TÄR – SE – KRE – IN         die _____

d) GER – BÜR – TER – MEIS      der _____

e) WAT – TE – KRA              die _____

f) SEL – SCHLÜS – TO – AU      der _____

g) SCHEIN – RER – FÜH          der _____

h) SE – HER – FERN             der _____

i) SE – BLU                    die _____

j) KI – BI – NI                der _____

## zu LB Ü 3   Was steht im Text? (→ Lehrbuch S. 70/71) Richtig oder falsch? (r/f)

**8**

a) ▪ Carola liebt das Weihnachtsfest.

b) ▪ Als Kind hatte sie keine Angst vor dem Nikolaus.

c) ▪ Carola und ihr Bruder sind immer ganz brav gewesen.

d) ▪ Der Nikolaus hat den Kindern Spielsachen und Süßigkeiten geschenkt.

e) ▪ Bei Carola hat der Adventskranz früher immer im Kinderzimmer gestanden.

f) ▪ Der Vater hat abends die Kerzen am Adventskranz angemacht.

g) ▪ Am Heiligabend ist die Familie immer zu den Großeltern gefahren.

h) ▪ Sie haben Weihnachten mit etwa zehn Personen gefeiert.

i) ▪ Die Großmutter hat immer den Weihnachtsbaum geschmückt.

j) ▪ Die Kinder haben am Weihnachtsbaum ein Gedicht aufgesagt.

k) ▪ In der Nacht haben alle Gans mit Klößen und Rotkohl gegessen.

l) ▪ Carola hat für ihre Kinder schon die Weihnachtsgeschenke gekauft und gut versteckt.

m) ▪ Gerade backt sie Plätzchen.

n) ▪ Carola hat an Weihnachten gerne Gäste.

## zu LB Ü 3   Ergänzen Sie.

**9**

| mich   dich   uns   euch   mir   dir   uns   euch |

a) Ich möchte _dir__ ein Weihnachtsgeschenk machen.        (du)

b) Schickst du _____ zu Weihnachten eine Karte?          (ich)

c) Schenkst du _____ etwas zu Weihnachten?               (wir)

d) Der Nikolaus hat _____ immer sehr streng angeschaut.  (ich)

e) Was hat _____ der Nikolaus gefragt?                   (du)

f) Die Großeltern haben _____ ein Spiel geschenkt.       (wir)

g) Wir möchten _____ nach Weihnachten besuchen.          (ihr)

h) Was hat _____ der Großvater vorgelesen? *(ihr)*

i) Meine Großmutter hat _____ oft Nüsse geschenkt. *(ich)*

j) An Weihnachten haben _____ meine Eltern immer früh geweckt. *(ich)*

k) Meine Eltern haben _____ vor dem Weihnachtsbaum fotografiert. *(wir)*

l) Ich möchte _____ von Weihnachten erzählen. *(sie [pl.])*

## zu LB Ü 3  Ergänzen Sie.

**10**

a) Wir schicken euch einen Brief. Schickt *ihr* *uns* auch einen Brief?

b) Ich schicke dir ein Päckchen. Schickst _____ _____ auch _____ _____ ?

c) Ich liebe dich. Liebst _____ _____ auch?

d) Wir sehen euch. Seht _____ _____ auch?

e) Ich verzeihe dir. Verzeihst _____ _____ auch?

f) Das Essen schmeckt mir gut. Schmeckt _____ _____ _____ auch ____ ?

g) Wir helfen euch. Helft _____ _____ auch?

h) Die Bluse passt mir. Passt _____ _____ _____ auch?

i) Ich spiele dir ein Lied vor. Spielst _____ _____ auch _____ _____ _____ ?

j) Ich möchte dich fotografieren. Möchtest _____ _____ auch _____ ?

## zu LB Ü 3  Was passt zusammen?

**11**

a) Hast du einen Brief von Farida bekommen?
b) Ist der Brief gestern gekommen?
c) Besuchst du mich vor Weihnachten?
d) Backst du schon im Oktober Weihnachts-plätzchen?
e) Wann hast du die Weihnachtsgeschenke gekauft?
f) Wie lange ist deine Schwester schon bei euch?

g) Bist du an Weihnachten bei deinen Eltern?

■  1. Die habe ich schon vor vier Wochen ausgesucht.
■  2. Sie ist seit drei Tagen bei uns.
■  3. Nein, die besuche ich erst nach Weihnachten.
■  4. Nein, ich warte schon seit drei Wochen.
■  5. Nein, ich habe erst nach Weihnachten Zeit
■  6. Nein, den habe ich schon vor zwei Wochen bekommen.
■  7. Nein, immer erst ab November.

## zu LB Ü 3  Ergänzen Sie: bei oder zu.

**12**

a) Wir sind an Weihnachten _____ den Großeltern gefahren.

b) Der Nikolaus ist _____ uns gekommen.

c) Wir haben _____ den Großeltern gefeiert.

d) Ich bin an Weihnachten _____ meinen Eltern gewesen.

e) Der Adventskranz hat _____ uns immer auf dem Küchentisch gestanden.

f) An Weihnachten kommt meine Schwester _____ uns.

g) Wir gehen morgen _____ meiner Schwester.

h) Mein Bruder wohnt bis Silvester _____ mir.

i) Ich fahre an Weihnachten immer _____ meinen Eltern.

## zu LB Ü 3 Ergänzen Sie.

**13**

a) *Jedes* Kind hat Spielsachen bekommen.

b) *Alle* Kinder haben Spielsachen bekommen.

c) Der Nikolaus hat _____ Kind Spielsachen geschenkt.

d) Der Nikolaus hat _____ Kindern Spielsachen geschenkt.

e) _____ Kerze hat gebrannt.

f) _____ Kerzen haben gebrannt.

g) Der Großvater hat _____ Kind gerufen.

h) Der Großvater hat _____ Kinder gerufen.

i) _____ Gast hat ein Geschenk bekommen.

j) _____ Gäste haben ein Geschenk bekommen.

k) Farida liest _____ Brief von Carola.

l) Farida liest _____ Briefe von Carola.

m) _____ Plätzchen hat gut geschmeckt.

n) _____ Plätzchen haben gut geschmeckt.

o) Wir haben _____ Gast ein Päckchen geschenkt.

p) Wir haben _____ Gästen ein Päckchen geschenkt.

| alle | allen | jeder | jede |
|------|-------|-------|------|
| jedes | jedem | jeden | |

## zu LB Ü 3 Was passt? Ergänzen Sie.

**14**

| singen | ~~anzünden~~ | füllen | hängen | warten | aufmachen | schieben | vorlesen | feiern |
|--------|----------|--------|--------|--------|-----------|----------|----------|--------|
| beginnen | gratulieren | verstecken | schreiben | | | | | |

a) die Kerzen am Baum *anzünden*

b) die Plätzchen in den Backofen _____

c) die Geschenke im Schrank _____

d) den Mantel in den Schrank _____

e) der Freundin einen Brief _____

f) auf eine Antwort _____

g) mit den Vorbereitungen _____

h) Weihnachtslieder _____

i) eine Geschichte _____

j) Päckchen _____

k) die Gans mit Äpfeln _____

l) dem Vater zum Geburtstag _____

m) mit der Familie Weihnachten _____

## zu LB Ü 4 Ergänzen Sie.

**15**

| der 1.1. | am 1.1. | vom 1.1. bis zum 2.1. |
|---|---|---|
| *der erste Januar* | *am ersten Januar* | *vom ersten bis zum zweiten Januar* |
| der 2.2. | am 2.2. | vom 2.2. bis zum 3.2. |
| der zweite Februar | am zweiten Februar | vom zweiten |
| der 3.3. | am 3.3. | vom 3.3. bis zum 4.3. |
| der dreie März | | |
| der 4.4. | am 4.4. | vom 4.4. bis zum 5.4. |
| der vierte April | | |
| der 5.5. | am 5.5. | vom 5.5. bis zum 6.5. |
| der fünfte Mai | | |
| der 6.6. | am 6.6. | vom 6.6. bis zum 7.6. |
| der sexte juni | | |
| der 7.7. | am 7.7. | vom 7.7. bis zum 8.7. |
| der siebte juli | | |

## zu LB Ü 4 Ergänzen Sie.

**16**

a) ● Jochen Pensler möchte uns am (28.2.) **achtundzwanzigsten Februar** besuchen. Geht das?

b) ■ Oh! Also der (28.) _____ ist nicht so gut, denn da kommt Karin.

c)    Am (1.3.) _____ _____ sind die Nolls bei uns.

d)    Vom (2.) _____ bis zum (12. 3. ) _____ _____ besucht uns Klaus.

e)    Am (13.3.) _____ _____ bekommen wir auch Besuch. Deine Schwestern bleiben bis zum

   (30.) _____ .

f) ● Also kann Jochen erst am (1.4. ) _____ _____ kommen.

g) ■ Nein, das geht auch nicht. Da kommen meine Eltern und bleiben bis zum (21.) _____ .

h)    Also geht es vor dem (21.) _____ gar nicht, erst wieder aber ab dem (22.4.) _____ _____.

## zu LB Ü 4 Ergänzen Sie.

**17**

a) ● Ich möchte gern mal wieder mit dir essen gehen. Kannst du am (23.) **dreiundzwanzigsten** Februar?

b) ■ Also, der (23.) _____ ist nicht so gut. Da kann ich nicht.

c)    Am (24.) _____ habe ich einen Termin beim Friseur.

d)    Der (25.) _____ passt mir auch nicht so gut, denn da muss ich meinen Hund zum

   Friseur bringen.

e)   Und am (26.) _____ ist eine Freundin bei mir.

f)   Vom (27.) _____ bis zum (28.) _____bin ich in Paris.

g)   Aber am (29.) _____ kann ich bestimmt.

h) ● Aber gibt es denn dieses Jahr eigentlich den (29.) _____ Februar?

## zu LB Ü 5  Ordnen Sie das Gespräch.

**18**

■ ● Und dann wollen Sie dort feiern?

■ ● Meine erste Frage: Gefällt Ihnen der Weihnachtsmarkt?

*1* ● Guten Tag. Wir machen Interviews zu Weihnachten.
      Darf ich Sie etwas fragen?

■ ● Dann wünsche ich Ihnen eine gute Reise.

■ ● Wo sind Sie denn an Weihnachten? Darf ich das fragen?

■ ● Haben Sie etwas gekauft?

■ ● Ach so. Dann haben Sie bestimmt auch keinen Weihnachts-
      baum?

■ ■ Ja, er gefällt mir gut. Es ist mir ein bisschen zu voll hier,
      aber es ist schön.

■ ■ Nein, eigentlich nicht. Wissen Sie, wir haben keine Kinder;
      deshalb feiern wir Weihnachten gar nicht.

■ ■ Vielen Dank!

■ ■ Ja, bitte, gern.

■ ■ Wir fliegen am 20. Dezember nach Australien.

■ ■ Nein, wir haben nichts gekauft. Mein Mann und ich, wir sind an Weihnachten gar nicht zu Hause. Wir
      haben nur einen Glühwein getrunken und eine Bratwurst gegessen. Das machen wir immer.

■ ■ Ein Weihnachtsbaum? Nein, der fehlt mir nicht. Und das ist mir auch zu viel Arbeit. Wir machen ganz
      einfach Urlaub.

## zu LB Ü 5  Ergänzen Sie.

**19**

| trotzdem   Atmosphäre   gekauft   Platz   wichtig   Freundin |
| nett   Spaß   Uhr   Weihnachten   klein   Kerzen |

Er meint, der Weihnachtsmarkt ist ganz _____und die

_____ findet er schön. Er ist mit seiner

_____ da. Die kauft gerade _____. Für einen

Weihnachtsbaum haben sie keinen _____, denn ihre Wohnung

ist sehr _____.

Ihm ist Weihnachten nicht so _____, aber es gibt _____ Geschenke: Er hat eine _____

für seine Freundin _____. An _____ kochen sie zusammen. Kochen macht ihnen _____.

**20**

a) Trinkt ihr den Kaffee nicht? Nein, **der** ist **uns** zu schwach.

b) Schmeckt Ihnen der Apfel nicht? Nein, **den** finde ich ein bisschen zu alt.

c) Isst du die Pizza nicht? Nein, _____ ist _____ zu groß.

d) Möchten Sie den Wagen kaufen, Herr Fischer? Nein, \_\_\_\_\_ finde ich zu langsam.

e) Gefällt den Leuten Ihr Buch? Nein, _____ ist _____ zu kompliziert.

f) Gefallen deinem Sohn die Computerspiele? Nein, \_\_\_\_\_ findet er zu langweilig.

g) Geht deine Schwester nicht ins Wasser? Nein, _____ ist \_\_\_\_\_ wohl zu nass.

h) Geht ihr auch heute Nacht im Fluss schwimmen? Nein, _____ ist \_\_\_\_\_ in der Nacht zu unheimlich.

i) Kaufen Jochen und Karin die Wohnung? Nein, \_\_\_\_\_ finden sie zu teuer.

j) Passt dir die Jacke nicht? Doch, aber _____ ist mir zu bunt.

## zu LB Ü 5 Ordnen Sie.

**21**

a) Sie findet ihn **furchtbar** aufgeregt.

b) Sie findet ihn _____ aufgeregt.

c) Sie findet ihn _____ aufgeregt.

d) Sie findet ihn _____ aufgeregt.

e) Sie findet ihn _____ aufgeregt.

f) Sie findet ihn _____ aufgeregt.

g) Sie findet ihn _____ aufgeregt.

h) Sie findet ihn **gar nicht** aufgeregt.

| | | | |
|---|---|---|---|
| ~~furchtbar~~ | nicht | ziemlich | viel zu |
| ein bisschen | sehr | ~~gar nicht~~ | nicht so |

## zu LB Ü 5 Was passt nicht?

**22**

a) dem Kind ein Eis, der Fotografin eine Kamera, dem Feuerwehrmann ein Feuerzeug, ~~der Polizistin Platz~~ **schenken**

b) dem Freund ein Telegramm, der Freundin einen Brief, dem Briefträger die Freiheit, dem Pfarrer ein Päckchen **schicken**

c) der Frau einen Blumenstrauß, den Kindern Schokolade, dem Hund eine Wurst, dem Mann viel Glück **mitbringen**

d) dem Onkel eine Geschichte, dem Vater einen Brief, der Großmutter Luxus, den Kindern ein Buch **vorlesen**

e) der Familie ein Lied, der Frau eine Kassette, den Kindern Musik, der Katze eine Maus **vorspielen**

f) dem Großvater das Haus, den Kindern das Radio, der Mutter die Garage, den Gästen die Tür **aufschließen**

g) der Sekretärin den Koffer, dem Vater den Mantel, der Mutter die Jacke, der Schwester den Hut **aufhängen**

h) der Großmutter das Licht, dem Großvater den Fernseher, dem Bruder ein Foto, dem Onkel den Computer **anmachen**

i) dem Gast die Zigarette, den Kindern die Kerzen, der Touristin das Fest, dem Kind den Adventskranz **anzünden**

j) den Kindern das Kinderzimmer, der Mutter die Küche, dem Weihnachtsmann den Bart, dem Chef den Schreibtisch **aufräumen**

k) dem Hund eine Brille, den Eltern ein Geschenk, dem Vater eine Krawatte, der Freundin eine Halskette **aussuchen**

## zu LB Ü 7 Ergänzen Sie.

**23**

Im Januar und F_____ ,

da fährt Maria nach Dakar.

Im März, _____ und _____ .

besucht sie gerne Kai.

Im Juni, _____ und _____

hat sie zu Reisen keine Lust.

Im September und _____

fährt sie immer zu Frau Ober.

Im _____

bleibt sie zu Haus

Im _____

ist sie bei Klaus.

## zu LB Ü 8 Was passt? (X) Jeweils 2 Lösungen sind richtig.

**24**

a) Welcher Tag ist heute?
- ■ Der erste April.
- ■ Den ersten April.
- ■ Mein Geburtstag.

b) Welches Datum haben wir heute?
- ■ Der erste April.
- ■ Den ersten April.
- ■ Den ersten.

c) Wie spät ist es?
- ■ Drei Stunden.
- ■ Fünfzehn Uhr.
- ■ Drei Uhr.

d) Wann musst du wieder arbeiten?
- ■ schon am ersten April
- ■ noch der erste April
- ■ erst am ersten April

e) Wann besucht uns Carola?
- ■ Morgen Nachmittag.
- ■ Morgen Vormittag.
- ■ Zwei Monate.

f) Wie lange waren deine Eltern bei uns?
- ■ Von Samstagvormittag bis Sonntagabend.
- ■ Von Samstagvormittag bis morgen.
- ■ Vom Samstag bis zum Sonntag.

g) Wann warst du in Paris?
- ■ Am Wochenende.
- ■ Gestern.
- ■ Einen Monat.

h) Wie lange bist du in Paris geblieben?
- ■ Von morgen früh bis Montag.
- ■ Einen Abend.
- ■ Zwei Wochen.

i) Wann gehst du schlafen?
- ■ Abends um 10 Uhr.
- ■ Nachts um 1 Uhr.
- ■ Letzte Woche um 4 Uhr.

j) Wie lange bleibst du?
- ■ Bis morgen.
- ■ Über Weihnachten.
- ■ Täglich.

## zu LB Ü 10 Was passt nicht?

**25**

a) Der Film ist ihm …    zu langweilig, zu unheimlich, zu kompliziert, zu alt, ~~zu groß~~

b) Die Frau ist ihm …    zu groß, zu laut, zu brav, zu spät, zu aufgeregt

c) Der Mann ist ihr …    zu jung, zu traurig, zu kurz, zu ruhig, zu fleißig

d) Das Café ist uns …    zu leer, zu voll, zu laut, zu groß, zu richtig

e) Das Mobiltelefon ist ihnen …    zu groß, zu fleißig, zu teuer, zu kompliziert, zu alt

f) Der Wagen fährt ihm …    zu schnell, zu langsam, zu zufrieden, zu leise

g) Der Tischler arbeitet ihr …    zu langsam, zu genau, zu alt, zu ruhig, zu bequem

h) Die Polizistin spricht ihm …    zu schnell, zu langsam, zu leise, zu streng, zu voll

i) Weihnachten ist ihm …    zu kommerziell, zu lang, zu teuer, zu richtig, zu schön

j) Möbel sind ihnen …    nicht wichtig, sehr wichtig, ganz falsch, ziemlich egal, gar nicht wichtig

**26**

> schon    erst    noch nicht    nicht mehr

a) Unser Sohn ist gestern sechzehn geworden und fährt **schon** Mofa.

b) Sein Fahrrad findet er jetzt ganz langweilig; er will _____ Fahrrad fahren.

c) Unsere Tochter ist fünf und kommt _____ nächstes Jahr in die Schule, aber sie kann _____ gut schreiben.

d) Sie findet Fahrräder jetzt auch langweilig und möchte auch _____ Mofa fahren.

e) Aber das darf sie natürlich _____.

f) Das kann sie _____ mit sechzehn.

g) Unsere Zwillinge sind erst dreizehn Monate alt: Max lernt schnell und kann _____ alleine essen.

h) Klaus ist ein bisschen langsam und kann das leider _____ allein.

i) Früher ist er dauernd in der Nacht aufgewacht, doch jetzt schläft er abends ruhig ein und wacht auch _____ in der Nacht auf.

j) Mein Mann und ich stehen meistens _____ um sechs Uhr morgens auf.

k) Da schlafen die Kinder noch; so früh sind sie _____ wach.

**27**

a) Herbert spielt Tennis. Gestern war er müde und hat vor einem Spiel **erst** zwanzig Minuten Pause gemacht. Heute hat er Glück: Er muss _____ zwei Stunden spielen.

b) Oft schläft Helga sonntags sehr lange und steht _____ um zwei Uhr nachmittags auf. _____ manchmal steht sie sonntags schon um elf oder zwölf auf.

c) Fahrkarten können Sie _____ an den Fahrkartenautomaten bekommen. Aber die sind leider kaputt und wir müssen sie _____ reparieren.

d) Das Geschäft macht _____ um 10 Uhr vormittags auf, aber es macht _____ eine halbe Stunde Pause am Mittag.

e) Der Brief ist gleich fertig. Es dauert ____ noch einen Moment.

f) Er fotografiert keine Männer und keine Kinder, _____ Frauen.

g) Das Theater ist fast voll, es gibt _____ noch drei Plätze.

h) Wann ist heute Feierabend? Das weiß _____ der Chef.

i) Die Sekretärin kann noch nicht Feierabend machen. Sie muss _____ die Briefe zu Ende schreiben.

## zu LB Ü 11 Was passt zusammen?

**28**

a) Er hat sein Examen nicht geschafft. ■
b) In meiner Suppe ist eine Mücke. ■
c) Wir sind Donnerstag zu einer Hochzeit eingeladen.
d) Samstag und Sonntag gehen wir wandern. ■
e) Im Juni haben die Kinder Ferien.
Dann fliegen wir nach Mallorca. ■
f) Morgen hat er sein Examen. ■
g) Morgen hat meine Freundin Geburtstag. ■
h) Mittwochnachmittag habe ich frei. ■
i) Wir gehen jetzt schlafen. ■
j) Wann kommt mein Taxi denn? ■
k) Heute Abend gehen wir tanzen. ■

1. Oh, Verzeihung! Entschuldigen Sie bitte.
2. Ich weiß. Ich habe ihm schon viel Glück und viel Erfolg gewünscht.
3. Ich wünsche Ihnen ein schönes Wochenende.
4. Wir wünschen euch und den Kindern einen schönen Urlaub.
5. Das tut mir leid für ihn.
6. Dann wünsche ich euch viel Spaß auf dem Fest.
7. Dann wünsche ich dir einen schönen Mittwochnachmittag.
8. Viele Grüße von uns. Wir wünschen ihr alles Gute.
9. Wir wünschen euch einen schönen Abend in der Disco.
10. Ich wünsche euch eine gute Nacht.
11. Es ist schon da. Wir wünschen Ihnen eine gute Fahrt.

## zu LB Ü 11 Ordnen und ergänzen Sie.

**29**

*Gestern Morgen* _____ bin ich einkaufen gegangen.

_____ bin ich schwimmen gegangen.

_____ bin ich mit Karin essen gegangen.

_____ bin ich Tennis spielen gegangen.

_____ gehe ich segeln.

_____ gehe ich tanzen.

_____ gehe ich wieder einkaufen.

_____ gehe ich wieder tanzen.

_____ gehe ich wieder Tennis spielen.

_____ gehe ich wandern.

*Nächste Woche Montag* _____ muss ich wieder arbeiten.

> heute Nachmittag    gestern
> Nachmittag    morgen Abend
> heute Abend    ~~gestern Morgen~~
> heute Vormittag    morgen früh
> ~~nächste Woche Montag~~
> übermorgen    am Wochenende
> gestern Abend

## zu LB Ü 11 Ordnen Sie das Gespräch.

**30**

a) ■ So um fünf.
b) ● Schade, aber vielleicht darf ich Sie nach dem Spiel einladen?
c) ● Möchten Sie gern ein Eis? Ich lade Sie ein.
d) ■ Danke schön.
e) ● Natürlich. So viel Zeit habe ich. Wann sind Sie denn fertig?
f) ■ Die Einladung ist sehr nett von Ihnen, aber mein Spiel beginnt gleich.
g) ● Gut, also bis fünf. Ich wünsche Ihnen viel Spaß beim Spiel.
h) ■ Ja, danach gern. Können Sie so lange warten?

## zu LB Ü 11 Ordner Sie das Gespräch.

**31**

🔢 a) ● Dann bis morgen. Und viel Spaß beim Spiel!

🔢 b) ■ Bestimmt. Um drei sind wir meistens hier.

🔢 c) ● Dann geht es heute Nachmittag leider nicht mehr. Um fünf haben wir unsere Führerscheinprüfung. Sehen wir euch morgen?

🔢 d) ■ Vielen Dank für die Einladung, aber unser Spiel fängt gleich an.

🔢 e) ■ Ja, nach dem Spiel passt es gut. Aber meistens dauern unsere Spiele ziemlich lange.

🔢 f) ● Dürfen wir euch zu einem Eis einladen?

🔢 g) ■ So um fünf vielleicht.

🔢 h) ● Dann vielleicht nach dem Spiel ?

🔢 i) ■ Danke. Und euch viel Glück bei der Führerscheinprüfung!

🔢 j) ● Wann seid ihr denn wohl fertig?

## zu LB Ü 14 Schreiben Sie.

**32**

a) wirwünscheneuchfröhlicheostern

   ***Wir wünschen euch fröhliche Ostern.***

b) herzlichenglückwunschzudeinemexamen

   _____

c) diebestenwünschezueurerhochzeit

   _____

d) wirwünscheneucheinschönesweihnachtsfest

   _____

e) herzlichenglückwunschzuihremgeburtstag

   _____

## zu LB Ü 14 Was passt zusammen?

**33**

a) Herzliche Glückwünsche zur Hochzeit ▪    1. und immer gute Fahrt.

b) Alles Gute zum Geburtstag ▪    2. und eine gute Reise.

c) Fröhliche Weihnachten ▪    3. und viel Glück im neuen Lebensjahr.

d) Wir danken dir herzlich ▪    4. und ein glückliches neues Jahr.

e) Herzlichen Glückwunsch zum Führerschein ▪    5. wünschen wir dir viel Glück.

f) Ich wünsche Ihnen nachträglich alles Gute ▪    6. und alles Gute für das Leben zu zweit.

g) Wir wünschen Euch viel Spaß im Urlaub ▪    7. für deine Einladung.

h) Zu deinem achtzehnten Geburtstag ▪    8. zu Ihrem fünfzigsten Geburtstag.

meine herzlichen Glückwünsche zu Ihrem Geburtstag.
ich wünsche Euch ein schönes Weihnachtsfest mit Eurer Familie.
herzlichen Glückwunsch zu Eurer Hochzeit.
Bleiben Sie immer so fröhlich und zufrieden.
Gibt es bei Euch wieder Gans mit Klößen und Rotkohl?
Wir wünschen Euch alles Gute für das Leben zu zweit.
Mit allen guten Wünschen für Euch beide
Fröhliche Feiertage und ein glückliches neues Jahr.
Ich wünsche Ihnen alles Gute für das neue Lebensjahr.

---

*Liebes Brautpaar,*

*herzlichen* _____

_____

_____

_____

*Eure Sabine und Euer Hans*

---

*Lieber Herr Becker,*

*meine* _____

_____

_____

_____

*Ihre Monika Schneider*

---

*Liebe Inge, lieber Georg,*

_____

_____

_____

_____

*Eure Ursula*

**35**

a) Ich wünsche *dir* alles Gute zum Geburtstag.

Ich wünsche *euch* alles Gute zum Geburtstag.

Ich wünsche *Ihnen* alles Gute zum Geburtstag.

b) Herzlichen Glückwunsch zu deinem Geburtstag.

Herzlichen Glückwunsch zu *eurem* _____.

Herzlichen _____.

c) Vielen Dank für _____.

Vielen Dank für eure Einladung.

Vielen _____.

d) Leider _____.

Leider _____.

Leider kann ich nicht zu Ihrer Feier kommen.

e) Ich komme gerne zu deinem Fest.

Ich _____.

Ich _____.

f) Ich _____.

Ich möchte euch herzlich zu meinem Geburtstag einladen.

Ich _____.

**36**

a) Wir fahren nach Spanien und bleiben drei Wochen dort.

*Wir fahren für drei Wochen nach Spanien.* _____

b) Es dauert noch drei Wochen, dann fahren wir nach Spanien.

*Wir fahren in drei Wochen nach Spanien.* _____

c) Wir sind vor drei Wochen in Spanien angekommen und immer noch da.

*Wir sind seit drei Wochen in Spanien.* _____

d) Wir fliegen nach Kanada und bleiben einen Monat dort.

_____

e) Es dauert noch vierzehn Tage, dann fliegen wir nach London.

_____

f) Wir sind vor fünf Tagen in Berlin angekommen und immer noch da.

_____

g) Es dauert noch dreißig Minuten, dann gehen wir nach Hause.

_____

h) Wir besuchen unsere Freunde und bleiben eine Woche bei ihnen.

_____

**zu LB Ü 14** Schreiben Sie die Sätze im Perfekt.

**37**

a) Die Gäste folgen dem Brautpaar.

   *Die Gäste sind dem Brautpaar gefolgt.*

b) Er erledigt die Einkäufe für Weihnachten.

   *Er hat* _____

c) Meine Mutter backt einen Kuchen.

   _____

d) Mein Mann versteckt die Geschenke für die Kinder.

   _____

e) Der Nikolaus gibt den Kindern Spielsachen.

   _____

f) Die Familie schaut den Weihnachtsbaum an.

   _____

g) Ich schenke ihnen zur Hochzeit ein Radio.

   _____

h) Das Festessen schmeckt sehr gut.

   _____

i) Mein Bruder besorgt den Wein für Silvester.

   _____

j) Ich wünsche dem Brautpaar viel Glück.

   _____

# Wörter im Satz

| | Ihre Muttersprache | Schreiben Sie einen Satz aus Delfin, Lehrbuch. |
|---|---|---|
| ____ *Atmosphäre* | _____ | _____ |
| ____ *Bluse* | _____ | _____ |
| ____ *Eile* | _____ | _____ |
| ____ *Erfolg* | _____ | _____ |
| ____ *Firma* | _____ | _____ |
| ____ *Geschenk* | _____ | _____ |
| ____ *Lied* | _____ | _____ |
| ____ *Onkel* | _____ | _____ |
| ____ *Päckchen* | _____ | _____ |
| ____ *Rücken* | _____ | _____ |
| *anschauen* | _____ | _____ |
| *anzünden* | _____ | _____ |
| *backen* | _____ | _____ |
| *bestehen* | _____ | _____ |
| *einladen* | _____ | _____ |
| *erledigen* | _____ | _____ |
| *fehlen* | _____ | _____ |
| *folgen* | _____ | _____ |
| *gratulieren* | _____ | _____ |
| *heiraten* | _____ | _____ |
| *schenken* | _____ | _____ |
| *schmecken* | _____ | _____ |
| *verzeihen* | _____ | _____ |
| *wünschen* | _____ | _____ |
| *außerdem* | _____ | _____ |
| *egal* | _____ | _____ |
| *einmal* | _____ | _____ |

| | | |
|---|---|---|
| *gemütlich* | _____ | _____ |
| *kaum* | _____ | _____ |
| *ruhig* | _____ | _____ |
| *seit* | _____ | _____ |
| *voll* | _____ | _____ |

# Grammatik

##  Nomen im Dativ

**39**

| | Nominativ | Dativ | |
|---|---|---|---|
| **Maskulinum** | **der** Vater | **dem** Vater | **Der** Sohn hilft **dem** Vater. |
| **Femininum** | **die** Sekretärin | **der** Sekretärin | **Die** Ärztin hilft **der** Sekretärin. |
| **Neutrum** | **das** Brautpaar | **dem** Brautpaar | **Das** Mädchen gratuliert **dem** Brautpaar. |
| **Plural** | **die** Kinder | **den** Kindern | **Die** Eltern folgen **den** Kindern. |

## § 23 Personalpronomen im Akkusativ und Dativ

**40**

| Nominativ | Akkusativ | Dativ | | |
|---|---|---|---|---|
| ich | **mich** | **mir** | Er sieht **mich**. | Er hilft **mir**. |
| du | **dich** | **dir** | Sie kennt **dich**. | Sie folgt **dir**. |
| er | **ihn** | **ihm** | Wir sehen **ihn**. | Wir helfen **ihm**. |
| | sie | **ihr** | Wir sehen **sie**. | Wir helfen **ihr**. |
| | es | **ihm** | Wir sehen **es**. | Wir helfen **ihm**. |
| wir | **uns** | | Ihr kennt **uns**. | Ihr folgt **uns**. |
| ihr | **euch** | | Wir kennen **euch**. | Wir folgen **euch**. |
| | sie | **ihnen** | Wir kennen **sie**. | Wir helfen **ihnen**. |
| | Sie | **Ihnen** | Ich kenne **Sie**. | Ich helfe **Ihnen**. |

## § 51c) Verben mit Dativergänzung

**41**

| | | |
|---|---|---|
| **helfen** | Der Sohn hilft **dem** Vater. | Er hilft **ihm**. |
| **folgen** | Das Kind folgt **der** Mutter. | Es folgt **ihr**. |
| **gefallen** | Das Geschenk gefällt **dem** Kind. | Es gefällt **ihm**. |
| **gratulieren** | Der Chef gratuliert **der** Sekretärin. | Er gratuliert **ihr**. |
| **passen** | Die Handschuhe passen **dem** Chef. | Sie passen **ihm**. |
| **schmecken** | Die Schokolade schmeckt **dem** Kind. | Sie schmeckt **ihm**. |
| ... | | |

§51 d), 55c) **Verben mit Dativ- und Akkusativergänzung**

**42**

| | | |
|---|---|---|
| **geben** | Der Vater gibt **dem** Sohn **den** Schlüssel. | Er gibt **ihm den** Schlüssel.<br>Er gibt **ihn dem** Sohn. |
| **schenken** | Die Mutter schenkt **der** Tochter **die** Bluse. | Sie schenkt **ihr die** Bluse.<br>Sie schenkt **sie der** Tochter. |
| **schicken** | Das Mädchen schickt **dem** Brautpaar **das** Telegramm. | Es schickt **ihm das** Telegramm.<br>Es schickt **es dem** Brautpaar. |
| **mitbringen** | Die Kinder bringen **den** Eltern **die** Blumen mit. | Sie bringen **ihnen die** Blumen mit.<br>Sie bringen **sie den** Eltern mit. |
| … | | |

§ 22 **Das Datum**

**43**

| | |
|---|---|
| Heute ist **der erste** Januar. | Er kommt **am ersten** Januar. |
| Morgen ist **der einundzwanzigste** August. | Er kommt **am einundzwanzigsten** August. |

 **Adjektiv mit Dativ und zu**

**44**

| | |
|---|---|
| Die Frau findet den Weihnachtsmarkt zu voll. | Der Weihnachtsmarkt **ist der Frau zu voll.**<br>Der Weihnachtsmarkt **ist ihr zu voll.** |
| Der Mann findet die Krippe zu teuer. | Die Krippen **sind dem Mann zu teuer.**<br>Die Krippen **sind ihm zu teuer.** |

§ 44, 45 **Starke und gemischte Verben**

**45**

| *Infinitiv* | *3. P. Sg. Präsens* | *Perfekt* |
|---|---|---|
| **aufhalten** | hält auf | hat aufgehalten |
| **backen** | bäckt | hat gebacken |
| **bestehen** | besteht | hat bestanden |
| **einladen** | lädt ein | hat eingeladen |
| **erfahren** | erfährt | hat erfahren |
| **gefallen** | gefällt | hat gefallen |
| **gewinnen** | gewinnt | hat gewonnen |
| **unterstreichen** | unterstreicht | hat unterstrichen |
| **verzeihen** | verzeiht | hat verziehen |
| **vorlesen** | liest vor | hat vorgelesen |
| **brennen** | brennt | hat gebrannt |

# Wortschatz

## Nomen

r Advent
r Adventskranz, ⸚e
r Anlass, –Anlässe
r April
**e Atmosphäre, –n**
e Aufregung, –en
r Backofen, ⸚
e Bäuerin, –nen
r Bikini, –s
r Blumenstrauß, ⸚e
**e Bluse, –n**
e Bratwurst, ⸚e
s Brautpaar, –e
s Bücherregal, –e
**r Bürgermeister, –**
**e CD-ROM, –s**
**r Chef, –s**
e Christbaumkugel, –n
r Clown, –s
s Computerspiel, –e
**s Datum, Daten**
e Datumsangabe, –n
r Dezember
**e Eile**
**s Eis**
**r Erfolg, –e**
**e Erinnerung, –en**
**s Essen, –**
s Examen, –
**e Farbe, –n**
r Februar
**Ferien (pl)**
**s Fest, –e**
s Festessen
**e Firma, Firmen**
**r Flug, ⸚e**
**r Führerschein, –e**
e Führerscheinprüfung, –en
e Gans, ⸚e
s Gedicht, –e
**s Geschenk, –e**
**r Glückwunsch, ⸚e**
r Glühwein, –e

e Grußkarte, –n
e Halskette, –n
r Handschuh, –e
**s Herz, –en**
**e Hochzeit, –en**
e Hochzeitsfeier, –n
r Januar
r Japaner, –
e Japanerin, –nen
s Jubiläum, Jubiläen
r Juli
r Juni
e Kindheit
r Kitsch
e Klausur, –en
**r Kloß, ⸚e**
e Krippe, –n
s Lebensjahr, –e
e Lehrerin, –nen
**s Lied, –er**
r Mai
r März
e Mitternacht
e Mitternachtsmesse, –n
r Monatsname, –n
e Nacht, ⸚e
r Nikolaustag, –e
r November
e Nuss, ⸚e
r Oktober
e Oma, –s
**r Onkel, –**
r Opa, –s
**s Paar, –e**
**s Päckchen, –**
**e Party, –s**
s Plätzchen, –
s Pronomen, –
e Rakete, –n
**e Rente, –n**
e Rose, –n
r Rotkohl
**r Rücken**
e Rute, –n
r Sack, ⸚e
**r Sänger, –**
r Schatz, ⸚e
**e Schokolade, –n**

r Sekt
r September
e Silberhochzeit, –en
**r Spaß, ⸚e**
e Spielsache, –n
e Süßigkeit, –en
**e Tafel, –n**
s Telegramm, –e
e Torte, –n
r Urlaubstag, –e
r Valentinstag, –e
s Volksfest, –e
e Vorbereitung, –en
e Watte
r Weihnachtsbaum, ⸚e
s Weihnachtsfest, –e
e Weihnachtsgans, ⸚e
e Weihnachtsgeschichte
s Weihnachtslied, –er
r Weihnachtsmann, ⸚er
r Weihnachtsmarkt, ⸚e
r Weihnachtsschmuck
e Woche, –n
**r Wunsch, ⸚e**
r Wunschzettel, –
e Zahnarztpraxis,
　Zahnarztpraxen

## Verben

**an·haben**
**an·schauen**
**an·zünden**
auf·halten
auf·sagen
**aus·suchen**
**backen**
basteln
**besorgen**
**bestehen**
**brennen**
**ein·laden**
**erfahren**
**erledigen**
**fehlen**
**folgen**
funkeln
**gefallen**

gewinnen
gratulieren
grüßen
heiraten
mit·bringen
schenken
schmecken
schmücken
stören
unterstreichen
verreisen
verstecken
verzeihen
vor·lesen
vor·spielen
wünschen

## Adjektive

aufgeregt
beste
böse
brav
egal
eilig
eingeladen
fröhlich
furchtbar
gemütlich
geschlossen
kommerziell
kompliziert
ruhig

streng
voll
wunderschön
wundervoll

## Adverbien

außerdem
ein bisschen
deutlich
einmal
endlich
kaum
mindestens
nachträglich
weiter
ziemlich

## Funktionswörter

damit
davon
seit

seit wann?
was für ein?

ihnen
Ihnen

mich
dich
mir

dir
ihm
ihr
uns
euch
ihnen
Ihnen

## Ausdrücke

Grüß' dich.
Herzlichen Glückwunsch!
Fröhliche Weihnachten!
Prost Neujahr!
Ein glückliches neues Jahr!
Viel Glück!
Alles Gute!
Viel Erfolg!
Gute Fahrt!
morgen früh
morgen Nachmittag
so um vier
schon lange
wieder mal
mal wieder
und so weiter
zu zweit
so weit sein
in Eile sein
es (sehr) eilig haben
Das ist mir egal.

**In Deutschland und Österreich sagt man:**
r Bürgermeister, –
r Führerschein,–e
r Glückwunsch, ⸚e

**In der Schweiz sagt man auch:**
r Stadtpräsident, –en / r Amman, ⸚er
r Führerausweis, –e
e Gratulation, –en

# Lektion 8

### zu LB Ü 1  Wie heißen die Wörter?

**1**

a) *Löf fel*  ___ ___   ___ ___

   *Sah ne*  ___ ___   ___ ___

   ___ ___   ___ ___

   ___ ___   ___ ___

| löf | sah | tü | gur | tel | ap | ga |
|-----|-----|-----|-----|-----|-----|-----|
| bröt | zwie | was | würst | mes | | |
| ne | te | fel | ser | ke | ser | |
| chen | ler | fel | bel | bel | chen | |

b) *Ba na ne*  ___ ___   ___ ___

   *Pra* ___ ___   ___ ___

c) *Scho ko la de*  ___ ___ ___

   *Mar* ___ ___ ___   ___ ___ ___

   ___ ___ ___   ___ ___ ___

| ba | pra | kar | ka | to | su |
|-----|-----|-----|-----|-----|-----|
| li | tof | na | ma | per | rot |
| te | ne | te | ne | fel | markt |

| scho | mar | li | ap | mar | mit |
|------|-----|-----|-----|-----|-----|
| me | ko | ga | mo | tag | fel |
| na | la | la | es | ri | ku |
| de | chen | de | de | sen | ne |

### zu LB Ü 1  Was passt nicht?

**2**

a) **ein Becher** …   Eis – Jogurt – ~~Wurst~~
b) **ein Kopf** …   Rotkohl – Käse – Salat
c) **ein Liter** …   Milch – Gurken – Kaffee
d) **ein Sack** …   Kartoffeln – Saft – Zwiebeln
e) **ein Löffel** …   Marmelade – Milch – Äpfel
f) **ein Teller** …   Nudeln – Rotkohl – Bier
g) **eine Dose** …   Cola – Hamburger – Würstchen
h) **eine Tüte** …   Nudeln – Cola – Plätzchen
i) **ein Stück** …   Butter – Kaffee – Wurst
j) **ein Glas** …   Gurken – Senf – Huhn

### zu LB Ü 1  Was passt nicht?

**3**

a) **Schokolade**:   ~~eine Tube~~ – eine Tafel – 100 Gramm
b) **Wurst**:   eine Schachtel – ein Stück –250 Gramm
c) **Milch**:   eine Tasse – ein Liter – ein Kilogramm
d) **Kartoffeln**:   ein Sack – ein Teller – ein Kopf
e) **Kaffee**:   ein Päckchen – ein Pfund – eine Tube
f) **Butter**:   250 Gramm – ein Glas – ein Päckchen
g) **Kakao**:   ein Päckchen – eine Flasche – ein Stück
h) **Wasser**:   ein Pfund – eine Kiste – eine Flasche
i) **Nudeln**:   ein Teller – eine Tüte – ein Glas
j) **Salat**:   eine Kiste – ein Becher – ein Kopf
k) **Pralinen**:   eine Schachtel – eine Tafel – 100 Gramm

**4**

a) Herr Wagner kauft Mehl. Er will einen Kuchen backen.

Herr Wagner kauft Mehl, _**weil er einen Kuchen backen will.**_

b) Frau Hagen kauft Nudeln. Sie will Spaghetti kochen.

Frau Hagen kauft Nudeln, weil sie Spaghetti _____.

c) Herr Loos kauft Getränke. Er will eine Party geben.

Herr Loos kauft Getränke, weil er eine Party _____.

d) Frau Hagen kauft Bonbons. Ihre Kinder essen gern Süßigkeiten.

Frau Hagen kauft Bonbons, weil _____.

e) Herr Wagner kauft ein Huhn. Er mag Geflügel.

Herr Wagner kauft ein Huhn, weil _____.

f) Herr Loos kauft Hundekuchen. Bello mag das gern.

Herr Loos kauft Hundekuchen, weil _____.

g) Herr Wagner kauft Fischstäbchen. Seine Kinder mögen gern Fisch.

Herr Wagner kauft Fischstäbchen, weil _____.

h) Frau Hagen kauft Birnen. Obst ist gesund.

Frau Hagen kauft Birnen, weil _____.

i) Herr Loos kauft Holzkohle. Er will grillen.

Herr Loos kauft Holzkohle, weil _____.

## zu LB Ü 2 Ergänzen Sie die Formen von **mögen**.

**5**

a) Ich _____ keine Bananen.

b) _____ du Gurken?

c) Herr Loos _____ Nudeln gern.

d) Frau Hagen _____ keine Schokolade.

e) Das Mädchen _____ kein Geflügel.

f) Wir _____ Käse.

g) _____ ihr Fisch?

h) Die Kinder _____ keinen Senf.

i) Und Sie, Frau Wagner, _____ Sie Milch?

## zu LB Ü 3  Was passt wo? Ordnen Sie und ergänzen Sie dann den Artikel.

**6**

| ~~Banane~~ ~~Birne~~ Bratwurst Gurke Kakao Karotte Käse Pfeffer Plätzchen Pralinen |
| Mineralwasser Sahne Schokolade Sekt Senf Tee Torte Wein Würstchen Cola |

| der Apfel | die Tomate | der Jogurt | das Salz | die Wurst |
|---|---|---|---|---|
| _d_ *Banane* | ___ _____ | ___ _____ | ___ _____ | ___ _____ |
| _d_ *Birne* | ___ _____ | ___ _____ | ___ _____ | ___ _____ |

| der Saft | der Kaffee | das Bier | der Kuchen | die Bonbons |
|---|---|---|---|---|
| ___ _____ | ___ _____ | ___ _____ | ___ _____ | ___ _____ |
| ___ _____ | ___ _____ | ___ _____ | ___ _____ | ___ _____ |

## zu LB Ü 3  Was passt zusammen?

**7**

Er bestellt ...

a) Würstchen    **3**
b) Fisch    ☐
c) Kaffee    ☐
d) Pizza    ☐
e) Apfelsaft    ☐
f) Brötchen    ☐
g) Eis    ☐

1. mit Milch und Zucker
2. mit Butter und Marmelade
3. ~~mit Senf~~
4. mit Zitrone
5. mit Obst und Sahne.
6. mit Mineralwasser
7. mit Pilzen, Tomaten und Käse

## zu LB Ü 3  Bilden Sie Sätze.

**8**

a) Warum essen Sie keinen Hamburger mehr? (*ich – keinen Hunger mehr haben*)

   *Weil ich keinen Hunger mehr habe.*

b) Warum trinken Sie keine Cola? (*ich – abnehmen wollen*)

   *Weil* _____

c) Warum sind Sie so glücklich? (*ich – verliebt sein*)

   *Weil* _____

d) Warum geben Sie morgen die Party? (*ich – morgen – dreißig Jahre alt werden*)

   *Weil* _____

e) Warum mögen Sie keine Fischstäbchen? (*ich – keinen Fisch mögen*)

   *Weil* _____

f) Warum probieren Sie den Schweinebraten nicht? (*der – mir – zu fett sein*)

   *Weil* _____

g) Warum nehmen Sie nicht von der Wurst? (*die – mir – zu scharf sein*)

   *Weil* _____

h) Warum lieben Sie Sportwagen? (*ich – sie schön – finden*)

   *Weil* _____

i) Warum mögen Sie kein Bier? (*ich – es – zu bitter finden*)

   *Weil* _____

j) Warum verstehen Sie mich nicht? (*Sie – so leise sprechen*)

   *Weil* _____

## zu LB Ü 3 __Ergänzen Sie.

**9**

a) Sie **nimmt ab**, weil ihre Freundin auch **abnimmt**.

b) Sie macht den Fernseher an, weil er den Computer _____.

c) Sie räumt meistens auf, weil er selten _____.

d) Das Baby weint und sie steht auf, weil er nicht _____.

e) Sie _____ _____, weil das Auto vor ihr endlich auch weiterfährt.

f) Sie steigt aus, weil ihre Freundinnen auch _____.

g) Er hat eine Krawatte an, weil sein Chef auch eine Krawatte _____.

h) Er _____ _____, weil der Wagen vor ihm auch abbiegt.

i) Er streicht die Stühle an, weil sie den Tisch _____.

j) Er zündet eine Kerze an, weil sie auch eine _____.

k) Er _____ _____, weil sie auch weiterschläft.

l) Er und sie _____ vielleicht so gut _____, weil ihre Hobbys gut zusammenpassen.

## zu LB Ü 3 __Bilden Sie Sätze.

**10**

a) Sie probiert den Käse nicht, denn er ist ihr zu fett.

   Sie probiert den Käse nicht, **weil er ihr zu fett ist.**

b) Sie isst die Schokolade nicht, weil sie ihr zu süß ist.

   Sie isst die Schokolade nicht, **denn sie ist ihr zu süß.**

c) Sie isst den Salat nicht, weil er ihr zu scharf ist.

   Sie isst den Salat nicht, denn _____.

d) Sie nimmt keine Zitrone zum Tee, denn er ist ihr dann zu sauer.

   Sie nimmt keine Zitrone zum Tee, weil _____.

e) Sie isst keine Schokolade, weil sie abnehmen will.

   Sie isst keine Schokolade, denn _____.

f) Sie trinkt keinen Saft, denn sie hat keinen Durst.

   Sie trinkt keinen Saft, weil _____.

g) Sie isst drei Äpfel, weil sie viel Obst essen soll.

   Sie isst drei Äpfel, denn _____.

**11**

a) Er geht nicht ans Telefon.  Er liest.

Er geht nicht ans Telefon , *weil er liest.* _____

Er liest ein Buch.

, *weil* _____

Er liest auf dem Balkon ein Buch.

, *weil* _____

Er will auf dem Balkon ein Buch lesen.

, *weil* _____

Er ist nicht ans Telefon gegangen.  Er hat auf dem Balkon ein Buch gelesen.

Er ist nicht ans Telefon gegangen , *weil* _____

b) Er hat keine Zeit.  Er räumt auf.

Er hat keine Zeit , *weil* _____

Er räumt die Wohnung auf.

, *weil* _____

Er räumt die Wohnung und den Keller auf.

, *weil* _____

Er will die Wohnung und den Keller aufräumen.

, *weil* _____

Er hatte keine Zeit.  Er hat die Wohnung und den Keller aufgeräumt.

Er hatte keine Zeit , *weil* _____

c) Jochen ist in der Küche.  Er kocht.

, *weil* _____

Jochen ist in der Küche.  Er kocht Kartoffeln.

, *weil* _____

Jochen ist in der Küche.  Er kocht einen Topf Kartoffeln.

, *weil* _____

Jochen will in die Küche gehen.  Er will einen Topf Kartoffeln kochen.

, *weil* _____

Jochen ist in die Küche gegangen.  Er hat einen Topf Kartoffeln gekocht.

, *weil* _____

d) Peter ist im Bad.                Er wäscht.

, *weil* _____

Peter ist im Bad.                Er wäscht die Wäsche.

, *weil* _____

Peter ist im Bad.                Er wäscht die Wäsche in der Waschmaschine.

, *weil* _____

Peter will ins Bad gehen.        Er will die Wäsche in der Waschmaschine waschen.

, *weil* _____

Peter ist ins Bad gegangen.      Er hat die Wäsche in der Waschmaschine gewaschen.

, *weil* _____

## zu LB Ü 3  Was passt? (X)

**12**

a) Sie mag das Bild mit den Äpfeln.
- ▢ Das Bild gefällt ihr.
- ▢ Das Bild schmeckt ihr.
- ▢ Sie findet nur die Äpfel auf dem Bild schön.

b) Er mag Karotten in der Suppe.
- ▢ Die Suppe gefällt ihm.
- ▢ Die Karotten sind ihm zu süß.
- ▢ Karotten in der Suppe schmecken ihm.

c) Sie mag den Reporter gar nicht.
- ▢ Sie kann ihn verstehen.
- ▢ Sie gefällt ihm nicht.
- ▢ Sie findet ihn nicht sympathisch.

d) Er mag die Verkäuferin.
- ▢ Er findet sie sympathisch.
- ▢ Er gefällt ihr.
- ▢ Er findet sie nicht freundlich.

e) Sie mögen Tiere sehr.
- ▢ Sie essen sehr gern Tiere.
- ▢ Sie lieben Tiere.
- ▢ Sie finden Tiere nicht wichtig.

f) Er mag Museen.
- ▢ Er geht nicht gern in Museen.
- ▢ Er ist gern in Museen.
- ▢ Er isst gern in Museen.

## zu LB Ü 4  Ordnen Sie. (→ Lehrbuch S. 80)

**13**

- ▢ a) Danach bestellt Curt noch ein Stück Schwarzwälder Kirschtorte, weil er die besonders gut findet.
- ▢ b) Die Kellnerin bringt ihm ein Stück Schwarzwälder Kirschtorte und ein Kännchen Kaffee.
- **1** c) Nachmittags um vier geht Curt ins Café und wartet auf Maria.
- ▢ d) Zuerst nimmt er an einem Tisch Platz und liest die Speisekarte.
- ▢ e) Er trinkt ihn vorsichtig, weil er heiß ist.
- ▢ f) Um halb fünf bezahlt das Mädchen vom Tisch am Fenster und geht.
- ▢ g) Maria küsst Curt auf die Wange und nimmt am Tisch Platz.
- ▢ h) Curt hat Maria nicht gesehen, weil er für einen Augenblick die Tür nicht beobachtet hat.
- ▢ i) Erst um Viertel vor fünf betritt Maria das Café, weil die Probe so lange gedauert hat.
- ▢ j) Dann bestellt er, weil die Kellnerin schon neben ihm steht.
- ▢ k) Dann funkeln ihre Augen, weil sie aufgeregt ist.
- ▢ l) Schließlich erzählt sie ihm die Nachricht.
- ▢ m) Danach bestellt sie ein Eis, aber sie sagt zuerst nichts.

## zu LB Ü 4 _Welche Sätze passen zum Text? (X) (→ Lehrbuch S. 80)

**14**

- ☐ a) Curt sieht die Bedienung am liebsten, wenn sie mit einer Torte dicht neben ihm steht.
- ☐ b) Wenn Curt wenig Zeit hat, bestellt er am liebsten Kirschtorten.
- ☐ c) Curt bestellt Schwarzwälder Kirschtorte, weil er die am liebsten mag.
- ☐ d) Curt trinkt nur einen Schluck Kaffee, denn er ist zu heiß.
- ☐ e) Weil der Kaffee sehr heiß ist, trinkt Curt ihn vorsichtig.
- ☐ f) Curt trinkt vor dem Kaffee einen Eistee, denn er hat Durst.
- ☐ g) Eine Mutter redet ohne Pause mit einer Freundin und das Kind bemalt die Tischdecke.
- ☐ h) Das Kind malt Striche auf die Tischdecke, weil die Bedienung nicht kommt.
- ☐ i) Die Bedienung soll die Striche sehen. Deshalb malt das Kind weiter.
- ☐ j) Die Frau am Tisch vor dem Fenster ist bestimmt sehr traurig. Trotzdem weint sie nicht.
- ☐ k) Sie weint, doch Curt sieht ihre Tränen nicht.
- ☐ l) Sie hat vielleicht geweint, aber Curt ist nicht sicher, weil er ihr Gesicht nur halb sehen kann.
- ☐ m) Weil Maria zu spät zur Probe gekommen ist, hat die Probe so lange gedauert.
- ☐ n) Die Probe hat lange gedauert, deshalb kommt Maria zu spät.
- ☐ o) Maria küsst Curt lange auf die Wange, denn sie kommt zu spät.
- ☐ p) Curt schaut Maria in die Augen. Sie soll erst mal Platz nehmen.
- ☐ q) Curt hat eine Frage, weil er das Stück noch nicht kennt.
- ☐ r) Weil Curt zuerst Platz nimmt, schaut er Maria in die Augen.
- ☐ s) Wenn Curt aufgeregt ist, werden die Augen von Maria immer sehr schön.
- ☐ t) Curt findet Maria am schönsten, wenn sie aufgeregt ist.
- ☐ u) Die Augen von Maria funkeln am schönsten, wenn sie eine Rolle bekommt.

Die Nachricht ist:
- ☐ v) Maria bekommt eine Rolle in einem Theaterstück.
- ☐ w) Curt bekommt keine Rolle in einem Theaterstück.
- ☐ x) Curt bekommt eine Rolle in einem Theaterstück.

## zu LB Ü 4 _Ergänzen Sie.

**15**

a) Er kommt, wenn er Zeit hat.

Wenn er Zeit hat, **_kommt er._**

b) Er kommt erst am Freitag, weil er am Donnerstag keine Zeit hat.

Weil er am Donnerstag keine Zeit hat, _____

c) Er ruft an, wenn er eine Nachricht hat.

Wenn er eine Nachricht hat, _____

d) Er hat nicht angerufen, weil er keine Nachricht hatte.

Weil er keine Nachricht hatte, _____

e) Sie möchte nur mit ihm tanzen, weil er am besten tanzen kann.

Weil er am besten tanzen kann, _____

f) Ihre Augen funkeln, wenn sie aufgeregt ist.

Wenn sie aufgeregt ist, _____

g) Man darf beim Frühstück nur leise mit ihr sprechen, wenn sie nicht so gut geschlafen hat.

Wenn sie nicht so gut geschlafen hat, _____

h) Sie frühstückt lange, wenn sie Zeit hat.

Wenn sie Zeit hat, _____

i) Sie beobachtet gern die Leute auf der Straße, wenn sie im Café am Fenster sitzt.

Wenn sie im Café am Fenster sitzt, _____

## zu LB Ü 4   Ergänzen Sie das Gegenteil.

**16**

| ~~schlecht~~ jung klein kurz langsam langweilig leer müde nervös neu richtig sauer spät tief traurig trocken verheiratet |
| --- |

| gut | – | ***schlecht*** | schnell | – | _____ | fröhlich | – | _____ |
|---|---|---|---|---|---|---|---|---|
| falsch | – | _____ | früh | – | _____ | spannend | – | _____ |
| voll | – | _____ | alt | – | _____ | ledig | – | _____ |
| groß | – | _____ | alt | – | _____ | süß | – | _____ |
| hoch | – | _____ | wach | – | _____ | nass | – | _____ |
| lang | – | _____ | ruhig | – | _____ | | | |

## zu LB Ü 4   Was passt nicht?

**17**

a) **das Café**: interessant – voll – leer – ~~früh~~
b) **der Kaffee**: schwach – heiß – bitter – scharf
c) **die Bedienung**: frei – schnell – kurz– klein
d) **der Nachbartisch**: lang – kurz – nervös – frei
e) **der Tischnachbar**: tief – müde – fröhlich – groß
f) **das Kind**: brav – hoch – freundlich – nett
g) **die Tischdecke**: bunt – rot – blau – sauer
h) **das Eis**: heiß – weiß – groß – süß
i) **der Traum**: lang – kurz – schön – fleißig
j) **die Nachricht**: wunderbar – herrlich – gemütlich

## zu LB Ü 5   Ordnen Sie die Wörter und ergänzen Sie.

**18**

a) Er mag Musik. *(sie – leise – wenn – ist)*

Er mag Musik, ***wenn sie leise ist.***

b) Er mag das Lied. *(weil – ist – es – leise)*

Er mag das Lied, _____ .

c) Er trinkt abends immer Kaffee. *(kann – weil – er – sowieso schlecht – schlafen)*

Er trinkt abends immer Kaffee, _____ .

d) Er trinkt abends nur Kaffee. *(nachts – lange — er — muss – arbeiten – wenn)*

Er trinkt abends nur Kaffee, _____.

e) Der Gast wird nervös. *(muss – wenn – er – warten – lange)*

Der Gast wird nervös, _____.

f) Der Gast ist nervös geworden. *(weil – hat – lange – er – gewartet)*

Der Gast ist nervös geworden, _____.

g) Ich komme zu spät. *(der Bus – ist – zu spät – gekommen– weil)*

Ich komme zu spät, _____.

h) Ich nehme ein Taxi. *(wieder zu spät – wenn – der Bus – heute – kommt)*

Ich nehme ein Taxi, _____.

i) Er liest meistens abends im Bett. *(er – danach – weil – gut – einschlafen – kann)*

Er liest meistens abends im Bett, _____.

j) Er liest manchmal abends im Bett. *(kann – er – nicht – einschlafen – wenn)*

Er liest manchmal abends im Bett, _____.

k) Ihre Augen sind immer sehr schön. *(ist – sie – wenn – aufgeregt)*

Ihre Augen sind immer sehr schön, _____.

l) Er schaut ihr so tief in die Augen, *(weil – sind – ihre Augen – so schön)*

Er schaut ihr so tief in die Augen, _____.

## zu LB Ü 5 Ergänzen Sie:

**19**

a) Die Tische hier im Café sind klein, aber der hier ist **am     kleinsten**.

b) Viele Frauen sind schön, aber Maria ist _____ _____.

c) Alle Torten schmecken ihm gut, aber Kirschtorte schmeckt ihm _____ _____.

d) Alle Motorräder fahren schnell, aber das hier fährt _____ _____.

e) Viele Verkäufer sind langsam, aber der ist _____ _____.

f) Viele Männer sind langweilig, aber der ist _____ _____.

g) Er liest viele Bücher gern, aber das liest er _____ _____.

h) Viele Äpfel sind sauer, aber der ist _____ _____.

i) Viele Häuser sind teuer, aber das ist _____ _____.

j) Claudias Freunde trinken viel Kaffee, aber sie trinkt _____ _____.

zu LB Ü 5  Ergänzen Sie: **kein–, welch–**.

**20**

a) Ist noch Käse da?  – Ja, es ist noch welch*er* da.

b) Ist noch Obst da?  – Nein, es ist kein*s* mehr da.

c) Ist noch Saft da?  – Nein, es ist kein___ mehr da.

d) Ist noch Gemüse da?  – Ja, es ist noch welch___ da.

e) Ist noch Kaffee da?  – Nein, hier ist kein___ mehr.

f) Sind noch Getränke da?  – Ja, hier stehen noch welch___.

g) Sind noch Spaghetti im Topf?  – Nein, da sind kein___ mehr.

h) Sind noch Würstchen da?  – Ja, es sind noch welch___ da.

i) Ist noch ein Würstchen da?  – Nein, jetzt ist kein___ mehr da.

j) Ist noch Senf da?  – Ja, es ist noch welch___ da.

zu LB Ü 5  Ergänzen Sie: **kein–, welch–**.

**21**

a) Ich hatte leider *keine* Sahne mehr, aber sie hatte zum Glück *welche*.

b) Sie hatte leider _____ Kuchen mehr, aber wir hatten zum Glück noch _____.

c) Du hattest leider _____ Wasser mehr, aber er hatte zum Glück noch _____.

d) Ihr hattet leider _____ Gläser mehr, aber wir hatten zum Glück noch _____.

e) Wir hatten leider _____ Schokolade mehr, aber ihr hattet zum Glück noch _____.

f) Sie hatten leider _____ Eier mehr, aber ich hatte zum Glück noch _____.

g) Er hatte _____ Salz mehr, aber du hattest zum Glück noch _____.____.

h) Ihr hattet _____ Pfeffer mehr, aber wir hatten zum Glück noch _____.

i) Sie hatte leider _____ Geld mehr, aber er hatte noch _____.

zu LB Ü 6  **Schreiben Sie die Sätze richtig.**

**22**

a) ICHTRINKEMORGENSIMMEREINGLASORANGENSAFT

*Ich trinke morgens immer ein Glas Orangensaft.*

b) ICHESSEEINBRÖTCHENMITWURSTODERKÄSE

_____

c) MANCHMALESSEICHEINEIZUMFRÜHSTÜCK

_____

d) KAFFEETRINKEICHLIEBERALSTEE

_____

e) NORMALERWEISEESSEICHNUREINENBECHERJOGURT

_____

f) HONIGSCHMECKTMIRBESSERALSMARMELADE

_____

g) AMLIEBSTENESSEICHSCHWARZBROTMITSCHINKEN

_____

Arbeitsbuch  Lektion 8  **155**

## zu LB Ü 6  Welche Antwort passt nicht? (X)

**23**

a) Trinken Sie gern Tee?
- ■ Ja, aber Kaffee trinke ich lieber.
- ■ Ja, aber ich mag auch gern Kaffee.
- ■ Nein, am liebsten Jogurt.

b) Trinken Sie morgens Kaffee?
- ■ Nein, ich habe morgens keinen Hunger.
- ■ Nein, ich vertrage keinen Kaffee.
- ■ Ja, ich trinke immer Kaffee zum Frühstück.

c) Was essen Sie zum Frühstück?
- ■ Meistens ein Brötchen mit Marmelade.
- ■ Nichts; ich trinke nur eine Tasse Tee.
- ■ Nein, ich mag keine Eier.

d) Frühstücken Sie mit Ihrer Familie?
- ■ Ich esse gerne Schwarzbrot mit Schinken.
- ■ Wir frühstücken nur am Wochenende zusammen.
- ■ Nein, weil ich immer früher aufstehe.

e) Frühstücken Sie gesund?
- ■ Ja, ich esse morgens oft Obst oder Jogurt.
- ■ Nein, das ist mir egal.
- ■ Ich frühstücke immer um sieben Uhr.

## zu LB Ü 7  Schreiben Sie.

**24**

a) Möchten Sie ein Brot mit Käse?

(Wurst) *Ich hätte lieber ein Brot mit Wurst*.

b) Möchten Sie ein Brötchen mit Marmelade?

(Honig) _____

c) Möchten Sie ein Schwarzbrot mit Schinken?

(Wurst) _____

d) Möchten Sie einen Jogurt mit Kirschen?

(Erdbeeren) _____

e) Möchten Sie ein Kotelett mit Kartoffelsalat?

(Nudeln) _____

f) Möchten Sie einen Kaffee mit Sahne?

(Milch) _____

g) Möchten Sie einen Salat mit Ei?

(Schinken) _____

## zu LB Ü 7  Was passt zusammen?

**25**

a) Hat es Ihnen geschmeckt?
b) Möchten Sie noch etwas Suppe?
c) Wie finden Sie den Wein?
d) Trinken Sie lieber Wein oder Bier?
e) Nehmen Sie doch noch ein Stück Fleisch.
f) Ich wünsche Ihnen guten Appetit.
g) Mögen Sie noch einen Knödel?

**1** 1. Danke, es war alles ausgezeichnet.
■ 2. Danke gleichfalls.
■ 3. Zum Essen am liebsten Wein.
■ 4. Vielen Dank, aber ich bin wirklich satt.
■ 5. Nein danke, aber sie hat fantastisch geschmeckt.
■ 6. Er ist ausgezeichnet; schön trocken aber nicht sauer.
■ 7. Ja gern, die schmecken wirklich wunderbar.

**26**

| nehmen  probier  geh  bestellen  hol  essen  trinken  holen  probieren  trink  bestell |
|---|
| nimm  iss  gehen |

a) Ich nehme das Omelett.   *Nimm doch auch das Omelett!*   *Nehmen wir das Omelett!*

b) Ich bestelle eine Suppe.   _____ *doch auch eine Suppe!*   _____!

c) Ich esse ein Eis.   _____!   _____!

d) Ich gehe nach Hause.   _____!   _____!

e) Ich hole Geld.   _____!   _____!

f) Ich probiere das Fleisch.   _____!   _____!

g) Ich trinke einen Rotwein.   _____!   _____!

**27**

|  | freundlich | unfreundlich |
|---|---|---|
| a) Geben Sie mir ein Stück Fleisch! | ▪ | ✗ |
| b) Darf ich bitte noch ein Stück Kuchen haben? | ▪ | ▪ |
| c) Nehmen Sie doch bitte Platz! | ▪ | ▪ |
| d) Essen Sie die Suppe! | ▪ | ▪ |
| e) Bringen Sie mir sofort ein Kotelett! | ▪ | ▪ |
| f) Bitte nehmen Sie doch noch ein bisschen Suppe. | ▪ | ▪ |
| g) Trink endlich deinen Saft! | ▪ | ▪ |
| h) Kann ich bitte ein Brötchen haben? | ▪ | ▪ |
| i) Gib mir den Honig! | ▪ | ▪ |
| j) Hol mir ein Mineralwasser, aber schnell! | ▪ | ▪ |
| k) Kann ich noch ein Glas Wein haben, bitte? | ▪ | ▪ |

**28**

a) Alle sind glückl____, weil das Wetter herrl_____ ist.

b) Manchmal ist man nicht so fleiß_____, wenn der Lehrer langweil____ ist.

c) Die Suppe schmeckt scheußl_____ , weil sie zu salz_____ ist.

d) Er ist immer sehr ruh_____ , wenn er traur_____ ist.

e) Sie grüßt mich immer freundl____ , auch wenn sie es eil____ hat.

f) Man muss tägl____ üben, wenn man wirkl ____ etwas lernen will.

g) Das Haus ist unheiml_____ , weil es zieml_____ alt und kaputt ist.

h) Ich finde meine Nachbarin sympath_____ , weil sie immer fröhl_____ ist.

i) Ich kann in zwei Stunden fert_____ sein, wenn die Arbeit wicht_____ ist.

j) Wir haben uns herzl_____ bedankt, weil das Essen fantast_____ war.

## zu LB Ü 10 Wie heißen die Wörter?

**29**

| ba | kar | mi | nuss | tof | na | scho | ne | ral | fel | nen | ko | was | la | sa | ku | lat |
|----|----|----|----|----|----|----|----|----|----|----|----|----|----|----|----|----|
| ser | chen | de | | | | | | | | | | | | | | |

*Ba* _na_ _nen_ _ku_ _chen_          *Mi* ___ ___ ___ ___

*Kar* ___ ___ ___ ___          *Nuss* ___ ___ ___ ___

## zu LB Ü 10 Schreiben Sie.

**30**

a) Möchten Sie ein Käsebrötchen?  (*Wurst*) **Nein, ich möchte lieber ein Wurstbrötchen.**

b) Möchten Sie einen Tomatensalat?  (*Karotten*) _____.

c) Möchten Sie einen Orangensaft?  (*Apfel*) _____.

d) Möchten Sie eine Kartoffelsuppe?  (*Tomaten*) _____.

e) Möchten Sie eine Sahnetorte?  (*Obst*) _____.

f) Möchten Sie ein Schinkenbrot?  (*Käse*) _____.

g) Möchten Sie einen Apfelkuchen?  (*Birnen*) _____.

h) Möchten Sie ein Zitroneneis?  (*Bananen*) _____.

i) Möchten Sie einen Rinderbraten?  (*Gänse*) _____.

## zu LB Ü 10 Ergänzen Sie den Artikel.

**31**

a) der Abend – das Brot  → ____ Abendbrot

b) der Computer – das Geschäft  → ____ Computergeschäft

c) ____ Fahrkarte – der Automat  → ____ Fahrkartenautomat

d) die Familie – ____ Name  → ____ Familienname

e) der Führerschein – ____ Prüfung  → ____ Führerscheinprüfung

f) ____ Hand – ____ Tasche  → ____ Handtasche

g) ____ Kartoffel – ____ Salat  → ____ Kartoffelsalat

h) ____ Kirsche – ____ Torte  → ____ Kirschtorte

i) ____ Schwein – ____ Braten  → ____ Schweinebraten

j) ____ Person – ____ Wagen  → ____ Personenwagen

k) ____ Sonne – ____ Brille  → ____ Sonnenbrille

l) ____ Telefon – ____ Buch  → ____ Telefonbuch

m) ____ Telefon – ____ Nummer  → ____ Telefonnummer

n) ____ Banane – ____ Eis  → ____ Bananeneis

o) ____ Woche – ____ Ende  → ____ Wochenende

**32**

a) Grüß bitte deinen Bruder von mir, _____ du ihn siehst.

b) Ich habe das Auto gewaschen, _____ es ganz schmutzig war.

c) Die Renkens können keinen Urlaub machen, _____ sie jeden Tag die Kühe melken müssen.

d) _____ ich nach Hause komme, gehe ich sofort ins Bett, _____ ich so müde bin.

e) Ich liebe das Weihnachtsfest, _____ dann immer die ganze Familie da ist.

f) Linda Damke lebt auf einem Segelboot, _____ sie die Freiheit liebt.

g) Er besucht seine Großmutter nur, _____ sie Geburtstag hat.

h) Peter nimmt immer ein Buch mit, _____ er ins Bett geht.

i) Lisa spricht sehr gut Spanisch, _____ ihr Mann aus Madrid kommt.

j) Wir können heute leider nicht fernsehen, _____ der Apparat nicht funktioniert.

k) Herr Meyer ruft morgen an, _____ er aus London zurück ist.

l) _____ in der Notaufnahme das Telefon klingelt, muss alles ganz schnell gehen.

m) Sie finden den Bahnhof ganz einfach, _____ Sie hier geradeaus gehen.

n) Das Kind hat geweint, _____ sein Spielzeug kaputt ist.

o) Es gibt heute keine Brötchen zum Frühstück, _____ Hasso sie gefressen hat.

## zu LB Ü 14 Wie heißen die Nomen richtig? Ergänzen Sie auch den Artikel.

**33**

a) saft – fel – ap        ___ _Apfelsaft_ _____

b) toffel – kar – lat – sa        ___ _____

c) ga – rine – mar        ___ _____

d) de – na – li – mo        ___ _____

e) mar – la – me – de        ___ _____

f) ku – chen – de – hun        ___ _____

g) bee – re – erd        ___ _____

h) soße – ne – sahn        ___ _____

i) ler – tel – lat – sa        ___ _____

j) ser – was – ral – ne – mi        ___ _____

k) chen – würst        ___ _____

## zu LB Ü 14 Was passt zusammen?

**34**

a) Möchtest du einen Saft trinken? ■      1. Nein, ich esse heute keine Vorspeise.

b) Was darf ich Ihnen bringen? ■      2. Ich auch.

c) Nimmst du den Schweinebraten? ■      3. Wir hätten gern ein Malzbier und ein Mineralwasser.

d) Soll ich eine Flasche Wasser bestellen? ■      4. Ja, ich nehme einen Apfelsaft.

e) Ich trinke ein Wasser. Und du? ■      5. Nein, lieber ohne.

f) Möchten Sie eine Nachspeise? ■      6. Nein, ich esse lieber Rinderbraten.

g) Nimmst du keine Suppe? ■      7. Ja, ich hätte gern ein Eis mit Sahne.

h) Hätten Sie den Kuchen gern mit Sahne? ■      8. Nein, lieber nur ein Glas.

## zu LB Ü 14 Ordnen Sie die Gespräche.

**35**

Gespräch 1:

■ a) ● Mit Pommes frites?

■ b) ■ Ich weiß noch nicht. Nimmst du eine Vorspeise?

■ c) ■ Nein, lieber eine Hühnersuppe. Und dann nehme ich ein Schnitzel.

**1** d) ● Was möchtest du essen?

■ e) ■ Nein, lieber mit Reis.

■ f) ● Ja, ich esse eine Gemüsesuppe. Möchtest du auch eine?

Gespräch 2:

■ a) ■ Möchtest du lieber Rotwein oder Weißwein?

**1** b) ● Ich möchte gern einen Wein trinken.

■ c) ● Das ist vielleicht zu viel. Ich trinke nur ein Glas.

■ d) ● Lieber Weißwein. Das passt besser zu Fisch.

■ e) ■ Gut, dann bestelle ich einen halben Liter Weißwein und zwei Gläser.

■ f) ■ Dann nehme ich auch Weißwein. Soll ich eine Flasche bestellen?

Gespräch 3:

■ a) ■ Sei vorsichtig; sie ist sehr heiß. Und … schmeckt sie dir?

■ b) ■ Nicht schlecht. Möchtest du probieren?

■ c) ● Ja, sehr gut. Meine Fischsuppe ist aber auch gut. Probier mal.

**1** d) ● Wie schmeckt deine Hühnersuppe?

■ e) ■ Lieber nicht. Ich mag nicht gerne Fisch.

■ f) ● Ja gern. Aber nur ein bisschen.

## zu LB Ü 17 Schreiben Sie die Sätze richtig.

**36**

a) SCHNEIDENSIEDIEZWIEBLNINWÜRFEL

     *Schneiden Sie die Zwiebeln in Würfel.*

b) BRATENSIEDIEZWIEBELNKURZINDERPFANNE

     _____

c) GEBENSIEDIEBUTTERINDIEPFANNE

     _____

d) LEGENSIEDENSCHINKENAUFDIEKARTOFFELN

     _____

e) GIESSENSIEDIESAHNEINDIESOSSE

     _____

f) WÜRZENSIEDIEEIERMITSALZUNDPFEFFER

_____

g) STREUENSIEDIEPETERSILIEAUFDIEZWIEBELN

_____

h) KOCHENSIEDIENUDELNINSALZWASSER

_____

## zu LB Ü 17 Was passt nicht?
**37**

a) Suppe, ~~Kuchen~~, Gemüse **kochen**
b) Kuchen, Torte, Salat **backen**
c) Sahne, Eier, Tomaten **schlagen**
d) Soße, Zwiebeln, Petersilie **hacken**
e) Kartoffeln, Salz, Zwiebeln **schälen**

f) Soße, Zwiebeln, Sahne **gießen**
g) Kartoffeln, Fisch, Eis **braten**
h) Butter, Salz, Pfeffer, **streuen**
i) Brot, Schinken, Sahne **schneiden**

## zu LB Ü 17 Was passt zusammen?
**38**

a) Würzen Sie den Braten ■
b) Danach schälen Sie ■
c) Braten Sie die Kartoffeln ■
d) Gießen Sie die Sahne ■
e) Schneiden Sie das Brot ■
f) Stellen Sie die Pfanne ■
g) Servieren Sie die Suppe ■
h) Schieben Sie den Braten ■
i) Verteilen Sie die Schinkenwürfel ■
j) Legen Sie die Pilze ■

1. über die Kartoffeln.
2. als Vorspeise.
3. kurz in Zitronensaft.
4. mit Butter in der Pfanne.
5. mit Salz und Pfeffer.
6. auf dem Salat.
7. die Kartoffeln.
8. in Scheiben.
9. auf den Herd.
10. in den Backofen.

## zu LB Ü 17 Schreiben Sie.
**39**

_Sie müssen …_

_**- die Petersilie in die Suppe streuen.**_

a) Streuen Sie die Petersilie in die Suppe.

b) Schieben Sie das Huhn in den Ofen.
_____

c) Legen Sie den Schinken auf die Brotscheibe.
_____

d) Gießen Sie die Soße über die Nudeln.
_____

e) Holen Sie das Eis aus dem Kühlschrank.
_____

f) Stellen Sie den Salat auf den Tisch.
_____

g) Gießen Sie die Sahne über das Obst.
_____

h) Streuen Sie das Salz über die Tomaten.
_____

i) Legen Sie die Würstchen in die Pfanne.
_____

j) Geben Sie den Käse zu den Zwiebeln.
_____

k) Stellen Sie den Topf auf den Ofen.
_____

**40**

a) 1. Schneiden Sie zuerst die Zwiebeln.

   2. *Zuerst schneidet man die Zwiebeln.*

   3. *Zuerst muss man die Zwiebeln schneiden.*

b) 1. Kochen Sie dann die Kartoffeln.

   2. *Dann kocht man* _____

   3. *Dann muss man* _____

c) 1. Streuen Sie danach die Petersilie auf die Eier.

   2. *Danach* _____

   3. *Danach muss* _____

d) 1. _____

   2. Dann brät man die Würstchen in der Pfanne.

   3. _____

e) 1. _____

   2. _____

   3. Jetzt muss man die Sahne in die Suppe gießen.

f) 1. Würzen Sie vorher den Braten.

   2. _____

   3. _____

g) 1. _____

   2. Zum Schluss schlägt man die Sahne.

   3. _____

## zu LB Ü 17 Schreiben Sie die Antworten im Perfekt.

**41**

a) Soll ich die Kartoffeln kochen?   *Nein danke, ich habe sie schon gekocht.*

b) Soll ich den Salat würzen?   *Nein danke,* _____

c) Soll ich die Soße machen?   _____

d) Soll ich die Sahne schlagen?   _____

e) Soll ich die Würstchen braten?   _____

f) Soll ich die Tomaten schneiden?   _____

g) Soll ich den Kuchen backen?   _____

h) Soll ich die Petersilie hacken?   _____

# Wörter im Satz

| | Ihre Muttersprache | Schreiben Sie einen Satz aus Delfin, Lehrbuch. |
|---|---|---|
| ____ Bedienung | _____ | _____ |
| ____ Blick | _____ | _____ |
| ____ Decke | _____ | _____ |
| ____ Fleisch | _____ | _____ |
| ____ Gemüse | _____ | _____ |
| ____ Honig | _____ | _____ |
| ____ Mehl | _____ | _____ |
| ____ Mund | _____ | _____ |
| ____ Pfanne | _____ | _____ |
| ____ Rechnung | _____ | _____ |
| ____ Rolle | _____ | _____ |
| ____ Sonne | _____ | _____ |
| ____ Stimme | _____ | _____ |
| ____ Zeitung | _____ | _____ |
| anbieten | _____ | _____ |
| beobachten | _____ | _____ |
| klappen | _____ | _____ |
| mögen | _____ | _____ |
| probieren | _____ | _____ |
| reden | _____ | _____ |
| schlagen | _____ | _____ |
| versprechen | _____ | _____ |
| wählen | _____ | _____ |
| am liebsten | _____ | _____ |
| ausgezeichnet | _____ | _____ |
| besonders | _____ | _____ |
| leer | _____ | _____ |

*nervös* __________ ____________________

*sicher* __________ ____________________

*weil* __________ ____________________

*wenn* __________ ____________________

*zuerst* __________ ____________________

# Grammatik

S. 12

## 43 Mengenangaben

| | ***unbestimmte Menge: Nomen ohne Artikel*** |
|---|---|
| Herr Loos kauft | Saft. |
| Er trinkt | Kaffee. |
| Er isst | Kartoffeln. |
| Er kocht | Nudeln. |

| | ***bestimmte Menge: Menge + Nomen ohne Artikel*** | |
|---|---|---|
| Herr Loos kauft | eine Flasche | Saft. |
| Er trinkt | eine Tasse | Kaffee. |
| Er isst | 200 Gramm | Kartoffeln. |
| Er kocht | 1 kg | Nudeln. |

S. 25

## 44 Pronomen bei Mengenangaben

| ***bestimmte Menge*** | ***unbestimmte Menge*** |
|---|---|
| Ist da noch **eine Flasche** Saft?<br>Ist da noch **eine**? | Ist da noch **Saft**?<br>Ist da noch **welcher**? |
| Er kauft **eine Flasche** Saft.<br>Er kauft **eine**. | Er kauft **Saft**.<br>Er kauft **welchen**. |
| Ist da noch **eine Tüte** Nudeln?<br>Ist da noch **eine**? | Sind da noch **Nudeln**?<br>Sind da noch **welche**? |
| Er kauft **eine Tüte** Nudeln.<br>Er kauft **eine**. | Er kauft **Nudeln**.<br>Er kauft **welche**. |

**Saft** = *unbestimmte Menge im Singular*

**Nudeln** = *unbestimmte Menge im Plural*

S. 11

## 45 Zusammengesetzte Nomen

| ***1. Teil*** | ***2. Teil*** | ***zusammengesetztes Nomen*** |
|---|---|---|
| das Schwein | **der** Braten: | **der** Schweinebraten |
| das Huhn | **die** Suppe: | **die** Hühnersuppe |
| die Zitrone | **das** Eis: | **das** Zitroneneis |

*Artikel = Artikel des 2. Teils*

## Steigerung und Vergleich

**46**

| Positiv | Komparativ | Superlativ |
|---|---|---|
| klein | klein**er** | **am** klein**sten** |
| schön | schön**er** | **am** schön**sten** |
| süß | süß**er** | **am** süß**esten** |
| … | … | … |
| gern | lieb**er** | **am** lieb**sten** |
| gut | **besser** | **am besten** |
| viel | **mehr** | **am meisten** |

Peter ist **klein**.

Marmelade ist **süß**.

Bananen esse ich **gern**.

Bananen schmecken mir **gut**.

Ich esse **viel** Fleisch.

Jan ist **kleiner als** Peter.

Schokolade ist **süßer als** Marmelade.

Äpfel esse ich **lieber als** Bananen.

Äpfel schmecken mir **besser als** Bananen.

Ich esse **mehr** Fisch **als** Fleisch.

Rolf ist **am kleinsten**.

Zucker ist **am süßesten**.

Birnen esse ich **am liebsten**.

Birnen schmecken mir **am besten**.

**Am meisten** esse ich Obst und Gemüse.

## Konjugation **mögen**

**47**

|  | **mögen** |
|---|---|
| ich | **mag** |
| du | **magst** |
| er/sie/es/man | **mag** |
| wir | mögen |
| ihr | mögt |
| sie/Sie | mögen |
| er/sie/es/man | hat **gemocht** |

**als Vollverb:**

Sie **mag** keinen Kaffee.

**als Modalverb:**

Sie **mag** heute keinen Kaffee **trinken**.

Wie alt **mag** sie **sein**?

## Starke Verben

**48**

| Infinitiv | 3. P. Sg. Präsens | Perfekt |
|---|---|---|
| **abnehmen** | nimmt ab | hat abgenommen |
| **anbieten** | bietet an | hat angeboten |
| **braten** | brät | hat gebraten |
| **gießen** | gießt | hat gegossen |
| **schlagen** | schlägt | hat geschlagen |
| **vertragen** | verträgt | hat vertragen |

## Imperativ

**49**

|  | **gehen** | **warten** | **schlafen** | **anfangen** | **helfen** | **nehmen** |
|---|---|---|---|---|---|---|
| **Sie** | Gehen Sie. | Warten Sie. | Schlafen Sie. | Fangen Sie an. | Helfen Sie. | Nehmen Sie. |
| **du** | Geh. | Warte. | Schlaf. | Fang an. | Hilf. | **Nimm**. |
| **ihr** | Geht. | Wartet. | Schlaft. | Fangt an. | Helft. | Nehmt. |
| **wir** | Gehen wir. | Warten wir. | Schlafen wir. | Fangen wir an. | Helfen wir. | Nehmen wir. |

**50**

| | Junktor | | Verb(1) | | | Verb(2) |
|---|---|---|---|---|---|---|
| Er kauft ein Huhn. | | Er | isst | | gern Geflügel. | |
| Er kauft ein Huhn, | weil | er | | | gern Geflügel | isst. |
| Maria kommt. | | Sie | schafft | | es. | |
| Maria kommt, | wenn | sie | | | es | schafft. |
| Sie ist ins Café gekommen. | | Sie | will | | mit Curt | reden. |
| Sie ist ins Café gekommen, | weil | sie | | | mit Curt | reden will. |
| Sie ist aufgeregt. | | Sie | hat | | mit dem Regisseur | gesprochen. |
| Sie ist aufgeregt, | weil | sie | | | mit dem Regisseur | gesprochen hat. |
| Ihre Augen funkeln. | | Curt | schaut | | sie | an. |
| Ihre Augen funkeln, | wenn | Curt | | | sie | anschaut. |

**51**

| Junktor | | | Verb(1) | | | Verb(2) |
|---|---|---|---|---|---|---|
| | Er isst gern Geflügel. | Er | kauft | | ein Huhn. | |
| Weil | er gern Geflügel isst, | | kauft | er | ein Huhn. | |
| | Maria schafft es. | Sie | kommt. | | | |
| Wenn | Maria es schafft, | | kommt | sie. | | |
| | Sie will mit Curt reden. | Sie | ist | | ins Café | gekommen. |
| Weil | sie mit Curt reden will, | | ist | sie | ins Café | gekommen. |

# Wortschatz

## Nomen

r Augenblick, –e
r Apfelsaft
r Appetit
e Aussage, –n
e Banane, –n
s Bananeneis
s Bargeld
s Bauernfrühstück
r Becher, –
e Bedienung, –en
e Beilage, –n
e Birne, –n
r Blick, –e
e Bohne, –n
r Bohnensalat, –e
r Braten, –
s Brot, –e

r Bund, ⸚e
r Buntstift, –e
e Butter
s Café, –s
e Cola, –s
e Decke, –n
s Dessert, –s
e Dose, –n
r Durst
r Eisbecher, –
r Eistee
e Erdbeere, –n
s Fass, ⸚er
e Fischplatte, –n
s Fischstäbchen, –
s Fleisch
r Gänsebraten, –
s Ganze
e Garderobe, –n
s Gasthaus, ⸚er
s Geflügel
s Gemüse

e Gemüsesuppe, –n
s Gericht, –e
s Getränk, –e
e Gurke, –n
r Gurkensalat, –e
s Hauptgericht, –e
r Hirsch, –e
s Hirschragout, –s
e Holzkohle
r Honig
e Hühnersuppe, –n
r Hundekuchen, –
r Imperativ, –e
e Intonation, –en
r/e/s Jogurt
r Kaffeeflecken, –
r Kalbsbraten
s Kännchen, –
e Kantine, –n
r Kartoffelsalat, –e
e Kartoffelscheibe, –n
s Käsebrot, –e

e Kasse, –n
e Kellnerin, –nen
e Kirsche, –n
e Kirschtorte, –n
s Kleinkind, –er
**r Knödel, –**
r Kognak, –s
r Komparativ, –e
s Kotelett, –s
**r Kuchen, –**
r Lammbraten, –
**e Liebe**
**e Limonade, –n**
r Liter, –
**e Margarine**
**e Marmelade**
**s Mehl**
**e Milch**
**r Mund, ̈er**
s Müsli
r Nachbartisch, –e
**e Nachspeise, –n**
**e Nase, –n**
**e Nudel, –n**
r Nudelsalat, –e
**s Obst**
r Obstsalat, –e
s Omelett, –s
r Orangensaft, ̈e
**s Paket, –e**
e Petersilie
**e Pfanne, –n**
**r Pfeffer**
e Pilzsoße, –n
Pommes frites (pl)
e Praline, –n
e Probe, –n
r Puls
**e Rechnung, –en**
r Regisseur, –e
**r Reis**
**s Rezept, –e**
e Rinderbouillon, –s
r Rinderbraten
**e Rolle, –n**
r Rotwein, –e
**e Sahne**
e Sahnesoße, –n

**r Salat, –e**
s Salatteller, –
**e Schachtel, –n**
e Scheibe, –n
**r Schinken, –**
s Schinkenbrot, –e
r Schluck, –e
**s Schnitzel, –**
s Schwarzbrot, –e
r Schweinebraten, –
s Schweinefleisch
r Senf
**e Sonne, –n**
Spaghetti (pl)
e Speisekarte, –n
**e Stimme, –n**
r Strich, –e
r Superlativ, –e
**e Suppe, –n**
s Theaterstück, –e
e Tischdecke, –n
r Tischnachbar, –n
r Tomatensalat, –e
r Traubensaft, ̈e
e Tube, –n
**e Tüte, –n**
e Vorspeise, –n
e Wange, –n
r Weinberg, –e
e Weinkarte, –n
e Weintraube, –n
r Weißwein, –e
r Würfel, –
s Wurstbrot, –e
s Würstchen, –
**e Zeitung, –en**
**e Zitrone, –n**
s Zitroneneis
**r Zucker**
e Zutat, –en
e Zwiebelsuppe, –n
r Zwiebelwürfel, –

## Verben

**ab·nehmen**
**an·bieten**
aus·probieren

**beobachten**
**braten**
dabei·haben
dazu·tun
gießen
grillen
hacken
**klappen**
**mögen**
**probieren**
**reden**
**reservieren**
schälen
**schlagen**
streuen
**überlegen**
vermischen
**versprechen**
vertragen
**wählen**
**werden**
wieder·kommen
würzen
zurück·schauen

## Adjektive

**ausgezeichnet**
**besser**
**bitter**
**fett**
**gesund**
goldbraun
graublau
**heiß**
**kalt**
**klar**
**klein**
**leer**
**nervös**
**rot**
salzig
**satt**
**sauer**
**scharf**
**süß**

## Adverbien

**am besten**
**am liebsten**
**am meisten**
auch noch
**besonders**
**dicht**
**eben**
erst mal
**genug**
flüchtig
**gleichfalls**
irgendwie
**lieber**
mittags
nachts
nur nicht

**sicher**
**sowieso**
**zuerst**
vorsichtig
ungewöhnlich

## Funktionswörter

**sondern**
**weil**
**wenn**

## Abkürzungen

inkl. = inklusive

## Ausdrücke

Das macht…
Stimmt so.
Guten Appetit!
Zum Wohl!
Danke gleichfalls.
Danke schön.
Na gut.
Alles klar.
Platz nehmen
Nur nicht nervös werden!
Da kann man nichts machen.
Macht nichts.
Würden Sie mir … bringen?

---

**In Deutschland sagt man:**
e Bohne, –n
die Cola
s Brötchen, –
e Dose, –n
s Eis
s Gericht, –e
der Jogurt
e Kartoffel, –n
e Kasse, –n
e Marmelade, –n
s Päckchen, –
r Pilz, –e
e Sahne
e Tüte, –n

**In Österreich sagt man auch:**
e Fisole,–n
das Cola
e Semmel, –n
e Büchse, –n

e Speise, –n
das Jogurt (auch: die Jogurt)
r Erdapfel, ¨
e Kassa, Kassen

s Packerl, –n
s Schwammerl, –n
r Schlag, s Schlagobers
s Sackerl, –n

**In der Schweiz sagt man auch:**

das Cola


e Glace

das Jogurt


e Konfitüre, –n


r Rahm

# Lektion 9

## zu LB Ü 1 Wie heißen die Sätze?

**1**

a) der Maler: anfangen – streichen

   *Er fängt an zu streichen.*

b) der Maler: anfangen – die Wand streichen

   *Er fängt an, die Wand zu streichen.*

c) der Sohn: vergessen – das Licht ausmachen

   *Er vergisst, das Licht auszumachen.*

d) der Vater: beginnen – kochen

   *Er* _____

e) der Vater: beginnen – Kartoffeln kochen

   *Er* _____

f) die Mutter: vergessen – den Stecker in die Steckdose stecken

   _____

g) die Mutter: versuchen – den Mixer anmachen

   _____

h) der Clown: anfangen – lachen

   _____

i) die Kinder: anfangen – laut lachen

   _____

j) der Bäcker: aufhören – backen

   _____

k) der Bäcker: aufhören – die Brötchen backen

   _____

l) der Gast: vergessen – bezahlen

   _____

m) der Gast: vergessen – die Rechnung bezahlen

   _____

n) der Einbrecher: versuchen – die Tür aufbrechen

   _____

o) der Feuerwehrmann: vergessen – das Fenster zumachen

   _____

p) die Delfine: Lust haben – hoch springen und schnell eintauchen

   _____

## zu LB Ü 1  Bilden Sie Sätze.

**2**

a) **der** Vater: es schaffen – in dreißig Minuten die Wohnung aufräumen

*Der Vater schafft es, in dreißig Minuten die Wohnung aufzuräumen.*

b) **der** Sohn: es gelingen – in zwanzig Minuten sein Zimmer aufräumen

*Dem Sohn gelingt es, in zwanzig Minuten sein Zimmer aufzuräumen.*

c) die Kinder: es immer bequem finden – vor dem Fernseher sitzen

_____

d) die Schüler: es Spaß machen – viele Antworten finden

_____

e) Linda Damke: es herrlich finden – mit dem Segelboot fahren

_____

f) die Sekretärin: es leidtun – den Chef stören

_____

g) der Lehrer: es sehr eilig haben – nach Hause kommen

_____

h) der Vogel: es gelingen – hoch fliegen

_____

i) der Tourist: es spannend finden – tief tauchen

_____

j) es: der Tochter gefallen – bis vier Uhr morgens mit ihrem Freund tanzen

_____

## zu LB Ü 2  Was passt zusammen?

**3**

~~schreiben~~  anzünden  bezahlen  bohren  bügeln  fotografieren  kochen  lesen  rasieren
segeln  spülen  streichen  tauchen  telefonieren  nachschlagen  trocknen  waschen  werfen

Schreibmaschine:  *schreiben* _____

Waschmaschine: _____

Bohrmaschine: _____

Föhn: _____

Geschirrspüler: _____

Telefon: _____

Farbe: _____

Segelboot: _____

Scheck: _____

Kochlöffel: _____

Fotoapparat: _____

Rasierapparat: _____

Bügeleisen: _____

Brille: _____

Taucherbrille: _____

Feuerzeug: _____

Ball: _____

Wörterbuch: _____

**4**

a) Bügeleisen: Wäsche bügeln, Zeitung glatt machen, Haare trocknen
b) Nagel: etwas aufhängen, Dose öffnen, Loch in ein Glas machen
c) Hammer: Bilder aufhängen, Tisch reparieren, Wäsche glatt machen
d) Taschentuch: Brille putzen, Spiegel sauber machen, Tisch stützen
e) Taucherbrille: Zwiebeln schneiden, tauchen, lesen
f) Mineralwasser: trinken, Haare waschen, würzen
g) Brille: gut sehen, Papier anzünden, besser hören
h) Topf: kochen, Schlagzeug spielen, einkaufen
i) Bohrmaschine: Löcher bohren, Sahne schlagen, Haare schneiden
j) Scheckkarte: das Essen bezahlen, Tür öffnen, Wand streichen
k) Föhn: Haare trocknen, Farbe trocknen, Wasser warm machen
l) Besen: Treppenhaus sauber machen, ein Bild malen, einen Brief schreiben

|  | benutzt man normalerweise, | kann man auch benutzen, | benutzt man nicht, |
|---|---|---|---|
| a) *Ein Bügeleisen* | *um Wäsche zu bügeln.* | *um eine Zeitung glatt zu machen.* | *um Haare zu trocknen.* |
| b) *Einen Nagel* | *um etwas* | | |
| c) | | | |
| d) | | | |
| e) | | | |
| f) | | | |
| g) | | | |
| h) | | | |
| i) | | | |
| j) | | | |
| k) | | | |
| l) | | | |

## zu LB Ü 3  Was passt? ✗

**5**

a) Er wäscht die Jacke,
◻ damit er sauber wird.
✗ damit sie sauber wird.

b) Sie duscht den Jungen,
◻ damit sie sauber wird.
◻ damit er sauber wird.

c) Er bügelt ihr Abendkleid,
◻ damit es schön glatt wird.
◻ damit er schön glatt wird.

d) Sie kämmt seine Haare,
◻ damit sie glatt wird.
◻ damit sie glatt werden.

e) Das Kind föhnt den Regenschirm,
◻ damit er trocken wird.
◻ damit es trocken wird.

f) Sie föhnen die Farbe,
◻ damit sie trocken werden.
◻ damit sie trocken wird.

g) Er hält den Regenschirm über sie,
◻ damit ihre Haare trocken bleiben.
◻ damit sein Bart trocken bleibt.

h) Sie gibt ihm die Gummistiefel,
◻ damit ihre Füße nicht nass werden.
◻ damit seine Füße nicht nass werden.

i) Er bleibt bei ihr,
◻ damit er allein ist.
◻ damit sie nicht allein ist.

j) Sie macht die Tür zu,
◻ damit er in Ruhe arbeiten kann.
◻ damit sie nicht allein ist.

## zu LB Ü 3  Ergänzen Sie die Formen von **werden**.

**6**

a) Ich _____ Lehrer.

b) Du _____ Bäcker.

c) Er _____ Pfarrer.

d) Sie _____ Fotografin.

e) Das Kind _____ fröhlich.

f) Wir _____ nass.

g) Ihr _____ trocken.

h) Die Leute _____ traurig.

i) Und Sie, Herr Wagner, _____ Bürgermeister.

## zu LB Ü 3  Sagen Sie es anders.

**7**

a) Er schaut die Kinder an und lacht. Sie sollen nicht mehr traurig sein.

Er schaut die Kinder an und lacht, **_damit sie nicht mehr traurig sind._**

b) Er schaut die Frau an und lächelt. Sie soll fröhlich werden.

Er schaut die Frau an und lächelt, damit _____.

c) Er brät die Kartoffeln vorsichtig. Sie sollen schön goldbraun werden.

Er brät die Kartoffeln vorsichtig, damit _____.

d) Er brät die Kartoffeln mit wenig Butter. Sie sollen nicht zu fett sein.

Er brät die Kartoffeln mit wenig Butter, damit _____.

e) Sie schreibt den Brief schnell. Er soll bald fertig sein.

Sie schreibt den Brief schnell, damit _____.

f) Sie liest den Brief schnell. Ihr Freund soll schnell ihre Antwort bekommen.

Sie liest den Brief schnell, damit _____.

g) Sie liest den Kindern ein Gedicht vor. Sie sollen einschlafen.

Sie liest den Kindern ein Gedicht vor, damit _____.

h) Sie putzt das Bad. Es soll richtig sauber werden.

Sie putzt das Bad, damit _____.

i) Er putzt die Wohnung. Sie soll an Ostern ganz sauber sein.

Er putzt die Wohnung, damit _____.

### zu LB Ü 3 Ergänzen Sie die Sätze. um ... zu oder damit?

**8**

a) Er liest abends im Bett ein Buch. Er möchte müde werden.

Er liest abends im Bett ein Buch, ***um müde zu werden.***

b) Er liest den Kindern abends Bücher vor. Die Kinder sollen müde werden.

Er liest den Kindern abends Bücher vor, ***damit die Kinder müde werden.***

c) Er duscht morgens kalt. Sein Herz soll gesund bleiben.

Er duscht morgens kalt, ***damit*** _____

d) Er duscht morgens kalt. Er möchte schnell wach werden.

Er duscht morgens kalt, ***um*** _____

e) Er arbeitet fleißig. Er möchte schnell fertig werden.

Er arbeitet fleißig, _____.

f) Er arbeitet fleißig. Sein Chef soll zufrieden sein.

Er arbeitet fleißig, _____.

g) Sie öffnet den Regenschirm. Ihre Haare sollen nicht nass werden.

Sie öffnet den Regenschirm, _____.

h) Sie öffnet den Regenschirm. Sie möchte nicht nass werden.

Sie öffnet den Regenschirm, _____.

i) Er taucht mit einer Taucherbrille. Er möchte die Delfine besser sehen.

Er taucht mit einer Taucherbrille, _____.

j) Er winkt mit der Taucherbrille. Die Delfine sollen ihn sehen.

Er winkt mit der Taucherbrille, _____.

## zu LB Ü 3 Infinitiv mit oder ohne **zu**? Ergänzen Sie: **zu** oder –.

**9**

a) Möchtest du nach Hause **–** gehen?

b) Ja, hast du Lust, mich nach Hause **zu** fahren?

c) Bleiben Sie bitte ___ sitzen.

d) Sie können ruhig sitzen ___ bleiben.

e) Ich habe keine Lust, sitzen ___ bleiben.

f) Er hat versucht, nicht nass ___ werden.

g) Trotzdem ist er sehr nass ___ geworden.

h) Ist er mit einer Freundin _____essen gegangen?

i) Hast du Lust, mit mir essen ____ gehen?

j) Gehst du gerne ___ tanzen?

k) Es macht Spaß, tanzen ____ gehen.

l) Möchtest du _____tanzen gehen?

m) Schaffst du es, alle Wörter richtig ___ schreiben?

n) Gelingt es dir, alle Antworten ____ finden?

o) Kannst du alle Antworten ____ schreiben?

p) Hat Maria versprochen, nach der Probe ___ kommen?

q) Kann Maria ___ kommen?

r) Warum versuchst du, die Sahne mit der Bohrmaschine ___ schlagen?

s) Weil ich es nicht geschafft habe, den Mixer ___ reparieren.

t) Ich kann nichts ____ reparieren.

## zu LB Ü 5 Welche Sätze passen zum Text? (→ Lehrbuch S. 90) (**r**/**f**)

**10**

a) Mia steht am Morgen oben am Fenster,
   1. um nach draußen zu schauen. ▪
   2. damit der Lastwagen unten um die Ecke biegen kann. ▪
   3. aber es ist zu spät, um zu frühstücken. ▪
   4. weil sie die Straße beobachten möchte. ▪

b) Mia wird unruhig,
   1. weil plötzlich Schritte auf der Treppe sind. ▪
   2. denn jemand stößt gegen das Telefon. ▪
   3. weil es ihr nicht gelingt, ins Schlafzimmer zu kommen. ▪
   4. deshalb klingelt jemand an der Tür. ▪

c) Mia sieht,
   1. dass die Leute einen Karton tragen. ▪
   2. dass die Leute ins Zimmer kommen. ▪
   3. dass jemand Stiefel trägt. ▪
   4. dass ihre Herzen klopfen. ▪

d) Mia bleibt ganz still in ihrem Versteck,
   1. damit man sie nicht entdeckt. ■
   2. um sicher zu sein. ■
   3. um eine Maus zu entdecken. ■
   4. damit jemand sie findet. ■

e) Mia bemerkt,
   1. dass im Badezimmer und auch im Wohnzimmer alles anders ist. ■
   2. dass Säcke in der Badewanne stehen. ■
   3. dass die Shampooflaschen in Kartons stehen. ■
   4. dass jemand die Teppiche zusammengerollt und die Sessel umgekehrt auf die Couch gestellt hat. ■

f) Die Familie ruft Mia,
   1. denn Mia ist noch nicht wach. ■
   2. um Mia zu finden. ■
   3. weil sie Mia finden möchte. ■
   4. ohne Pause zu machen. ■

g) Mia ist gefangen,
   1. weil sie auf einen Karton mit Vorhängen gefallen ist. ■
   2. denn ihr ist eingefallen, dass jemand die Tür abgeschlossen hat. ■
   3. deshalb kann sie nichts mehr sehen. ■
   4. weil ein Karton auf sie gefallen ist. ■

h) Jemand hebt ganz langsam den Karton
   1. , um Mia zu befreien. ■
   2. , damit Mia wieder frei ist. ■
   3. und Mia bekommt zwei Kekse. ■
   4. , damit Mia Pause machen kann. ■

i) Mia kann im Auto alles sehen,
   1. weil sie vorne auf einer Kiste sitzt. ■
   2. denn der Fahrer sitzt auf einer Kiste. ■
   3. deshalb findet sie die Fahrt spannend. ■
   4. aber die Fahrt macht ihr wenig Spaß. ■

j) Alle tragen Kartons ins Haus,
   1. weil die Männer langsam arbeiten. ■
   2. weil sie einziehen möchten. ■
   3. denn sie können gar nichts finden. ■
   4. um schnell einzuziehen. ■

k) Mia schaut nach oben,
   1. um die Vögel zu beobachten. ■
   2. damit die Vögel sie sehen können. ■
   3. obwohl sie keinen Hunger hat. ■
   4. denn ihr fällt ein, dass sie noch nicht gefrühstückt hat. ■

**11**

a) einen Sprung – eine Reise – eine Pause – ein Foto – ~~eine Dusche~~ **machen**

b) einen Wecker – einen Stecker – ein Radio – eine Waschmaschine – einen Geschirrspüler **anmachen**

c) eine Kerze – den Fernseher – das Fenster – das Bügeleisen **ausmachen**

d) ein Fenster – das Klavier – die Schreibmaschine – den Kochlöffel – eine Tür **zumachen**

e) das Glück – einen Arzt – die Polizei – die Feuerwehr – eine Polizistin **rufen**

f) eine Katze – eine Freundin – einen Arzt – ein Geschäft – einen Blumenladen **anrufen**

g) eine Wand – einen Garten – eine Bank – ein Haus – eine Garage **streichen**

h) ein Wort – einen Satz – eine Frage – Geschirr – eine Antwort **unterstreichen**

i) ein Fenster – Wasser – ein Waschbecken – eine Badewanne – eine Dusche **putzen**

j) dem Gast den Tee – dem Vater die Zeitung – der Mutter die Brille – dem Großvater das Telefonbuch – dem Freund das Gespräch **bringen**

k) ein Namensschild – ein Schild – ein Regal – eine Lampe – ein Bügeleisen **anbringen**

l) die Augen – einen Sack – einen Schatten – ein Fenster – einen Schlafsack – ein Buch **schließen**

m) einen Briefkasten – eine Tür – eine Garage – die Augen – einen Schrank **aufschließen**

n) einen Koffer – eine Tasche – ein Päckchen – ein Paket – eine Ecke **packen**

o) ein Buch – die Aussicht – einen Wecker – eine Krawatte – Taschentücher **einpacken**

p) ein Geschenk – einen Koffer – ein Paket – eine Kiste – einen Flur **auspacken**

q) Bücher ins Regal – Möbel ins Auto – ein Auto in die Garage – Gläser in den Schrank – Hämmer und Nägel in die Kiste **räumen**

r) einen Schreibtisch – eine Wohnung – ein Kinderzimmer – ein Bild **aufräumen**

s) das Salz in die Suppe – den Schlüssel in die Tür – den Stecker in die Steckdose – die Scheckkarten in die Automaten – den Brief in den Briefkasten **stecken**

t) Flaschen aus dem Keller – Mineralwasser vom Balkon – einen Besen aus der Garage – das Loch aus der Bohrmaschine – einen Luftballon vom Dach **holen**

u) den Chef am Bahnhof – die Kinder von der Schule – einen Freund zu Hause – den Film im Fotogeschäft – die Kartoffeln im Keller **abholen**

**12**

a) Er hat noch nicht gefrühstückt. Das fällt ihm gerade ein.

    *__Ihm fällt gerade ein, dass er noch nicht gefrühstückt hat.__*

b) Vögel fliegen auf den Baum. Das bemerkt der Fotograf.

    Der Fotograf bemerkt, *dass* _____.

c) Schritte sind auf der Treppe. Das hören die Kinder.

    Die Kinder hören, *dass* _____.

d) Die Gäste kommen. Das sieht die Kellnerin.

    Die Kellnerin sieht, *dass* _____.

e) Die Männer kommen gleich zurück. Das spürt der Hund.

    Der Hund spürt, *dass* _____.

f) Die Sängerin ist sehr schön. Das findet der Reporter.

    Der Reporter findet, *dass* _____.

g) Der Wagen fährt schnell weg. Das beobachtet die Polizistin.

Die Polizistin beobachtet, **dass** _____.

h) Der Regen hat aufgehört. Das ist schön.

Es ist schön, **dass** _____.

i) Man kann den Schrank einfach abbauen. Das ist gut.

Es ist gut, **dass** _____.

**zu LB Ü 5** **zu** oder **um zu**? Schreiben Sie die Sätze neu.

**13**

a) Er schaut ihr in die Augen. Das findet er schön.

_**Er findet es schön, ihr in die Augen zu schauen.**_

b) Er kommt an ihren Tisch. Er möchte ihr in die Augen schauen.

_**Er kommt an ihren Tisch, um ihr in die Augen zu schauen.**_

c) Er schaut ihr zu. Er findet es schön

Er findet es schön, _____

d) Er kommt in die Probe und möchte ihr zuschauen.

Er kommt in die Probe, _____

e) Er nimmt einen Tag Urlaub. Er möchte ihr beim Umzug helfen.

Er nimmt einen Tag Urlaub, _____

f) Sie zieht ein. Er hilft ihr.

Er hilft ihr _____

g) Er hat keine Pause gemacht. Das hat er vergessen.

Er hat vergessen, _____

h) Er macht eine Pause. Er will frühstücken.

Er macht eine Pause, _____

i) Er benutzt eine Zange. Er möchte die Flasche zumachen.

Er benutzt eine Zange, _____

j) Er hat die Tür nicht zugemacht. Das hat er vergessen.

Er hat vergessen, _____

k) Sie tut Pfeffer in die Soße. Das ist ihr wichtig.

Es ist ihr wichtig, _____

**14**

| Infinitiv | Perfekt | Infinitiv mit „zu" | Infinitiv | Perfekt | Infinitiv mit „zu" |
|---|---|---|---|---|---|
| hören | *hat gehört* | *zu hören* | fahren | | |
| aufhören | *hat aufgehört* | *aufzuhören* | abfahren | | |
| zuhören | *hat zugehört* | *zuzuhören* | wegfahren | | |
| gehören | *hat gehört* | *zu gehören* | mitfahren | | |
| | | | zurückfahren | | |
| | | | erfahren | | |
| stellen | | | stehen | | |
| abstellen | | | aufstehen | | |
| bestellen | | | verstehen | | |
| suchen | | | sprechen | | |
| aussuchen | | | nachsprechen | | |
| besuchen | | | versprechen | | |
| versuchen | | | | | |
| kommen | | | stecken | | |
| ankommen | | | verstecken | | |
| mitkommen | | | | | |
| entkommen | | | | | |
| zählen | | | fallen | | |
| weiterzählen | | | einfallen | | |
| erzählen | | | umfallen | | |
| | | | gefallen | | |

## zu LB Ü 5 Ergänzen Sie.

**15**

| alle jemand nichts alle etwas alles jedes allen jede alle jedem etwas niemand jedes alle nichts |
|---|

a) Der Bus hält an der Haltestelle, aber da wartet _____.

b) Es klingelt. Da ist _____ an der Tür.

c) Er hat keinen Hunger, deshalb isst er _____ .

d) Die Gäste haben vielleicht noch Durst und möchten gerne noch _____ trinken.

e) Er hat viele Bücher über Mozart gelesen, deshalb weiß er fast _____ über ihn.

f) _____ Kind möchte gern ein Zimmer.

g) _____ Kinder spielen gern.

h) _____ Frau möchte gern schön sein.

i) Ich habe Lust, ein Spiel zu machen. Spielst du bitte _____ mit mir?

j) _____ Männer sind ein bisschen wie Kinder.

k) In _____ Mann steckt ein Kind.

l) Sie öffnen _____ Paket und _____ Kartons. In fast _____ Paketen und Kartons sind Geschenke.

   In einem Karton ist leider _____.

m) Sie möchte _____ Sterne kennen.

## zu LB Ü 5 Was passt nicht?

**16**

a) schnell – ruhig – kurz – lange – unruhig – nervös – ~~groß~~ **warten**

b) tief – in der Mitte – an der Seite – oben – hinten – vorne **schwimmen**

c) genau – allein – blind – von oben **beobachten**

d) blitzschnell – schnell – eilig – gleichzeitig – genau **weglaufen**

e) unbedingt – dringend – hart – viel – wenig **brauchen**

f) kurz – lang – nervös – aufgeregt – ziemlich – spät – früh **telefonieren**

g) zu spät – zu früh – ungefähr – selten – nie – immer – manchmal **kommen**

h) heiß – kalt – klein – täglich – selten **duschen**

i) einfach – still – leise – viel – wenig – süß **arbeiten**

j) genau – ungefähr – deutlich – interessant – groß **beschreiben**

## zu LB Ü 5 Was passt zusammen?

**17**

a) Der Kellner findet den Sessel bequem.  ▪  1. Da fahren keine Züge.

b) Der Kellner ist bequem.  ▪  2. Er ist nicht süß.

c) Die Frau sitzt ganz still.  ▪  3. Es antwortet nicht.

d) Der Bahnhof ist in der Nacht ganz still.  ▪  4. Auf dem kann er gut sitzen.

e) Der Lehrer fragt, aber das Kind bleibt still.  ▪  5. Sie sitzt ganz ruhig.

f) Der Wein ist trocken.  ▪  6. Sie hat eine Stimme wie ein Mann.

g) Der Strumpf ist trocken.  ▪  7. Er schafft mehr als 30 Meter.

h) Der Delfin taucht tief.  ▪  8. Er arbeitet nicht gern viel.

i) Ihre Stimme ist tief.  ▪  9. Er ist nicht mehr nass.

## zu LB Ü 6 Was passt zusammen? (→ Lehrbuch S. 92, Nr. 6)

**18**

a) Elena und Hans-Dieter  ▪  1. kein Loch bohren.

b) Das haben sie von  ▪  2. schon im Wohnzimmer hängt.

c) Sie brauchen dazu  ▪  3. ihrer Tante bekommen.

d) Hans-Dieter soll das Bild  ▪  4. und Tante Marga steht vor der Tür.

e) Aber er will in die Wand  ▪  5. wollen ein Bild aufhängen.

f) Elena möchte dann das Bild  ▪  6. über das Sofa hängen.

g) In dem Moment klingelt es  ▪  7. über ihrem Schreibtisch haben.

h) Sie erwartet, dass das Bild  ▪  8. eine Bohrmaschine.

**zu LB Ü 6** Schreiben Sie die Sätze anders.

**19**

a) Er bohrt gerade Löcher.

_**Er ist dabei, Löcher zu bohren.**_

b) Sie kocht gerade Suppe.

_**Sie ist**_ _____

c) Er repariert gerade die Waschmaschine.

_____

d) Sie liest gerade ein Buch.

_____

e) Wir decken gerade den Tisch.

_____

f) Ich mache gerade den Keller sauber.

_____

g) Sie füttern gerade die Katze.

_____

h) Die Männer tragen gerade die Kisten zum Auto.

_____

**zu LB Ü 6** Schreiben Sie die Sätze anders.

**20**

a) Hans-Dieter möchte, dass Elena das Bild aufhängt.

_**Elena soll das Bild aufhängen.**_

b) Elena will, dass Hans-Dieter einen Hammer holt.

_**Hans-Dieter soll**_ _____

c) Tante Marga möchte, dass das Bild im Wohnzimmer hängt.

_**Das Bild**_ _____

d) Der Vermieter will, dass Hans-Dieter vorsichtig ist.

_**Hans-Dieter**_ _____

e) Ich möchte, dass mein Vater lange im Bett bleibt.

_____

f) Sie will, dass die Farbe schnell trocken wird.

_____

<u>zu LB Ü 7</u> **Was ist richtig?** X̶ (→ Lehrbuch S. 92, Nr. 7)

**21**

◾ a) Else hat eine Tomatensuppe gekocht. Nach dem Essen holt ihr Mann einen Prospekt vom Baumarkt. Er möchte den Flur renovieren. Else ist damit nicht einverstanden. Sie holt aber trotzdem ein Maßband und misst die Wände und den Boden. Alfred möchte eine Tapete mit Blumen. Nach dem Mittagsschlaf wollen sie zum Baumarkt fahren.

◾ b) Alfred hat Hunger. Er möchte gern Spaghetti und Tomatensoße essen. Das Essen ist auch fertig, aber Else will vorher noch den Flur ausmessen. Sie hat nämlich im Baumarktprospekt Sonderangebote gefunden. Else geht mit einem Maßband in den Flur und Alfred notiert Höhe, Breite und Länge. Er ist einverstanden, dass sie am Nachmittag zum Baumarkt fahren. Vorher möchte er aber essen und einen Mittagsschlaf machen.

◾ c) Alfred und Else haben geplant, ihre Wohnung zu renovieren. Zuerst wollen sie den Flur messen, aber Alfred muss noch das Maßband suchen. Else hat im Baumarktprospekt eine Tapete mit Blumen gefunden. Die findet sie schön, weil ihre Nachbarn auch eine Blumentapete haben. Alfred will einen Teppichboden im Flur verlegen. Nachdem sie alle Maße haben, fahren sie zum Baumarkt. Vorher wollen sie aber in der Stadt noch etwas essen, weil sie beide Hunger haben.

<u>zu LB Ü 7</u> **Was passt zusammen?**

**22**

a) Hast du die Höhe gemessen?      ◾    1. Ich meine, dass die Größe stimmt.
b) Wie tief ist das Regal?      ◾    2. Nein, ich meine, dass die Länge passt.
c) Ist der Teppich zu lang?      ◾    3. Ja, der Schrank ist 1,80 m hoch.
d) Meinst du, dass der Spiegel zu groß ist?    ◾    4. Nein, die Breite passt doch gut zum Sofa.
e) Findest du den Sessel nicht zu breit?    ◾    5. Ich habe die Tiefe noch nicht gemessen.

<u>zu LB Ü 7</u> **Ergänzen Sie.**

**23**

a) Meine Schwester ist **_älter_** als mein Bruder.      (alt)

b) Der Schrank ist _____ als die Tür.      (hoch)

c) Das Messer ist jetzt _____ als vorher.      (scharf)

d) Meine Großmutter ist _____ als mein Großvater.    (gesund)

e) Der Tisch ist _____ als der Teppich.      (lang)

f) Unsere Kinder sind _____ als wir.      (groß)

g) Gestern war es _____ als heute.      (kalt)

h) Meine Brüder sind _____ als ich.      (jung)

i) Der Alltag als Notarzt ist _____ als man meint.      (hart)

j) Das Ei muss man _____ als fünf Minuten kochen.      (kurz)

k) Die Glühbirne ist _____ als 100 Watt.      (schwach)

l) Der Motor ist _____ als ich gedacht habe.      (stark)

## zu LB Ü 8 Wie heißen die Wörter?

**24**

| robe | kon | birne | gel | wanne | sche | lette | ster | dose | sel | zung |

a) die Bade_____    e) das Fen_____    i) die Steck_____

b) die Toi_____    f) der Bal_____    j) die Glüh_____

c) der Spie_____    g) der Ses_____    k) die Garde_____

d) die Du_____    h) die Hei_____

## zu LB Ü 8 Welches Wort passt nicht?

**25**

a) **Küche**: Geschirrspüler, Herd, ~~Briefkasten~~, Kühlschrank, Tisch
b) **Schlafzimmer**: Bett, Wecker, Teppich, Waschmaschine
c) **Arbeitszimmer**: Schreibtisch, Schreibmaschine, Badewanne, Telefon
d) **Wohnzimmer**: Couch, Sofa, Sessel, Bücherregal, Toilette, Radio, Fernseher
e) **Haus**: Balkon, Garage, Keller, Hausflur, Briefkasten, Tischdecke
f) **Bad**: Badewanne, Waschbecken, Toilette, Spiegel, Sessel, Rasierapparat, Dusche
g) **Möbel**: Tisch, Stuhl, Schrank, Tapete, Sofa, Bett, Regal

## zu LB Ü 11 Ist der Vokal kurz oder lang? Ordnen Sie.

**26**

a) ~~Pfanne~~ – ~~Sahne~~ – ~~Blatt~~ – ~~Spaß~~ – glatt – Fass – Straße – nass – hacken – backen – Haar – Paar
b) ~~wenn~~ – ~~wen~~ – schleppen – Treppe – ~~nehmen~~ – Pfeffer – Ecke – Decke – messen – Besen – mehr – Meer
c) ~~im~~ – ~~ihm~~ – nimm – ihn – in – drinnen – ihnen – Blick – Schritte – Mitte – bitte – ihr
d) ~~hoffen~~ – ~~Ofen~~ – Rolle – Soße – stoßen – Dose – bohren – Boot – Ohr – ohne – Sonne – Sohn
e) ~~muss~~ – ~~Gruß~~ – Fuß – Schluck – Suppe – Zucker – Uhr – Flur – kaputt – Butter – Mutter – gut

| a) kurz | lang | b) kurz | lang | c) kurz | lang | d) kurz | lang | e) kurz | lang |
|---------|------|---------|------|---------|------|---------|------|---------|------|
| Pfanne | Sahne | wenn | wen | im | ihm | hoffen | Ofen | muss | Gruß |
| Blatt | Spaß | _____ | nehmen | _____ | _____ | _____ | _____ | _____ | _____ |
| _____ | _____ | _____ | _____ | _____ | _____ | _____ | _____ | _____ | _____ |
| _____ | _____ | _____ | _____ | _____ | _____ | _____ | _____ | _____ | _____ |
| _____ | _____ | _____ | _____ | _____ | _____ | _____ | _____ | _____ | _____ |
| _____ | _____ | _____ | _____ | _____ | _____ | _____ | _____ | _____ | _____ |
| | | | | _____ | _____ | | | | |

## zu LB Ü 11 Ergänzen Sie.

**27**

| a) ~~schnell~~ ~~Mehl~~ | b) reißen reisen | c) schaffen Schafen | d) Meer mehr | e) dass das |
|---|---|---|---|---|
| f) nass Nase | g) Sonne Sohn | h) Nüsse Füße | i) Betten beten | j) gut kaputt |

a) Gib mir **schnell** das **Mehl** für den Kuchen.

b) Zwei Sanitäter haben Urlaub und _____, zwei Sanitäter _____ die Jacken vom Haken.

c) Er springt mit den _____ über den Bach und sie _____ es.

d) Der Delfin taucht im _____ ein, deshalb kann sie ihn nicht _____ sehen.

e) Er findet, _____ _____ Wasser ein bisschen kalt ist.

f) Ihr Regenschirm hat Löcher, deshalb sind ihre Haare und ihre _____ _____ .

g) Der Vater und sein _____ liegen in der _____ .

h) Sie steht ohne Schuhe unter dem Nussbaum und zwei _____ fallen auf ihre _____ .

i) Sie möchten schlafen, aber vorher _____ sie in den _____ .

j) Ein Hut hat ein Loch und ist leider _____ , ein Hut ist richtig und passt ihm _____ .

## zu LB Ü 12 Wie heißen die Sätze?

**28**

a) Das ist unser Wohnzimmer. (wie – Ihnen – es – gefällt ?)

   **_Wie gefällt es Ihnen?_**

b) Und das ist die Küche. (Sie – finden – sie – Wie ?)

   _____

c) Hier ist das Bad. (finden – wir – , dass – leider – es – ist – klein – ein bisschen zu)

   _____

d) Und hier sind die Kinderzimmer. (hier – die Kinder – haben – viel Platz – um – spielen – zu)

   _____

e) Wir möchten Ihnen noch die Terrasse zeigen. (wie – die – finden – Sie ?)

   _____

f) Und das ist unser Garten. (weil – er – etwas klein – ist, wir – haben – keine Bäume)

   _____

g) Oben gibt es einen Balkon. (der – sehr hell – ist, deshalb – wir – oft – sitzen – dort, wenn – lesen – möchten – wir)

   _____

h) Unter dem Dach haben wir ein Hobbyzimmer. (ist – es – mir – ein bisschen zu klein, aber – finde – es – ich – schön und hell – sehr)

   _____

i) Das Arbeitszimmer ist unten. (da – mein Mann – am Computer arbeiten – , denn – ist – ruhig – es)

   _____

j) Und dann gibt es noch die Garage. (da – er – sehr oft – ist – um – zu – reparieren – sein Motorrad)

   _____

## zu LB Ü 12 Ordnen sie das Gespräch.

29

□ ■ Wie groß ist sie denn genau?

□ ● Nein, hoch sind die nicht, nur 98 Euro für Heizung und Warmwasser. Das sind zusammen genau 686 Euro.

□ ■ Ja natürlich. Ruf schnell an, damit wir einen Termin bekommen.

*1* ● Schau mal, hier in der Zeitung steht eine 2-Zimmer-Wohnung mit Terrasse und Garten.

□ ■ Aber dann sind die Nebenkosten bestimmt hoch.

□ ● Im Stadtzentrum, und in der Anzeige steht, dass sie hell und groß ist.

□ ■ 686 Euro? Das geht noch. Aber sag mal, wo liegt die Wohnung denn?

□ ● Nein, teuer ist sie nicht. Sie kostet nur 588 Euro pro Monat – ohne Nebenkosten.

□ ● 65 Quadratmeter, mit Küche und Bad. Meinst du, dass wir die Wohnung mal anschauen sollen?

□ ■ Aber die ist bestimmt teuer.

## zu LB Ü 12 Welches Wort passt? Ergänzen Sie auch den Artikel.

30

| Anzeige | ~~Miete~~ | Nebenkosten | Quadratmeter | Haustür | Briefkasten | Namensschild |
| Zeitung | Telefonbuch | Ofen | Teppich | Leiter | Bohrmaschine | Hammer |

a) Man muss sie jeden Monat bezahlen, wenn man eine Wohnung mietet: *die Miete*

b) Man liest sie, um eine Wohnung zu finden: ____ _____

c) Wenn man in der Wohnung Länge und Breite misst, weiß man sie: ____ _____

d) Man bezahlt sie für Heizung und Warmwasser: ____ _____

e) Sie ist größer als ein Buch und man kann sie auch lesen: ____ _____

f) Man muss es am Briefkasten anbringen, damit man seine Post bekommt: ____ _____

g) Man braucht ihn, damit der Briefträger die Post bringen kann: ____ _____

h) Man soll sie mit dem Schlüssel abschließen, wenn man aus dem Haus geht: ____ _____

i) Man braucht ihn, um einen Nagel in die Wand zu schlagen: ____ _____

j) Man kann ihn an die Wand hängen oder auf den Boden legen: ____ _____

k) Man braucht ihn, um zu heizen, zu kochen, zu backen oder zu braten: ____ _____

l) Man benutzt sie, wenn man ein Loch in die Wand machen will: ____ _____

m) Man benutzt sie, um auf einen Baum oder auf ein Dach zu steigen: ____ _____

n) Man braucht es, wenn man eine Nummer finden möchte: ____ _____

**31**

der Fensterladen    der Briefkasten    der Wasserhahn    das Waschbecken    die Garage
die Toilette/das WC    die Müllabfuhr    der Griff    der Schalter    der Schlüssel    der Grill
die Feuerwehr    die Stromleitung    die Kontrolllampe    der Regler

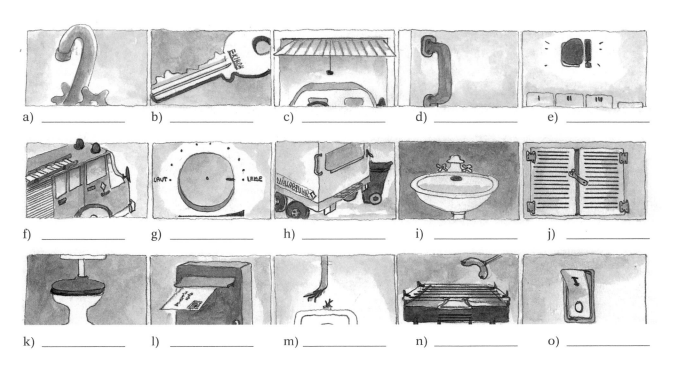

a) _____    b) _____    c) _____    d) _____    e) _____

f) _____    g) _____    h) _____    i) _____    j) _____

k) _____    l) _____    m) _____    n) _____    o) _____

**zu LB Ü 14** Welches Wort passt? Ergänzen Sie.

**32**

a) Wenn Sie telefonieren möchten, _____ Sie zuerst eine Null. (wählen, machen, rufen)

b) Sie können die Karten in der Kommode benutzen, wenn Sie _____ machen wollen. (Holzkohle, Ausflüge, Strom)

c) Sie müssen die _____ einschalten, damit Sie Strom haben. (Dusche, Heizung, Sicherung)

d) Bitte _____ Sie jeden Tag unsere Fische, weil sie auch Hunger haben. (füttern, grillen, duschen)

e) Drehen Sie bitte den Wasserhahn im Gäste-WC immer fest zu, weil er sonst _____. (leuchtet, tropft, wandert)

f) Stellen Sie die _____ am besten schon mittwochs an die Straße, damit Sie nicht so früh aufstehen müssen. (Fensterläden, Hausschlüssel, Müllsäcke)

g) Um die Heizung einzuschalten, brauchen Sie nur den Hauptschalter zu _____. (drücken, schließen, öffnen)

h) Die Kühlschranktür müssen Sie immer fest zumachen, weil sie ein bisschen _____. (drückt, tropft, klemmt)

i) Wenn Sie keine Mäuse im Haus haben wollen, schließen Sie bitte immer die _____. (Kellertür, Kühlschranktür, Badezimmertür)

j) Wenn Sie abreisen, bringen Sie bitte die _____ zu Familie Mitteregger. (Telefonnummern, Hausschlüssel, Fische)

## zu LB Ü 14 Was passt zusammen?

**33**

a) Wenn die Heizung an ist, ■ 　 1. damit die Müllabfuhr sie abholt.

b) Vergessen Sie bei der Abreise bitte nicht, ■ 　 2. muss man fest gegen den Griff drücken.

c) Man muss den Wasserhahn fest zudrehen, ■ 　 3. wenn man duschen will.

d) Um das Garagentor zu öffnen, ■ 　 4. muss man die Hauptsicherung einschalten.

e) Der Regler muss auf III stehen, ■ 　 5. leuchtet die Kontrolllampe.

f) Die Müllsäcke müssen an der Straße stehen, ■ 　 6. wenn man sie nicht fest zumacht.

g) Die Kühlschranktür schließt nicht richtig, ■ 　 7. die Haustür zweimal abzuschließen.

h) Um Strom zu haben, ■ 　 8. damit er nicht tropft.

## zu LB Ü 14 Welche Antwort passt? Schreiben Sie. (→ Lehrbuch S. 97)

**34**

> Am Donnerstag. 　 An die Straße. 　 Auf Stufe 3. 　 Bei den Nachbarn. 　 Die Haustür zweimal abschließen. 　 Er tropft. 　 Im Keller. 　 Mit einem Trick. 　 Neben dem Telefon. 　 Neben der Kellertür. 　 Sie klemmt ein bisschen. 　 Weil sonst Mäuse ins Haus kommen.

a) Was soll Familie Nees bei der Abreise machen? _____

b) Welches Problem gibt es mit der Kühlschranktür? _____

c) Wo liegt die Liste mit den Telefonnummern? _____

d) Wann kommt die Müllabfuhr? _____

e) Wo ist die Holzkohle? _____

f) Wo ist der Kasten mit den Sicherungen? _____

g) Wie kann man das Garagentor öffnen? _____

h) Was ist mit dem Wasserhahn im Gäste-WC nicht in Ordnung? _____

i) Wo soll Familie Nees bei der Ankunft die Hausschlüssel abholen? _____

j) Wohin soll Familie Nees die Müllsäcke stellen? _____

k) Warum soll Familie Nees immer die Kellertür schließen? _____

l) Wie muss der Regler stehen, wenn man duschen will? _____

## zu LB Ü 14 Schreiben Sie die Sätze anders.

**35**

a) Wenn Sie duschen wollen, drehen Sie den Regler auf III.

*Um zu duschen, drehen Sie den Regler auf III.*

*Damit Sie duschen können, müssen Sie den Regler auf III stellen.*

b) Wenn Sie telefonieren wollen, wählen Sie zuerst eine Null.

*Um* _____

*Damit* _____

c) Wenn Sie grillen wollen, benutzen Sie die Holzkohle im Keller.

*Um* _____

*Damit* _____

d) Wenn Sie wandern wollen, benutzen Sie die Karten in der Kommode.

*Um* _____

*Damit* _____

e) Wenn Sie die Garage öffnen wollen, drehen Sie den Griff nach rechts.

*Um* _____

*Damit* _____

f) Wenn Sie ein Taxi rufen wollen, schauen Sie in die Telefonliste.

*Um* _____

*Damit* _____

## zu LB Ü 14 Schreiben Sie.

**36**

a) (Hauptsicherung / einschalten)    *Bitte schalten Sie die Hauptsicherung ein.*

b) (Wasserhahn / fest zudrehen)    *Bitte* _____

c) (Kellertür / zumachen)    *Bitte* _____

d) (Schlüssel bei den Nachbarn abholen)    *Bitte* _____

e) (Haustür / zweimal abschließen)    *Bitte* _____

f) (Fische jeden Tag füttern)    *Bitte* _____

g) (Müllsäcke / an der Straße abstellen)    *Bitte* _____

h) (Hauptschalter / drücken)    *Bitte* _____

i) (Griff / nach rechts drehen)    *Bitte* _____

j) (Fensterläden / alle aufmachen)    *Bitte* _____

# Wörter im Satz

| | Ihre Muttersprache | Schreiben Sie einen Satz aus Delfin, Lehrbuch. |
|---|---|---|
| ____ Aussicht | _____ | _____ |
| ____ Briefkasten | _____ | _____ |
| ____ Couch | _____ | _____ |
| ____ Ecke | _____ | _____ |
| ____ Feier | _____ | _____ |
| ____ Lastwagen | _____ | _____ |
| ____ Mitte | _____ | _____ |
| ____ Ohr | _____ | _____ |
| ____ Schatten | _____ | _____ |
| ____ Tante | _____ | _____ |
| ____ Treppe | _____ | _____ |
| abholen | _____ | _____ |
| bemerken | _____ | _____ |
| einfallen | _____ | _____ |
| entdecken | _____ | _____ |
| fürchten | _____ | _____ |
| hoffen | _____ | _____ |
| messen | _____ | _____ |
| vorhaben | _____ | _____ |
| wachsen | _____ | _____ |
| breit | _____ | _____ |
| damit | _____ | _____ |
| dass | _____ | _____ |
| dunkel | _____ | _____ |
| gleich | _____ | _____ |
| jemand | _____ | _____ |
| mitten | _____ | _____ |

oben _____ _____

schließlich _____ _____

schwierig _____ _____

sogar _____ _____

um ... zu _____ _____

# Grammatik

## Artikelwort **jeder**

**38**

| | definiter Artikel | Artikelwort „jeder" | | |
| | Nominativ | Nominativ | Akkusativ | Dativ |
|---|---|---|---|---|
| **Maskulinum** | **der** Stuhl | **jeder** Stuhl | **jeden** Stuhl | **jedem** Stuhl |
| **Femininum** | **die** Couch | **jede** Couch | **jede** Couch | **jeder** Couch |
| **Neutrum** | **das** Sofa | **jedes** Sofa | **jedes** Sofa | **jedem** Sofa |
| **Plural** | **die** Möbel | **alle** Möbel | **alle** Möbel | **allen** Möbeln |

## Generalisierende Indefinitpronomen

**39**

| Nominativ | | Akkusativ | | Dativ | |
|---|---|---|---|---|---|
| **Alles** | ist sauber. | Ich mache **alles** sauber. | | Ich bin mit **allem** einverstanden. | |
| **Nichts** | ist fertig. | Ich kann **nichts** sehen. | | | |
| **Etwas** | fällt um. | Ich suche **etwas.** | | | |

## Steigerung mit Vokalwechsel

**40**

| Positiv | Komparativ | Superlativ |
|---|---|---|
| **scharf** | schärfer | am schärfsten |
| **stark** | stärker | am stärksten |
| **lang** | länger | am längsten |
| **kurz** | kürzer | am kürzesten |
| **groß** | größer | am größten |
| **hoch** | höher | am höchsten |

S 43

## Konjugation **werden**

**41**

|  | *werden* |
|---|---|
| **ich** | werde |
| **du** | **wirst** |
| **er/sie/es/man** | **wird** |
| **wir** | werden |
| **ihr** | werdet |
| **sie/Sie** | werden |
| **er/sie/es/man** | ist geworden |

S 44

## Starke Verben

**42**

| *Infinitiv* | *3. P. Sg. Präsens* | *Perfekt* |
|---|---|---|
| **biegen** | biegt | hat gebogen |
| **bieten** | bietet | hat geboten |
| **einziehen** | zieht ein | ist eingezogen |
| **erschrecken** | erschrickt | ist erschrocken |
| **fallen** | fällt | ist gefallen |
| **gelingen** | gelingt | ist gelungen |
| **greifen** | greift | hat gegriffen |
| **messen** | misst | hat gemessen |
| **schließen** | schließt | hat geschlossen |
| **stoßen** | stößt | hat gestoßen |
| **streichen** | streicht | hat gestrichen |
| **vorschlagen** | schlägt vor | hat vorgeschlagen |
| **wachsen** | wächst | ist gewachsen |

S 60 a)

## Infinitivsatz mit **zu**

**43**

| | | |
|---|---|---|
| Sie tanzen. | Sie fangen an. | Sie fangen an **zu** tanzen. |
| Sie tanzen weiter. | Sie haben Zeit. | Sie haben Zeit weiter**zu**tanzen. |
| Sie tanzen Tango. | Es macht ihnen Spaß. | Es macht ihnen Spaß, Tango **zu** tanzen. |
| | *Ebenso:* beginnen | |
| | aufhören | |
| | versuchen | **zu** … |
| | vergessen | |
| | es schaffen | |
| | dabei sein | |
| | … | |

## Erweiterter Infinitivsatz mit **um … zu**, **ohne zu**

44

| | Junktor | | Verb(1) | | | Verb(2) |
|---|---|---|---|---|---|---|
| | | Er | benutzt | | einen Topf. | |
| | | Er | will | | Musik | **machen.** |
| Er benutzt einen Topf, | **um** | | | | Musik | **zu** machen. |
| | | Er | geht | | aus dem Haus. | |
| | | Er | macht | nicht | die Tür | zu. |
| Er geht aus dem Haus, | **ohne** | | | | die Tür | zu**zu**machen. |

## Verwendung von **um … zu** und **damit**

45

| **Sie** öffnet den Regenschirm. | | **Sie** will nicht nass werden. | *Subjekte: identisch (**sie**)* |
|---|---|---|---|
| **Sie** öffnet den Regenschirm, | **um** | nicht nass **zu** werden. | |

| **Sie** öffnet den Regenschirm. | | **Ihre Haare** sollen nicht nass werden. | *Subjekte: verschieden* |
|---|---|---|---|
| **Sie** öffnet den Regenschirm, | **damit** | **ihre Haare** nicht nass werden. | (**sie** – **ihre Haare**) |

## Nebensatz mit **dass**

46

| Akkusativergänzung = Nomen | | Akkusativergänzung = Nebensatz | | |
|---|---|---|---|---|
| Sie hört | Schritte. | Sie hört, | **dass** jemand im Flur ist. | *Was hört sie?* |
| Sie sieht | Vögel. | Sie sieht, | **dass** Vögel auf den Baum fliegen. | *Was sieht sie?* |

| | | Nominativergänzung = Nebensatz | | |
|---|---|---|---|---|
| Der Regen hört auf. | Das ist schön. | Es ist schön, | **dass** der Regen aufhört. | *Was ist schön?* |
| Sie machen eine Pause. | Das ist gut. | Es ist gut, | **dass** sie eine Pause machen. | *Was ist gut?* |

# Wortschatz

### Nomen

e Abreise, –n
**e Ankunft, ⸚e**
r Apfelbaum, ⸚e
s Aquarium, Aquarien
s Arbeitszimmer, –
**r Arzt, ⸚e**
**r Aufzug, ⸚e**
s Augenpaar, –e
**r Ausflug, ⸚e**
s Aussehen
**e Aussicht, –en**

e Autowerkstatt, ⸚en
r Bach, ⸚e
r Baumarkt, ⸚e
r Berliner, –
r Besen, –
**e Bitte, –n**
**s Blatt, ⸚er**
e Blumentapete, –n
e Bohrmaschine, –n
**s Boot, –e**
**e Breite, –n**
**r Briefkasten, ⸚**
r Briefkastenschlüssel, –
s Bügeleisen, –
**e Chance, –n**
s Chaos

**e Couch, –en**
r Couchtisch, –e
**s Dach, ⸚er**
**e Ecke, –n**
s Einfamilienhaus, ⸚er
e Einweihungsparty, –s
r Einzug
s Esszimmer, –
**r Fall, ⸚e**
**e Feier, –n**
r Fensterladen, ⸚
r Fernsehsessel, –
**e Feuerwehr, –en**
r Flur, –e
r Föhn, –e
s Garagentor, –e

e Gästetoilette, –n
s Gästezimmer, –
e Glühbirne, –n
**r Griff, –e**
r Hauptschalter, –
e Hauptsicherung, –en
r Hausschlüssel, –
r Haustausch
e Heizung, –en
**r Hinweis, –e**
**e Höhe**
r Horizont, –e
e Kaffeemaschine, –n
r Karton, –s
**e Kassette, –n**
**r Kasten, ¨**
r Keks, –e
e Kellertür, –en
**s Kino, –s**
r Kochlöffel, –
e Kommode, –n
e Kontrolllampe, –n
e Kühlschranktür, –en
**e Lage, –n**
**e Länge, –n**
**r Lastwagen, –**
**e Liste, –n**
**r Makler, –**
s Maßband, ¨er
**s Meer, –e**
**e Miete, –n**
**e Mitte**
r Mixer, –
s Möbelstück, –e
**r Monat, –e**
**r Motor, –en**
e Müllabfuhr
r Müllsack, ¨e
**r Nachbar, –n**
s Namensschild, –er
 Nebenkosten (pl)
**s Netz, –e**
**e Null**
**r Ofen, ¨**
**s Ohr, –en**
r Pilot, –en
r Plastiksack, ¨e
**r Preis, –e**

r Prospekt, –e
r Psychologe, –n
r Quadratmeter, –
r Rahmen, –
r Regler, –
r Reisepass, ¨e
r Rentner, –
**e Reparatur, –en**
e Sache, –n
s Schaf, –e
**r Schatten, –**
s Schlafsofa, –s
s Schlagzeug, –e
**r Schnee**
s Schreibpult, –e
e Schriftstellerin, –nen
**r Schritt, –e**
s Shampoo, –s
e Shampooflasche, –n
e Sicherung, –en
**e Socke, –n**
s Sonderangebot, –e
**e Soße, –n**
r Spiegelschrank, ¨e
**r Sprung, ¨e**
**e Steckdose, –n**
**r Stecker, –**
e Stromleitung, –en
**e Stufe, –n**
**e Tabelle, –n**
r Tango
**e Tante, –n**
e Tapete, –n
e Taucherbrille, –n
**r Teil, –e**
**e Terrasse, –n**
**e Treppe, –n**
s Treppenhaus, ¨er
r Trick, –s
r Türspalt, –en
r Umzug, ¨e
**r Vermieter, –**
Verschiedenes
s Versteck, –e
**r Vorhang, ¨e**
s Warmwasser
s Waschbecken, –
r Wasserhahn, ¨e

s WC, –s
e Wohnungstür, –en
r Wolf, ¨e
e Zange, –n
r Zentimeter, –

## Verben

ab·bauen
**ab·holen**
an·bringen
auf·gehen
auf·hängen
**auf·hören**
auf·schieben
auf·stoßen
aus·messen
**aus·packen**
aus·schlafen
**aus·sehen**
**beachten**
befreien
**begrüßen**
**bemerken**
biegen
**bieten**
bohren
dabei sein
decken
**drehen**
**ein·fallen**
ein·ziehen
**entdecken**
entkommen
**erschrecken**
**erwarten**
**fallen**
flüchten
**fürchten**
**gelingen**
greifen
**heizen**
**herrschen**
**hoffen**
jagen
klemmen
**klopfen**
leuchten

los·gehen
**messen**
mit·fahren
**nach·schlagen**
**öffnen**
räumen
reizen
schleppen
**schließen**
**schützen**
**sparen**
spüren
**stecken**
stoßen
streichen
stützen
tapezieren
tauschen
toben
**trocknen**
tropfen
um·fallen
unter·bringen
**versuchen**
vorbei·ziehen
**vor·haben**
**vor·schlagen**
**wachsen**
wackeln
weiter·tanzen
**wiederholen**
zittern
zu·drehen

## Adjektive

**breit**
**dunkel**
gefangen
gestrichen
**glatt**
**hell**
kitschig
länger
**möglich**
näher
**praktisch**
romantisch
schwarz
**schwierig**
**sicher**
steif
**still**
überrascht
unglaublich
unruhig
zusammengerollt

## Adverbien

blitzschnell
**direkt**
**drinnen**
**ebenfalls**
erst einmal
**fest**
**gemeinsam**
**gleich**
**gleichzeitig**
**mitten in**

**nah**
**oben**
**schließlich**
**sogar**
**stark**
**überall**
umgekehrt
**unten**
von selbst
zweimal

## Funktionswörter

**damit**
**dass**
**jemand**
**jeder**
**ohne zu**
**um zu**
wozu?

## Ausdrücke

Das stimmt.
Gute Nacht.
So ein Glück!
Das geht ja!
für alle Fälle
um die Ecke biegen
liegen sehen

## Abkürzungen

Fam. = Familie
usw. = und so weiter
m² = Quadratmeter

**In Deutschland sagt man:**
an sein
ansehen
e Couch, –en
r Kasten, ¨
r Prospekt, –e
r Schrank, ¨e
r Sessel, –
r Stuhl, ¨e

**In Österreich sagt man auch:**
brennen
anschauen
s Sofa, –s
e Kiste, –n
s Prospekt, –e
r Kasten, ¨

r Sessel, –

**In der Schweiz sagt man auch:**


s Sofa, –s


r Kasten, ¨
der Fauteuil, –s

# Lektion 10

## zu LB Ü 2  Ergänzen Sie.

**1**

a) Das Auto ist rot. **_Das rote Auto_** _____ fährt schnell.

b) Die Banane ist gelb. _____ schmeckt gut.

c) Das Meer ist blau. _____ funkelt in der Sonne.

d) Der Koffer ist grün. _____ liegt im Keller.

e) Der Regenschirm ist weiß. _____ steht im Schrank.

f) Die Kohle ist schwarz. _____ brennt gut.

g) Der Ball ist klein. _____ hat ein Loch.

h) Das Kind ist fröhlich. _____ isst ein Eis.

i) Der Pullover ist hell. _____ kostet 30 Euro.

j) Die Suppe ist salzig. _____ steht auf dem Herd.

## zu LB Ü 2  Schreiben Sie jeweils zwei Sätze.

**2**

a) Koffer: rot / neu – neu / rot

**_Der rote Koffer ist neu._**

**_Der neue Koffer ist rot._**

b) Fahrrad: gelb / neu – neu / gelb

**_Das gelbe_** _____

_____

c) Meer: blau / tief – tief / blau

**_Das_** _____

_____

d) Ball: grün / klein – klein / grün

**_Der_** _____

_____

e) Baum: groß / schön – schön / groß

**_Der_** _____

_____

f) Brille: alt / gelb – gelb / alt

**_Die_** _____

_____

g) Auto: schmutzig / schwarz – schwarz / schmutzig

**_Das_** _____

_____

h) Mädchen: fleißig / freundlich – freundlich / fleißig

**_Das_** _____

_____

i) Apfel: hart / süß – süß / hart

**_Der_** _____

_____

j) Brücke: breit / lang – lang / breit

**_Die_** _____

_____

## zu LB Ü 2 Ergänzen Sie.

**3**

a) der grüne Regenschirm – die grünen Regenschirme

b) die blaue Blumenvase – die _____ Blumenvasen

c) der _____ Koffer – die schwarzen Koffer

d) das grüne Fahrrad – die _____ Fahrräder

e) die gelbe Tasche – die _____ Taschen

f) der blaue Hut – die _____ Hüte

g) der _____ Strumpf – die bunten Strümpfe

h) das _____ Blatt – die großen Blätter

i) der lange Bart – die _____ Bärte

j) die _____ Blume – die schönen Blumen

## zu LB Ü 2 Bilden Sie Sätze.

**4**

a) (groß – rote – ist – Regenschirm – der)

b) (blauen – sind – Schuhe – die – bequem)

c) (Ball – kaputt – der – ist – gelbe)

d) (ist – der – heiß – schwarze – Kaffee)

e) (der – süß – warme – Kakao – ist )

f) (sind – roten –bequem – die – Schuhe)

g) (die – Autos – schnell – sind – weißen)

h) (Sessel – teuer – bequeme – ist – der)

i) (das – ist – hart – alte – Brot )

j) (junge – ist – Frau – die – freundlich)

*Der rote Regenschirm ist groß.*

*Die blauen Schuhe* _____

*Der* _____

_____

_____

_____

_____

_____

## zu LB Ü 4 Ergänzen Sie neuer, neue, neues.

**5**

a) der Ofen:     *ein neuer Ofen* _____

b) die Brücke:    *eine* _____

c) das Auto:     _____

d) die Freundin:   _____

e) der Tisch:    _____

f) die Bluse:    _____

g) die Puppe:    _____

h) der Stiefel:   _____

i) das Bild:     _____

j) der Hut:     _____

k) das Sofa:     _____

l) der Ball:     _____

m) das Bett:     _____

n) das Restaurant:  _____

o) das Klavier:    _____

**6**

a) ein Mann – alt, jung, groß, klein

*ein alter Mann*      *ein junger Mann*      *ein großer Mann*      *ein kleiner Mann*

b) ein Mädchen – jung, dick, klein, groß

*ein junges Mädchen*   _____   _____   _____

c) eine Suppe – heiß, rot, gut, scharf

_____   _____   _____   _____

d) ein Paar – verliebt, alt, glücklich, verheiratet

_____   _____   _____   _____

e) eine Limonade – süß, gelb, kalt, rot

_____   _____   _____   _____

f) ein Pferd – nervös, gesund, wundervoll, ruhig

_____   _____   _____   _____

g) ein Fluss – schön, sauber, lang, breit

_____   _____   _____   _____

h) eine Wurst – fett, salzig, scharf, klein

_____   _____   _____   _____

i) ein Koffer – voll, leer, groß, grün

_____   _____   _____   _____

j) ein Zimmer – hell, klein, ungewöhnlich, gemütlich

_____   _____   _____   _____

zu LB Ü 4   Schreiben Sie.

**7**

a) Apfelbaum / Apfelbäume: groß

*Das ist ein großer Apfelbaum. – Das sind große Apfelbäume.*

b) Frau / Frauen: jung

*Das ist eine* _____ . – *Das sind* _____ .

c) Brot / Brote: lang

_____ . – _____ .

d) Kirsche / Kirschen: rot

_____ . – _____ .

e) Schwein / Schweine: dick

_____ . – _____ .

f) Wurst / Würste: fett

_____. – _____.

g) Ofen / Öfen: heiß

_____. – _____.

h) Huhn / Hühner: weiß

_____. – _____.

i) Suppe / Suppen: gut

_____. – _____.

j) Vase / Vasen: gelb

_____. – _____.

## zu LB Ü 4  Wie heißen die Nomen? Schreiben Sie.

**8**

a) baum – fel – ap      *der Apfelbaum* _____

b) trau – wein – be      *die* _____

c) mo – li – de – na      *die* _____

d) gum – stie – mi – fel      *der* _____

e) men – blu – vase      *die* _____

f) re – schirm – gen      *der* _____

g) ko – scho – de – la      *die* _____

h) schuh – hand      *der* _____

i) ta – hand – sche      *die* _____

j) rad – fahr      *das* _____

k) ba – ne – na      *die* _____

## zu LB Ü 4  Schreiben Sie die Sätze richtig.

**9**

a) derbaumhatvielegrüneblätter

   *Der Baum hat viele grüne Blätter.*

b) schokoladeundeissindsüß

   _____

c) eisschmecktgutmitsahne

   _____

d) zumnachtischgibtespudding

   _____

e) ichholekohlefürdenofen

   _____

f) daspferdläuftüberdiebrücke

   _____

g) dasverliebtepaarschwimmtimsee

   _____

h) eindickesschweinstehtaufderwiese

   _____

i) kleinekindertrinkenlimonade

   _____

## zu LB Ü 4 Was passt zusammen? Unterstreichen Sie.

**10**

a) <u>Brücke</u> – Brot – <u>Fluss</u>

b) Lippen – Schuhe – Strümpfe

c) Pferd – Schwein – Suppe

d) Koffer – Wein – Limonade

e) Käse – Hut – Wurst

f) Apfel – Kirsche – Ball

g) Kuss – Lippen – Wiese

h) Auto – Meer – See

i) Kohle – Ofen – Sahne

## zu LB Ü 4 Ergänzen und schreiben Sie.

**11**

a) Der Schirm ist **_alt_**._____ Das ist ein **_alter_**_____ Schirm. Der **_alte_**_____ Schirm ist kaputt.

b) Die Brücke ist _____. Das ist eine **_neue_**_____ Brücke. Die _____ Brücke ist breit.

c) Die Wiese ist **_grün_**._____ Das ist eine _____ Wiese. Die _____ Wiese ist nass.

d) Der Käse ist **_groß_**._____ Das ist ein _____ Käse. Der _____ Käse schmeckt gut.

e) (Wurst / lang) _____. _____. _____ ist fett.

f) (Tisch / neu) _____. _____. _____ ist teuer.

g) (Lampe / hell) _____. _____. _____ fällt um.

h) (Vogel / klein) _____. _____. _____ fliegt weg.

i) (Kirschen / süß) _____ sind _____. _____ sind _____.
_____ sind rot.

j) (Männer / jung) _____ sind _____. _____ sind _____. _____ sind nett.

## zu LB Ü7 Welcher Satz passt zu welchem Abschnitt im Text? (→ Lehrbuch S. 100) Ergänzen Sie die Nummern 1 bis 6.

**12**

a) ■ Helga Fächer hat als Kind ihre langen Haare abgeschnitten, obwohl sie das nicht durfte.

b) ■ Helga Fächer kann nicht verstehen, dass ihr Sohn schwarze Zimmerdecken schön findet.

c) ■ Helga Fächer hat ihrer Nichte ein weißes Kleid zum Geburtstag geschenkt, damit das arme Kind nicht immer Jeans tragen muss.

d) ■ Helga Fächer musste sonntags als Kind ein weißes Kleid tragen, weil ihre Eltern das wollten.

e) ■ Helga Fächer findet, dass ihre Freundin keinen Geschmack hat, weil sie jede Mode mitmacht.

f) ■ Helga Fächer findet Piercing schrecklich, aber ihre Tochter möchte noch mehr Schmuck im Gesicht haben.

## zu LB Ü 7 Was ist richtig? ☒ (→ Lehrbuch S. 100)

**13**

a) Vera ist ■ eine Tochter von Helga Fächer.

■ eine Freundin

■ eine Nichte

b) Helga Fächer trägt meistens ■ lange Röcke.

■ enge Kleider.

■ helle Pullover.

c) Michael wollte ▪ seine Zimmerdecke schwarz streichen.
   ▪ sein Bett blau bemalen.
   ▪ alle Wände grün anstreichen.

d) Lara hat drei Ringe ▪ in der Nase.
   ▪ im linken Ohr.
   ▪ über dem rechten Auge.

e) Helga Fächer wollte als kleines Kind ▪ immer Jeans tragen.
   ▪ nie Jeans anziehen.
   ▪ sonntags immer ein weißes Kleid anziehen.

f) Ihre Eltern wollten nicht, ▪ dass sie wie ein Mädchen aussieht.
   ▪ dass sie lange Zöpfe trägt.
   ▪ dass sie zum Friseur geht.

g) Helga Fächer schenkt ihrer Nichte zum Geburtstag ▪ ein weißes Kleid.
   ▪ einen weißen Rock.
   ▪ einen Ohrring.

h) Die kleine Nichte muss immer ▪ Zöpfe tragen.
   ▪ Jeans anziehen.
   ▪ Kleider tragen.

## zu LB Ü 7 __Welcher Satz hat die gleiche Bedeutung? ✗

**14**

a) Vera macht jede Mode mit.
   1. ▪ Vera kauft immer alles, was gerade modern ist.
   2. ▪ Vera mag keine moderne Kleidung.

b) Sie hat kein Gefühl dafür, welche Kleidung zu ihr passt.
   1. ▪ Sie weiß nicht, was sie anziehen möchte.
   2. ▪ Sie weiß nicht, mit welcher Kleidung sie hübsch aussieht.

c) Der kurze Rock steht ihr nicht.
   1. ▪ Der kurze Rock sieht an ihr nicht schlecht aus.
   2. ▪ Der kurze Rock passt nicht zu ihr.

d) Michael bleibt bei seiner Meinung.
   1. ▪ Michael findet seine Meinung immer noch richtig.
   2. ▪ Michael hat keine eigene Meinung.

e) Meine Tochter hört gelegentlich noch auf mich.
   1. ▪ Manchmal macht meine Tochter noch, was ich möchte.
   2. ▪ Meine Tochter hört mir manchmal nicht zu.

f) Für die Zukunft sehe ich schwarz.
   1. ▪ Ich glaube, dass die Zukunft Probleme bringt.
   2. ▪ Ich glaube, dass ich in Zukunft nicht mehr gut sehen kann.

g) Lara hat feste Pläne für die Zukunft.
   1. ▪ Lara hat eine schöne Zukunft.
   2. ▪ Lara weiß genau, was sie in Zukunft machen will.

h) Meine Eltern hatten es nicht leicht mit mir.
   1. ▪ Meine Eltern hatten Probleme mit mir.
   2. ▪ Ich war als Kind ziemlich dick.

i) Meine Eltern hatten kein Verständnis.
   1. ▪ Meine Eltern konnten meine Wünsche nicht verstehen.
   2. ▪ Meine Eltern wussten nicht, was sie wollten.

**15**

a) Röcke / kurz

☺ *Sie liebt kurze Röcke.*

*Sie findet kurze Röcke schön.*

*Sie findet, dass ihr kurze Röcke stehen.*

☹ *Sie mag keine kurzen Röcke.*

*Sie hasst kurze Röcke.*

*Sie findet kurze Röcke schrecklich.*

b) Kleider / weiß

☺ *Sie liebt* _____

_____

_____

☹ _____

_____

_____

c) Pullover / eng

☺ _____

_____

_____

☹ _____

_____

_____

d) Hüte / groß

☺ _____

_____

_____

☹ _____

_____

_____

## zu LB Ü 7 Ergänzen Sie die Adjektive.

**16**

a) Sie ist ein **braves kleines** Mädchen.     (brav · klein)

b) Er hat _____ _____ Haare.     (kurz · rot)

c) Sie will _____ _____ Zöpfe tragen.     (lang · blond)

d) Sie kauft ein _____ _____ Kleid.     (lang · weiß)

e) Er denkt an das _____ _____ Universum.     (schwarz · unendlich)

f) Sie findet die _____ _____ Schuhe schrecklich.     (neu · grün)

g) Er trägt immer einen _____ _____ Pullover.     (dick · alt)

h) Sie möchte einen _____ _____ Ohrring haben.     (groß · bunt)

i) Sie trägt eine _____ _____ _____ Hose.     (schön · lang schwarz)

## zu LB Ü 7 Ergänzen Sie die Endungen.

**17**

a) Vera geht in die Stadt, um neu___ Sachen zu kaufen.

b) Zuerst kauft sie ein___ lang___ Rock und ein___ blau___ Hut.

c) Dann sieht sie ein___ schön___ Pullover, aber er passt ihr leider nicht.

d) Vera möchte noch ein___ eng___ Hose und blau___ Schuhe kaufen.

e) Ein___ freundlich___ Verkäuferin zeigt ihr viele eng___ Hosen, aber Vera findet die hell___ Farben nicht schön.

f) Plötzlich sieht sie ein___ toll___ grün___ Kleid.

g) Sie meint, dass ihr das grün___ Kleid sehr gut steht.

h) Vera fragt die freundlich___ Verkäuferin, aber sie bekommt keine ehrlich___ Antwort.

i) Vera hat rot___ Haare und dazu passt die grün___ Farbe überhaupt nicht.

j) Trotzdem sagt die Verkäuferin: „Sie haben wirklich ein___ gut___ Geschmack."

k) Später isst Vera ein___ groß___ Eis und trinkt ein___ schwarz___ Kaffee.

## zu LB Ü 7 Achtung: Unregelmäßige Adjektive! Ergänzen Sie.

**18**

a) Er geht durch einen _____ Wald. (dunkel)

b) Sie kauft einen _____ Ring. (teuer)

c) Vera muss eine _____ Rechnung bezahlen. (hoch)

d) Meine Großmutter trägt immer _____ Kleider. (dunkel)

e) Wir essen gern _____ Äpfel. (sauer)

f) Er trägt immer _____ Schuhe. (teuer)

g) Er nascht ein _____ Bonbon. (sauer)

h) Das Haus hat ein _____ Dach. (hoch)

i) Er mag keine _____ Zitronen. (sauer)

j) Das ist ein _____ Balkon. (hoch)

k) Die Sekretärin hat ein _____ Büro. (dunkel)

l) Ist das ein _____ Wein? (sauer)

m) Mein Bruder will ein _____ Auto kaufen. (teuer)

n) Ein _____ Pullover passt nicht zu dieser Hose. (dunkel)

o) Er klettert auf einen _____ Baum. (hoch)

p) Ist das ein _____ Ring an deiner Nase? (teuer)

> dunkler dunkle dunkles dunklen
> teurer teure teures teuren
> hoher hohe hohes hohen
> saurer saure saures sauren

## zu LB Ü 7 Ergänzen Sie die Formen im Präteritum.

**19**

| | können | wollen | dürfen | müssen | sollen |
|---|---|---|---|---|---|
| **ich** | | wollte | | | |
| **du** | | | | | solltest |
| **er/sie/es/man** | | | | musste | |
| **wir** | | | durften | | |
| **ihr** | konntet | | | | |
| **sie** | | | | | |

zu LB Ü 7 **Schreiben Sie.**

**20**

a) Eva soll heute ein Kleid tragen.   *Gestern sollte Eva auch ein Kleid tragen.*

b) Michael muss heute Suppe essen.   *Gestern m*_____

c) Vera kann heute nicht einkaufen.   _____

d) Die Kinder dürfen heute Cola trinken.   _____

e) Ich kann heute lange schlafen.   _____

f) Wir müssen heute nicht arbeiten.   _____

g) Wir wollen heute ganz brav sein.   _____

h) Du musst heute einen Brief schreiben.   _____

i) Ich soll heute Jeans anziehen.   _____

j) Ihr dürft heute ein Eis essen.   _____

k) Der Junge will heute nicht duschen.   _____

zu LB Ü 8 **Ergänzen Sie.**

**21**

a) ein neu___ Auto, ein neu___ Nachbar, ein neu___ Kollege, ein neu___ Leben

b) ein jung___ Großvater, ein jung___ Mädchen, jung___ Leute, eine jung___ Frau

c) ein alte___ Hotel, ein alt___ Kellner, eine alt___ Münze, alt___ Fragen

d) eine aktuell___ Nachricht, eine aktuell___ Farbe, ein aktuell___ Problem, aktuell___ Bücher

e) ein stark___ Mann, eine stark___ Frau, ein stark___ Kaffee, ein stark___ Gefühl

f) ein schwach___ Tee, schwach___ Männer, ein schwach___ Junge, ein schwach___ Regen

g) ein süß___ Bonbon, ein süß___ Kakao, süß___ Zwillinge, ein süß___ Kleid

h) ein saur___ Apfel, eine saur___ Zitrone, ein saur___ Saft, eine saur___ Limonade

i) trocken___ Schuhe, ein trocken___ Wein, ein trocken___ Zelt, ein trocken___ Schlafsack

j) eine nass___ Jacke, eine nass___ Katze, nass___ Strümpfe, ein nass___ Mantel

k) eine offen___ Tür, ein offen___ Fenster, ein offen___ Schrank, offen___ Schränke

l) ein geschlossen___ Buch, eine geschlossen___ Tür, geschlossen___ Augen, ein geschlossen___ Mund

zu LB Ü 8 **Welches Wort passt nicht ?**

**22**

a) **heiß**: Bad, Wetter, ~~Eis,~~ Suppe, Pizza
b) **gut**: Essen, Buch, Problem, Arzt, Geschmack
c) **schlecht**: Wetter, Mensch, Glück, Licht, Film
d) **schlimm**: Gesundheit, Krankheit, Unfall, Situation, Schmerzen
e) **schrecklich**: Glückwunsch, Farbe, Mode, Film, Foto
f) **langweilig**: Urlaub, Durst, Film, Party, Arbeit
g) **klein**: See, Haus, Garten, Tag, Schlüssel, Zimmer
h) **hoch**: Haus, Brücke, Mensch, Preis, Zahl

i) **breit**: Fluss, Stunde, Rücken, Mund, Straße

j) **kurz**: Moment, Augenblick, Kleid, Farbe, Hose

k) **langsam**: Kellner, Verkäuferin, Reaktion, Haus, Auto

l) **plötzlich**: Regen, Unfall, Bart, Gedanke, Situation

m) **eilig**: Mann, Post, Termin, Tennisplatz, Nachricht

n) **schnell**: Antwort, Pferd, Museum, Spiel, Taxifahrer

o) **schön**: Gesicht, Frisur, Unfall, Mädchen, Augen

p) **müde**: Sekunde, Hund, Mann, Ärztin, Krankenschwester

q) **bequem**: Sofa, Sessel, Stern, Stuhl, Schuh

## zu LB Ü 8 Ergänzen Sie **den – dem – der – die**.

**23**

a) Der Sänger hört _**den**_ Reporter auf der Treppe.

b) Er winkt _____ Reporter.

c) Der Reporter fragt _____ Sänger.

d) Der Sänger antwortet _____ Reporter.

e) Eine Katze folgt _____ Reporter.

f) Gehört die Katze _____ Sänger?

g) Wir rufen _____ Tante an.

h) Wir wollen _____ Tante besuchen.

i) Wir gratulieren _____ Tante zum Geburtstag.

j) Wir bringen _____ Tante einen Blumenstrauß.

k) Der Blumenstrauß gefällt _____ Tante.

l) Wir mögen _____ Tante.

m) Die Fotografin hat _____ Termin vergessen.

n) Morgens fällt _____ Fotografin der Termin wieder ein.

o) Aber sie kann nicht und sagt _____ Sängerin den Termin ab.

p) Der Termin hat auch _____ Sängerin nicht so gut gepasst.

## zu LB Ü 8 Ergänzen Sie.

**24**

a) Ich glaube, der Dieb war ein klein_**er**_ dick___ Mann.

b) Glaubst du, dass es ein groß___ dick___ Mann war?

c) Er glaubt, es war ein Mann mit einem schwarz_**en**_ Bart und weiß___ Haaren.

d) Sie glaubt, dass es ein Mann mit einem rund___ Gesicht und einer dick___ Nase war.

e) Es war ein Mann mit schwarz___ Augen und einem groß___ Ohrring, glauben wir.

f) Glaubt ihr, dass es ein Mann mit einem rot___ Koffer und einem grau___ Regenschirm war?

g) Sie glauben, dass es ein Mann mit lang___ Haaren war.

## zu LB Ü 8  Wie heißen die Sätze?

**25**

Der Dieb war ein Mann …

a) (Haare / blond)          *mit blonden Haaren.*_____

b) (Nase / schmal)          *mit einer sch*_____.

c) (Brille / schwarz)        *mit*_____.

d) (Ohren / groß)           *mit*_____.

e) (zwei Ohrringe / klein)   *mit*_____.

f) (Arme /stark)            *mit*_____.

g) (Beine / kurz)           *mit*_____.

h) (Tasche / schwarz)       *mit*_____.

i) (Sportschuhe / weiß)     *mit*_____.

Die Diebin war eine Frau …

j) (Hut / blau, groß)        *mit einem blauen großen Hut.*

k) (Haare / kurz, schwarz)   *mit*_____.

l) (Augen /groß, dunkel)     *mit*_____.

m) (Nase / schmal, lang)     *mit*_____.

n) (Lippen / breit, schön)   *mit*_____.

o) (Mund / schön, rot)       *mit*_____.

p) (Beine / schön, lang)     *mit*_____.

q) (Schuhe / klein, schwarz) *mit*_____.

r) (Handtasche / modern, rot) *mit*_____.

## zu LB Ü 8  Ergänzen Sie.

**26**

a) Ich finde, dass ein schwarz___ Hut zu einem weiß___ Mantel passt.

b) Sie findet, dass ein weiß___ Mantel zu einem schwarz___ Hut passt.

c) Eine rot___ Mütze passt sehr gut zu einer grün___ Brille, findet sie.

d) Findest du, dass eine grün___ Brille zu einer rot___ Mütze passt?

e) Er findet, ein modern___ Auto passt zu einem hübsch___ Mädchen.

f) Sie findet, ein modern___ Mädchen passt zu einem hübsch___ Auto.

g) Er findet, dass schwarz___ Blusen gut zu gelb___ Hosen passen.

h) Wir finden, schwarz___ Hosen passen nicht gut zu gelb___ Blusen.

i) Sie findet, eng___ Stiefel passen gut zu weit___ Mänteln.

j) Eng___ Mäntel passen sehr gut zu weit___ Stiefeln, findet sie.

k) Findest du, dass ein grün___ Bikini zu blau___ Haaren passt?

l) Ich finde, ein blau___ Bikini passt besser zu grün___ Haaren.

m) Findet ihr, dass groß___ Ohrringe zu meinen klein___ Ohren passen?

n) Ich finde, dass klein___ Ohrringe zu seinen groß___ Ohren passen.

o) Er glaubt, eine jung___ Frau passt zu einem jung___ Mann.

p) Sie glaubt, klein___ Männer passen zu klein___ Frauen.

## zu LB Ü 9  Tragen Sie die Nummer ein und ergänzen Sie den Artikel.

**27**

- **das** Gesicht
- ___ Haare
- ___ Augen
- ___ Ohren
- ___ Nase
- ___ Wangen
- ___ Lippen
- ___ Zähne
- ___ Hals
- ___ Halskette

## zu LB Ü 9  Von Kopf bis Fuß. Ergänzen Sie.

**28**

| | | |
|---|---|---|
| 1. der Kopf | 5. das Knie | 9. ___ _____ |
| 2. der Bauch | 6. das Bein | 10. ___ _____ |
| 3. der Finger | 7. ___ _____ | 11. ___ _____ |
| 4. der Zeh | 8. ___ _____ | 12. ___ _____ |

## zu LB Ü 9  Ergänzen Sie.

**29**

a) Auf **seinem** Kopf trägt er **seinen** Hut. **Ihren** Hut trägt sie auf **ihrem** Kopf.

b) Auf **sein** Nase hat er **s**_____ Brille. **I**_____ Brille trägt sie auf _____ Nase.

c) An **s**_____ Fingern trägt er **s**_____ Ringe. **I**_____ Ringe trägt sie an **i**_____ Fingern.

d) An **s**_____ Händen trägt er **s**_____ Handschuhe. **I**_____ Handschuhe trägt sie an **i**_____ Händen.

e) Um **s**_____ Hals trägt er **s**_____ Halsketten. **I**_____ Halsketten trägt sie um **i**_____ Hals.

f) An **s**_____ Arm trägt er **s**_____ Uhr. **I**_____ Uhr trägt sie selten an _____ Arm.

g) Aber manchmal trägt er um **s**_____ Hals **i** Schal. Und **s**_____ Schal trägt sie um

  **i**_____ Hals.

## zu LB Ü 10 Wie heißen die Fragen? Ergänzen Sie.

**30**

a) *Ein großer Mann* wartet.     *Was für ein* _____ Mann wartet?

b) *Sie sieht einen großen Mann.*     *Was* _____ Mann sieht sie?

c) Er folgt *einem roten Schild.*     *Was* _____ Schild folgt er?

d) Er trägt *einen großen Koffer.*     *Was* _____ Koffer trägt er?

e) Es ist *ein schwerer Koffer.*     *Was* _____ Koffer ist es?

f) *Ein kleiner Mann* winkt.     *Was* _____ Mann winkt?

g) Er trägt *weiße Schuhe.*     *Was* _____ Schuhe trägt er?

h) Er hilft einer *alten Frau.*     *Was* _____ Frau hilft er?

i) Der große Mann trägt *einen kleinen Regenschirm.*     *Was* _____ Regenschirm trägt er?

j) Der kleine Mann trägt *einen großen Hut.*     *Was* _____ Hut trägt er?

k) Zwei Mädchen tragen *bunte Luftballons.*     *Was* _____ Luftballons tragen sie?

## zu LB Ü 10 Ergänzen Sie.

**31**

a) Ich habe heute Morgen eine Frau gesehen. Was für eine? – Eine blond**e**__.

b) Sie hat in einem Wagen gewartet. In was für einem? – In einem schwarz___.

c) Neben ihr hat ein Junge gesessen. Was für einer? – Ein klein___.

d) Sie hat einen Mann gegrüßt. Was für einen? – Einen alt___.

e) Er hatte einen Bart. Was für einen? – Einen lang___.

f) Ein Mädchen ist mit einem Fahrrad gefahren. Mit was für einem? – Mit einem rot___.

g) Am Fenster hat eine Nachbarin ein Hemd aufgehängt. Was für eins? – Ein schwarz___.

h) Auf der Straße hat ein Junge mit einem Fußball trainiert. Mit was für einem? – Einem weiß___.

i) Mit der linken Hand hat er einen Fernseher getragen. Was für einen? – Einen klein___.

## zu LB Ü 11 Ergänzen Sie die Adjektive.

**32**

| –e | | –heit | | –keit | |
|---|---|---|---|---|---|
| die Stärke | *stark* | die Schönheit | *schön* | die Freundlichkeit | *freundlich* |
| die Schwäche | _____ | die Sicherheit | _____ | die Fröhlichkeit | _____ |
| die Größe | _____ | die Klarheit | _____ | die Herzlichkeit | _____ |
| die Höhe | _____ | die Gesundheit | _____ | die Gemütlichkeit | _____ |
| die Breite | _____ | die Zufriedenheit | _____ | die Natürlichkeit | _____ |
| die Tiefe | _____ | die Verliebtheit | _____ | die Ehrlichkeit | _____ |
| die Stille | _____ | die Einfachheit | _____ | die Richtigkeit | _____ |
| die Ruhe | _____ | die Frechheit | _____ | die Wichtigkeit | _____ |
| die Eile | _____ | | | | |

## zu LB Ü 12 Ergänzen Sie: M, m, N, n.

**33**

a) Tante Marga _m_ag montags ___argarine.

b) Max und Marta __ögen das gesu__de Müsli.

c) Mit dem bequeme__ __antel ist er zufrieden.

d) Er mag die Frau mit den grüne__ Auge__.

e) __ach der Nachspeise bringt er eine__ Kaffee.

f) Das junge __ädchen möchte einen nette__ Freund.

g) Natascha __ascht mit de__ Nikolaus.

h) Die Telefon__ummer ist ko__pliziert.

i) A__ dem __agel möchte er das Bild aufhängen.

j) Sie unterschreibt mit ihre__ __amen.

k) Am Nachmittag nimmt sie de__ neue__Wagen.

l) Warum spricht die ___ichte __icht ?

m) Um __itternacht ist Maria noch nicht __üde.

n) In der schöne__ Mainacht nimmt er ihre Ha_d.

o) A__ Himmel leuchten wu__derbare Sterne.

## zu LB Ü 12 Ergänzen Sie.

**34**

a) Die zwei klein_en_ Bürgermeister reisen.

b) Drei fleißig_e_ Schweizer feiern dreimal.

c) Die vier dick___ Tiere trainieren vielleicht.

d) Sechs ehrlich___ Erwachsene erkennen sechzig Sorten Wasser.

e) Die sieben lieb___ Bedienungen servieren.

f) Die acht alt___ Tanten fahren Rad.

g) Neun neu___ Lampen leuchten hell.

h) Die zehn herrlich___ Segelboote segeln schnell.

i) Die elf fett___ Kekse schmecken Eva sehr.

j) Zwölf österreichisch___ Friseure stöhnen.

## zu LB Ü 14 Ergänzen Sie: sehr, viel, viele, wenig, wenige.

**35**

a) Ich kann wirklich nicht mehr. Ich habe schon so _____ gegessen.

b) Ich bin satt. Ich habe schon _____ Stücke von der Torte gegessen.

c) Die Torte schmeckt ihm, er mag sie _____.

d) Er hat keinen Durst mehr, denn er hat _____ Saft getrunken.

e) Sie kann nicht schlafen, weil sie _____ Tassen Kaffee getrunken hat.

f) Sonntagnacht hat sie nur 3 Stunden geschlafen. Ihre Katze hat auch _____ geschlafen.

g) Am Montag ist er _____ spät zur Arbeit gekommen.

h) Sie sieht den Film _____ gerne.

i) Er hat nur ein halbes Brötchen gefrühstückt; sie hat auch _____ gefrühstückt.

j) Gleich ist das Spiel zu Ende; es dauert nur noch _____ Minuten.

k) Im Café ist nur noch _____ Platz.

l) Wie _____ Stühle sind noch frei?

m) Im Restaurant sind leider nur noch _____ Tische frei.

n) Wie _____ Zeit habt ihr?

## zu LB Ü 14 Ergänzen Sie.

**36**

Ich wünsche Ihnen ...

a) ein**en** schön**en** Vormittag, ein___ schön___ Pause, ein___ schön___ Nachmittag, ein___ schön___ Arbeitstag, ein___ schön___ Woche, ein schön___ Wochenende, ein___ schön___ Abend, ein___ schön___ Feierabend.

b) ein___ schön___ Reise, ein___ schön___ Fahrt, ein___ schön___ Flug, ein___ schön___ Urlaub, schön___ Urlaubstage, schön___ Ferien.

c) ein___ schön___ Geburtstag, ein___ schön___ Party, ein___ schön___ Hochzeit, ein schön___ Jubiläum, ein___ schön___ Valentinstag, ein schön___ neues Jahr, ein schöne___ Fest, schön___ Weihnachten.

## zu LB Ü 14 Ergänzen Sie das passende Pronomen.

**37**

a) Hast du mit meinem neuen Mobiltelefon telefoniert?

– Nein, mit **_deinem_** alten.　　　　　(deinem, deiner, dein)

b) Hat er an unserem alten Computer gearbeitet?

– Nein, an _____ neuen.　　　　　(ihrer, ihr, ihrem)

c) Wohnt er noch in seiner alten Wohnung?

– Nein, er wohnt schon in _____ neuen.　　(seinem, seiner, seine)

d) Wir haben unser altes Haus gestrichen.

– Peter und Petra streichen _____ neues.　　(ihrem, ihre, ihr)

e) Ist das dein neuer Mixer?

– Ja, das ist _____ neuer.　　　　　(mein, meinen, meine)

f) Ist das deine neue Küche?

   – Ja, das ist _____ neue.                    (mein, meiner, meine)

g) Sind das deine alten Bilder?

   – Ja, das sind _____ alten.                  (meinen, meine, mein)

h) Sind das die neuen Zähne von Großvater?

   – Ja, das sind _____ neuen.                  (seinen, sein, seine)

## zu LB Ü 14 Ergänzen Sie –e, –en, –.

**38**

a) Sie ist fertig___ und schaut das fertig___ Bild an.

b) Er fragt die fleißig___ Kollegin, aber die arbeitet fleißig___ und antwortet nicht.

c) Er hat richtig___ gerechnet und schreibt die richtig___ Zahl auf einen Zettel.

d) Sie geht ruhig___ durch die ruhig___ Straßen.

e) Durch das ruhig___ Wasser schwimmt ruhig___ ein Delfin.

f) Der Termin ist sehr wichtig___, deshalb notiert er den wichtig___ Termin.

g) Eine vorsichtig___ Fahrerin fährt vorsichtig___ in die Kurve.

h) Die Frau ist schwarzhaarig___ und winkt zwei schwarzhaarig___ Mädchen.

i) Sie telefoniert dauernd___ und manchmal stören ihre dauernd___ Telefongespräche.

j) Zwischen seinen ständig___ Terminen telefoniert er ständig___

k) Der Termin um 10 Uhr ist dringend___, aber sie hat vorher noch zwei dringend___ Termine.

l) Ihre Tochter ist entzückend___ und sie hat auch entzückend___ Zwillinge.

m) Die Kinder lieben spannend___ Geschichten und ihr Vater erzählt sie auch sehr spannend___.

## zu LB Ü 14 Was passt? Ergänzen Sie.

**39**

a) Die Kinder sind auf den Baum geklettert und sitzen jetzt ganz *oben.*          (oben / über)

b) _____ sich auf dem Rasen sehen sie ihren Hund.                             (unten / unter)

c) _____ liegt auch ihre Puppe auf der Wiese.                                 (unter / unten)

d) Oben sehen sie zwei Vögel. Die sitzen _____ ihnen auf dem Baum.            (über / oben)

e) Wir fliegen jetzt über Frankfurt. Schau, da _____ ist der Henninger Turm.  (unter / unten)

f) An der Kasse ist der Junge der Erste, deshalb ist er ganz _____.           (vor / vorne)

g) Er muss nicht warten, denn niemand steht _____ ihm.                        (vorne / vor)

h) _____ dem Jungen wartet ein Mädchen.                                       (hinten / hinter)

i) Am Schluss steht eine Mutter mit einem Kinderwagen. Sie steht ganz _____.  (hinter / hinten)

## zu LB Ü 15 Wie heißen die Sätze?

**40**

a)  (Pullover: weich, warm und leicht)

●  Ich suche einen Pullover. Weich, warm und leicht soll er sein.

■  Ich verstehe. Einen *weichen, warmen und leichten* Pullover suchen Sie.

●  Ja, ein *weicher, warmer und leichter* Pullover soll es sein.

■  Hier bitte. Hier sind *weiche, warme und leichte* Pullover.

b)  (Mantel: leicht, weit, grau)

●  Ich suche einen Mantel. Leicht, weit und grau soll er sein.

■  Ich verstehe. Einen _____.

●  Ja , ein _____ soll es sein.

■  Hier, bitte. Hier sind _____.

c)  (Jacke: bunt, fröhlich, lang)

●  Ich suche eine Jacke. Bunt, _____.

■  Ich verstehe. Eine _____ .

●  Ja, eine _____ soll es sein.

■  Hier bitte. Hier sind _____ .

d)  (Hemd: gelb, elegant, modern)

●  Ich suche ein Hemd. Gelb, _____ .

■  Ich verstehe. Ein _____.

●  Ja, ein _____ soll es sein.

■  Hier bitte. Hier sind _____ .

e)  (Schuhe: schwarz, groß, bequem)

●  Ich suche Schuhe. Schwarz, _____ .

■  Ich verstehe. _____.

●  Ja, _____ sollen es sein.

■  Hier bitte. Hier sind _____ .

## zu LB Ü 18 Ergänzen Sie.

**41**

a)  Ein Delfin schwimmt im Meer.

Ein Delfin schwimmt *darin* _____.

b)  Ein Vogel sitzt auf dem Käfig.

Ein Vogel sitzt _____.

c)  Ein Hund liegt unter dem Tisch.

Ein Hund liegt _____.

d)  Ein Baum steht zwischen den Häusern.

Ein Baum steht _____.

e)  Ein Vogel fliegt über dem See.

Ein Vogel fliegt _____.

f)  Eine Leiter steht an der Wand.

Eine Leiter steht _____.

g)  Ein Buch liegt neben der Tür.

Ein Buch liegt _____.

| dazwischen darüber darunter |
| daneben daran ~~darin~~ darauf |

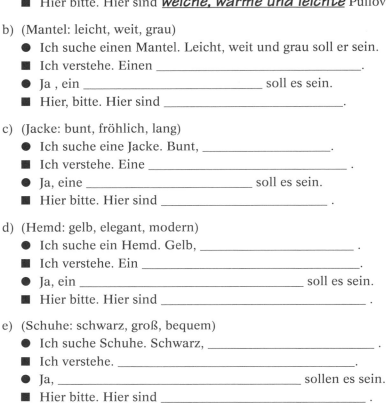

■ a) Auf der Zeichnung sieht man ein Haus. Darin sitzt eine Taube. Darunter wohnt eine Maus. Darauf wächst ein Baum. Darüber fliegt ein Luftballon. Rechts daneben steht eine Brücke. Links daneben sitzt ein Mädchen.

■ b) Auf der Zeichnung sieht man ein Haus. Darin ist ein Mädchen. Darauf sitzt eine Maus. Darüber fliegt eine Taube. Darunter sieht man einen Luftballon. Rechts daneben wächst ein Baum. Links daneben steht eine Brücke.

■ c) Auf der Zeichnung sieht man ein Haus. Darin ist ein Mädchen. Darauf sitzt eine Taube. Darunter wohnt eine Maus. Darüber fliegt ein Luftballon. Rechts daneben wächst ein Baum. Links daneben ist eine Brücke.

**zu LB Ü 18 Schreiben Sie.**

**43**

a) imvordergrundsiehtmaneinhausmiteinemgrünendach

_**Im Vordergrund sieht man ein Haus mit einem grünen Dach.**_

b) einblauervogelfliegtüberdiebrücke

_____

c) aufdemmeerfahrenzweibuntesegelboote

_____

d) aufdembildkannmanvielebuntebäumesehen

_____

e) mansiehteinengrünensternimhintergrund

_____

f) aufderlinkenseitesitzteineweißepuppeaufeinemsofa

_____

g) indermittestehteingroßerbaummitschwarzenblättern

_____

h) rechtskannmaneinenaltenmannmiteinemgrünenhuterkennen

_____

<u>zu LB Ü 18</u> Ergänzen Sie.

**44**

a) In der Küche steht ein dick__ Mann. Der dick__ Mann spricht mit
ein__ klein__ Mädchen. Das klein__ Mädchen spielt mit ein__
groß__ Hund. Der groß__ Hund sieht ein__ schwarz__ Katze. Die
schwarz__ Katze sucht ein__ grau__ Maus. Die grau_ Maus tanzt
mit ein__ weiß__ Maus.

b) Auf der Wiese liegt ein_ weiß__ Pferd. Das weiß__ Pferd nascht an
ein__ süß__ Kuchen. Der süß__ Kuchen steht auf ein__ klein__
Tisch. Der klein__ Tisch hat kurz__ Beine. Die kurz__ Beine
sehen aus wie dick__ Würste.

c) Über dem See fliegt ein_ grau_ Taube. Die grau__ Taube bemerkt
ein__ bunt__ Fisch im Wasser. Der bunt_ Fisch schwimmt zu ein__
weiß__ Segelboot. Auf dem weiß__ Segelboot sind viele fröhlich__
Menschen. Die fröhlich__ Menschen singen ein_ schön__ Lied.

<u>zu LB Ü 18</u> Schreiben Sie.

**45**

a) Hut / rot

*Der Hut ist rot.*            *Die Hüte sind rot.*

*Der rote Hut ist hübsch.*   *Die roten Hüte sind hübsch.*

*Ich finde den roten Hut hübsch.*   *Ich finde die roten Hüte hübsch.*

*Siehst du die Frau mit dem roten Hut?*   *Siehst du die Frauen mit den roten Hüten?*

b) Kleid / grün

*Das Kleid _____.*            *Die Kleider _____.*

*_____ ist hübsch.*           *Die _____ sind hübsch.*

*Ich finde_____.*             *_____*

*Siehst du die Frau_____?*    *Siehst _____?*

c) Bluse / schwarz

*Die Bluse _____ .*           *Die Blusen _____ .*

*_____ ist hübsch.*           *_____ sind hübsch.*

*Ich finde _____ .*           *_____*

*Siehst du _____?*            *Siehst _____?*

d) Rock / bunt

Der Rock _____.　　　　　　Die Röcke _____.

_____ ist hübsch.　　　　　_____ sind hübsch.

Ich finde _____.　　　　　　_____

Siehst du _____?　　　　　_____?

## zu LB Ü 18 Schreiben Sie.

**46**

a) Hut / rot

*Das ist ein roter Hut.*　　　　　　　　　　*Das sind rote Hüte.*

*Die Frau trägt einen roten Hut.*　　　　　*Die Frauen tragen rote Hüte.*

*Ich sehe eine Frau mit einem roten Hut.*　*Ich sehe Frauen mit roten Hüten.*

b) Kleid / grün

Das ist _____　　　　　　　Das sind _____

Die Frau trägt _____　　　　Die Frauen _____

Ich sehe eine _____　　　　Ich sehe Frauen _____

c) Bluse / schwarz

Das ist _____　　　　　　　Das sind _____

Die Frau trägt _____　　　　Die Frauen _____

Ich sehe _____　　　　　　Ich sehe Frauen _____

d) Rock / bunt

Das ist _____　　　　　　　Das sind _____

Die Frau trägt _____　　　　Die Frauen _____

Ich sehe _____　　　　　　Ich sehe _____

# Wörter im Satz

| | Ihre Muttersprache | Schreiben Sie einen Satz aus Delfin, Lehrbuch. |
|---|---|---|
| _____ Ausstellung | _____ | _____ |
| _____ Dieb | _____ | _____ |
| _____ Erwachsene | _____ | _____ |
| _____ Gedanke | _____ | _____ |
| _____ Gefühl | _____ | _____ |
| _____ Geschmack | _____ | _____ |
| _____ Kleid | _____ | _____ |
| _____ Kohle | _____ | _____ |
| _____ Meinung | _____ | _____ |
| _____ Pullover | _____ | _____ |
| _____ Schmuck | _____ | _____ |
| _____ Verständnis | _____ | _____ |
| anziehen | _____ | _____ |
| bestehen | _____ | _____ |
| diskutieren | _____ | _____ |
| hassen | _____ | _____ |
| klettern | _____ | _____ |
| melden | _____ | _____ |
| merken | _____ | _____ |
| stehlen | _____ | _____ |
| treffen | _____ | _____ |
| verhindern | _____ | _____ |
| allerdings | _____ | _____ |
| arm | _____ | _____ |
| blond | _____ | _____ |
| damals | _____ | _____ |
| dieser | _____ | _____ |

| | | |
|---|---|---|
| *drüben* | _____ | _____ |
| *genauso* | _____ | _____ |
| *nämlich* | _____ | _____ |
| *rund* | _____ | _____ |
| *verrückt* | _____ | _____ |

# Grammatik

 **Verwendung von Adjektiven**

**48**

| | *ohne Endung* |
|---|---|
| Der Schrank ist | groß. |
| Die Uhr ist | schön. |
| Das Sofa ist | bequem. |
| Die Stühle sind | teuer. |

| | *mit Endung* | |
|---|---|---|
| Der | groß**e** | Schrank steht im Schlafzimmer. |
| Die | schön**e** | Uhr hängt im Flur. |
| Das | bequem**e** | Sofa steht im Wohnzimmer. |
| Die | teu**ren** | Stühle sind kaputt. |

| | *ohne Endung* |
|---|---|
| Ich finde den Schrank | groß. |
| Ich finde die Uhr | schön. |
| Ich finde das Sofa | bequem. |
| Ich finde die Stühle | teuer. |

| | *mit Endung* | |
|---|---|---|
| Wir kaufen den | groß**en** | Schrank. |
| Wir hängen die | schön**e** | Uhr auf. |
| Wir holen das | bequem**e** | Sofa ab. |
| Wir kaufen die | teu**ren** | Stühle. |

***Adjektiv als Adverb:***

| | *Adjektiv:* | |
|---|---|---|
| Das Auto ist | **schnell.** | |
| Ich fahre ein | **schnelles** | Auto. |

| | *Adverb:* |
|---|---|
| Das Auto fährt | **schnell.** |
| Ich fahre | **schnell.** |

 **Adjektive mit besonderen Formen**

**49**

| | |
|---|---|
| Der Turm ist | ho**ch**. |
| Die Nacht ist | dunk**el**. |
| Das Kleid ist | teu**er**. |
| Der Apfel ist | sau**er**. |

| | | |
|---|---|---|
| Das ist ein | ho**her** | Turm. |
| Das ist eine | dun**kle** | Nacht. |
| Das ist ein | teu**res** | Kleid. |
| Das ist ein | sau**rer** | Apfel. |

**Artikel + Adjektiv + Nomen**

**50**

a) Definiter Artikel

| | *Nominativ* | | | *Akkusativ* | | | *Dativ* | | |
|---|---|---|---|---|---|---|---|---|---|
| **Mask.** | der | | Mann | **den** | kleinen | Mann | **dem** | | Mann |
| **Fem.** | die | kleine | Frau | **die** | kleine | Frau | **der** | kleinen | Frau |
| **Neutr.** | das | | Kind | **das** | | Kind | **dem** | | Kind |
| **Plural** | die | kleinen | Kinder | **die** | kleinen | Kinder | **den** | | Kinder**n** |

b) Indefiniter Artikel

| | Nominativ | | | Akkusativ | | | Dativ | | |
|---|---|---|---|---|---|---|---|---|---|
| Mask. | ein | kleiner | Mann | einen | kleinen | Mann | einem | | Mann |
| Fem. | eine | kleine | Frau | eine | kleine | Frau | einer | kleinen | Frau |
| Neutr. | ein | kleines | Kind | ein | kleines | Kind | einem | | Kind |
| Plural | – | kleine | Kinder | – | kleine | Kinder | – | | Kindern |

## Artikelwort **dieser**

51

| | Nominativ | | | Akkusativ | | | Dativ | | |
|---|---|---|---|---|---|---|---|---|---|
| Mask. | dieser | | Mann | diesen | kleinen | Mann | diesem | | Mann |
| Fem. | diese | kleine | Frau | diese | kleine | Frau | dieser | kleinen | Frau |
| Neutr. | dieses | | Kind | dieses | | Kind | diesem | | Kind |
| Plural | diese | kleinen | Kinder | diese | kleinen | Kinder | diesen | | Kindern |

## Frage mit **welcher …?** und **was für ein …?**

52

| | definiter Artikel |
|---|---|
| **Welcher** Schal? | **Der** graue Schal. |
| **Welche** Jacke? | **Die** blaue Jacke. |
| **Welches** Hemd? | **Das** weiße Hemd. |
| **Welche** Schuhe? | **Die** schwarzen Schuhe. |

| | indefiniter Artikel |
|---|---|
| **Was für ein** Koffer? | **Ein** brauner Koffer. |
| **Was für eine** Krawatte? | **Eine** helle Krawatte. |
| **Was für ein** Hemd? | **Ein** blaues Hemd. |
| **Was für** Ferien? | Schöne Ferien. |

## Präpositionalpronomen

53

*Ebenso:*

| | | |
|---|---|---|
| Ein Garten ist **vor** dem Haus. | **hinter** dem Haus | **dahinter** |
| Ein Garten ist **davor.** | **neben** dem Haus | **daneben** |
| | **zwischen** den Häusern | **dazwischen** |
| | **für** das Haus | **dafür** |
| | **gegen** das Haus | **dagegen** |
| | **von** dem Haus | **davon** |

| | | |
|---|---|---|
| Vögel sitzen **auf** dem Haus. | **an** dem Haus | **daran** |
| Vögel sitzen **darauf.** | **in** dem Haus | **darin** |
| | **über** dem Haus | **darüber** |
| | **unter** dem Haus | **darunter** |
| | **aus** dem Haus | **daraus** |

## Starke Verben

| Infinitiv | 3. P. Sg. Präsens | Perfekt |
|---|---|---|
| abschneiden | schneidet ab | hat abgeschnitten |
| anziehen | zieht an | hat angezogen |
| behalten | behält | hat behalten |
| bestehen | besteht | hat bestanden |
| lassen | lässt | hat gelassen |
| leihen | leiht | hat geliehen |
| stehlen | stiehlt | hat gestohlen |
| streiten | streitet | hat gestritten |
| treffen | trifft | hat getroffen |
| vergleichen | vergleicht | hat verglichen |

## Präteritum der Modalverben

| | sollen | wollen | können | dürfen | müssen |
|---|---|---|---|---|---|
| ich | sollte | wollte | konnte | durfte | musste |
| du | solltest | wolltest | konntest | durftest | musstest |
| er/sie/es/man | sollte | wollte | konnte | durfte | musste |
| wir | sollten | wollten | konnten | durften | mussten |
| ihr | solltet | wolltet | konntet | durftet | musstet |
| sie/Sie | sollten | wollten | konnten | durften | mussten |

*Präsens*: Wir **müssen** heute lange arbeiten.
*Präteritum*: Wir **mussten** gestern lange arbeiten.

# Wortschatz

### Nomen

e Abwechslung, –en
r Alptraum, ̈e
**e Ausstellung, –en**
e Blumenvase, –n
**e Dame, –n**
r Dialog, –e
**r Dieb, –e**
r Diebstahl, ̈e
**r Erwachsene, –n**
r Fleck, –e(n)
**e Frage, –n**
**r Friseur, –e**
e Frisur, –en
s Geburtstagsgeschenk, –e

**r Gedanke, –n**
**s Gefühl, –e**
**r Geschmack, ̈er**
**s Hemd, –en**
**r Himmel, –**
r Hintergrund, ̈e
**e Hose, –n**
**Jeans (pl)**
r Juwelier, –e
r Kater, –
**s Kleid, –er**
r Kleidungsstil, –e
**e Kohle, –n**
**r Kollege, –n**
r Kompromiss, –e
r Konflikt, –e
e Kunstausstellung, –en
e Lederjacke, –n
r Leser, –

e Leserin, –nen
e Lippe, –n
**s Mal, –e**
**e Mauer, –n**
**e Meinung, –en**
**e Mode, –n**
e Modenschau, –en
r Nachthimmel
r Nerv, –en
r Nervenzusammenbruch,
   ̈e
**e Nichte, –n**
r Ohrring, –e
s Piercing
r Plan, ̈e
s Polizeirevier, –e
**r Pudding**
**r Pullover, –**
r Rand, ̈er

Ratschläge (pl)
**s Recht, –e**
e Redakteurin, –nen
**r Ring, –e**
**r Rock, ⁻e**
r Sahnesee, –n
r Schal, –s
**r Schirm, –e**
**r Schmuck**
s Schmuckstück, –e
s Schuljahr, –e
s Sonntagskleid, –er
**r Stein, –e**
r Stil, –e
**s Thema, Themen**
e U-Bahn, –en
s Universum
**s Verständnis**
r Vordergrund
**r Witz, –e**
e Woche, –n
r Wutanfall, ⁻e
e Zimmerdecke, –n
r Zopf, ⁻e

## Verben

ab·schneiden
**an·ziehen**
auf·haben
befestigen
**behalten**
**beleidigen**
**bestehen**
**diskutieren**
**entwickeln**
grünen
**hassen**
kämmen
**klettern**
**lassen**
**leihen**
**melden**
**merken**
mit·machen
mit·nehmen
**protestieren**
renovieren

spazieren gehen
**stehlen**
**streiten**
**treffen**
urteilen
**vergleichen**
**verhindern**
weg·reißen

## Adjektive

**aktuell**
**arm**
**blau**
blöd
**blond**
**braun**
**dick**
**ehrlich**
eigen
**einfach**
**einzig**
**eng**
entzückend
erwachsen
**flach**
**frech**
**gelb**
**grau**
**grün**
**hässlich**
**hoch**
**hübsch**
lächerlich
**leicht**
**linke**
**modern**
**offen**
pervers
**privat**
**rechte**
rothaarig
**rund**
schlau
**schlimm**
**schmal**
**schmutzig**
**schrecklich**

**schwer**
speziell
ständig
**üblich**
unbequem
unendlich
unpraktisch
**verrückt**
**warm**
**weich**
**weit**

## Adverbien

**allerdings**
ausgesprochen
**bisher**
**damals**
demnächst
**drüben**
erstens
gelegentlich
**genauso**
heimlich
irgendwann
**nämlich**
**neulich**
noch mehr
**so viel**
zweitens

## Funktionswörter

dafür
daneben
darauf
darin
darüber
darunter
davor
**dieser**
**obwohl**
sich
was für ein?
wen

### Ausdrücke

recht haben
das Recht haben zu…

etwas haben wollen
Pläne haben
es (nicht) leicht haben

aussehen wie…
Erstens…, zweitens…
Wie steht mir das?

**In Deutschland sagt man:**
aussehen
bunt
r Friseur, –e
e Kleidung
r Rock, ⸚e

**In Österreich sagt man auch:**
ausschauen

**In der Schweiz sagt man auch:**

farbig
r Coiffeur, –e
Kleider (pl)
s Kleid, –er

# Quellenverzeichnis

| | |
|---|---|
| Seite 34: | MHV-Archiv (Dieter Reichler) |
| Seite 111: | Hartmut Aufderstraße |
| Seite 132: | Roland Koch |
| Seite 160: | Heribert Mühldorfer |
| Seite 210: | MHV-Archiv (Jack Carnell) |